Recently in the open sea

劫掠三千年

——世界史上的海盗传奇

劫掠三千年

——世界史上的海盗传奇

[英]安格斯·康斯塔姆 罗杰·迈克尔·基恩◎著

郭威◎译

上海文化出版社　SPM 南方出版传媒 SOUTHERN PUBLISHING AND MEDIA　新世纪出版社 New Century Publishing House

图书在版编目（CIP）数据

劫掠三千年：世界史上的海盗传奇 / (英) 安格斯
·康斯塔姆, (英) 罗杰·迈克尔·基恩著；郭威译. --
上海：上海文化出版社，2019.8 （2020.6 重印）
ISBN 978-7-5535-1669-1

Ⅰ. ①劫… Ⅱ. ①安… ②罗… ③郭… Ⅲ. ①海盗—
历史—研究—世界 Ⅳ. ①D59

中国版本图书馆CIP数据核字(2019)第140402号

图字：09-2019-580号
审图号：GS（2019）2937号

出 版 人　姜逸青
策　　划　李江南
责任编辑　王茗斐
封面设计　DarkSlayer

书　　名　劫掠三千年：世界史上的海盗传奇
作　　者　[英] 安格斯·康斯塔姆　罗杰·迈克尔·基恩
译　　者　郭　威
出　　版　上海世纪出版集团　上海文化出版社
　　　　　（上海市绍兴路7号 200020）
　　　　　南方出版传媒　新世纪出版社
　　　　　（广州市大沙头四马路10号 510102）
发　　行　上海文艺出版社发行中心
　　　　　上海市绍兴路50号 200020　www.ewen.co
印　　刷　鸿博昊天科技有限公司
开　　本　889×1194　1/16
印　　张　14.5
版　　次　2019年8月第一版　2020年6月第二次印刷
书　　号　ISBN978-7-5535-1669-1/K.192
定　　价　128.00元

敬告读者　如发现本书有质量问题请与印刷厂质量科联系　T：010-87563888

目录

导读

　　一提起海盗，人们总会想起加勒比海和热带岛屿，特别是西印度群岛上的岛屿，事实也确实如此。这些岛屿周围珊瑚礁林立，环绕成了数百个安全锚地，穿行其间的商船就是许多海盗潜在的猎物：满载贵重物品的欧洲商船；盛满象牙、黄金和奴隶的非洲船只；装载着中美洲财富的西班牙珍宝船。对于像"黑胡子"这样的海盗来说，除去恼人的蚊子和偶尔兴风作浪的飓风以外，加勒比海简直堪称海盗天堂，残忍暴虐的爱德华·蒂奇（Edward Teach）曾称它是"最恐怖怪物的出没之地"。而"棉布"杰克之所以闻名于世并非因为他在海盗史上有什么壮举，而是由于其船上的两名女性成员——玛丽·里德（Mary Read）和安妮·邦尼（Anne Bonny）。

　　不过，海盗的活动范围并不仅局限于西印度群岛和西班牙美洲殖民地。在安格斯·康斯塔姆和罗杰·迈克尔·基恩为本书创作时发现，海盗们的足迹几乎遍及全世界。在几个世纪里，地中海上的航运一直受到北非海盗的桨帆船滋扰。在北欧的红海沿岸和马六甲海峡，无论哪一条贸易航线都要从岛屿间的狭窄海峡通过，海盗们就潜伏在那里伺机作案。

　　许多海盗以基地为据点、在当地居民的保护下进行劫掠活动，而更加恣意妄为的海盗则远赴海洋深处寻找目标。臭名昭著的基德船长（Captain Kidd）就是曾横渡大西洋前往马达加斯加岛并深入印度洋的海盗之一。巴塞洛缪·罗伯茨（Bartholomew Roberts）曾几次经由纽芬兰岛驶入加勒比海，然后又横渡大西洋前往西非海岸。还有人绕过合恩角进入太平洋，寻找西班牙珍宝船的身影。

　　许多海盗曾是良家渔民，他们在欺哄当地政府方面能力非凡。另外，船员们在选举船长时还表现出一种"民主的传统"，他们能投票推举某人为船长，也能投票罢免他，从而保证战利品在船员中的公平分配。不过我们如果就此得出结论，认为海盗们与埃罗尔·弗林（Errol Flynn）和道格拉斯·范朋克（Douglas Fairbanks Snr.）描绘的浪漫主义英雄、甚至与约翰尼·德普扮演的杰克·斯帕罗（Jack Sparrow）那样不那么具有浪漫主义精神的形象类似的话，就大错特错了。1722年被海盗俘获的年轻水手菲利普·阿什顿（Philip Ashton）说掳掠他的人是"无耻的恶棍，祸害的根源，他们好酒贪杯、满口污言秽语、亵渎上帝、公然地藐视天堂与地狱对他们来说就是家常便饭。"

　　海盗袭击就是一场暴取豪夺，常常随之而来的还有虐打和谋杀。在整个历史上这始终是一种定式，且如今仍在继续，在中国南海、西非和东非海岸、巴西海域和马六甲海峡尤为如此——在所有这些地区，海盗袭击的频率和残忍性与17和18世纪的西印度群岛别无二致。

大卫·柯丁利（David Cordingly）

前言

有史以来最恶贯满盈的海盗、加勒比海上令人心惊肉跳的噩梦——约翰尼·德普饰演的杰克·斯帕罗船长再现传奇，图中所见是杜莎夫人蜡像馆中他的蜡像。

近年来人们对海盗题材的钟爱掀起了前所未有的浪潮，这在很大程度上要归功于《加勒比海盗》的系列电影和约翰尼·德普塑造的经典形象杰克·斯帕罗船长——一些英国海军准将曾见过最罪恶滔天的海盗。此外，海盗史也出现了复苏迹象，在短短的一年时间中，有关"黑胡子"的传记就不少于两部。是海盗哪些方面如此吸引我们的想象？原因又是什么？"海盗"这个词使我们联想到一个富有冲击力的形象——神气活现的英雄胡乱地挥舞着大刀，逼迫俘虏走跳板（译者注：海盗处死俘虏的方式），将珍宝埋藏在荒凉的岛屿。总的来说过着一种激动人心的生活，这种海盗形象吸引着终日受缚于都市生活的人们。海盗就是我们的代理人，做着许多人想做却不能做的事——过着自由自在的生活，在热带的沙滩上，躺在一棵棕榈树下，什么也不去想。

关于海盗的这种愉悦观点带有浓烈的想象色彩，都是经过了小说、舞台、电视和电影艺术加工的结果。无论对于票房还是市场来说，海盗都是个奇佳的题材，其象征意义刺激了度假游和汽车等产品的销售。海盗已经几乎成了神一般的人物，而就像许多神话一样，它的创作背后也总是有着一点事实可循。不过，神话的发展方式十分独特，每一代人都会在前人的基础上为部分细节添砖加瓦，很快虚构的情节就掩盖了真实的情况。例如，海盗让俘虏们走跳板的情况并无据可考，但俘虏们确实曾被当作练枪的靶子或在晚上遭到虐打，只是因为海盗们想从施虐中取乐。

这些虚构的海盗——杰克·斯帕罗船长、霍克船长（Captain Hook）、朗·约翰·西尔弗（Long John Silver）、铁血船长（Captain Blood）和许多其他的海盗——只是对真实情况的苍白模仿（也许杰克·斯帕罗船长是个例外，他似乎是对其他与众不同的状况的临摹）。真实海盗的经历确实也与埋藏珍宝、遗弃热带荒岛、假腿、甚至是鹦鹉有关，但在他们短暂而残暴的生活中，沉船、疾病、背叛、被施以绞刑才是家常便饭。

如果没有酒吧间的打斗场景，好莱坞的海盗电

海盗推销术（上图）一张20世纪40年代末至50年代初的牙买加旅游局海报，利用加勒比海与海盗的联系来推销自己的旅游产品。

人们惊讶地发现海上竟然还有女海盗——比如声名狼藉的安妮·邦尼和玛丽·里德（右下图）——这是海盗题材戏剧和文学的兴奋剂。玛丽·里德（下图）很快成了大众心目中的女主角，而这绝非事实。

影就似乎少了滋味，而事实上几乎所有港口都不对海盗开放。这种浪漫的场景并非真相，由于不能驶入安全的港口，大多数饥肠辘辘的海盗不得不依靠掠夺其他船只来维持生存。

在小说或电影中，海盗通常好像咨询了高中的职业顾问后，自主选择在海上劫掠为生，就好像选择其他任何职业一样。但犯罪往往不仅是一种简单的选择。人类成为海盗的历史与海上的航行史一样长，无论是驾乘古代桨帆船、帆船还是现代快艇，许多人成为海盗的理由都是相同的。海盗船上的成员通常对生活绝望或不抱幻想，"哟——嗬——嗬的呼喊声和一瓶朗姆酒"绝不是吸引他们的原因。有些人是由于失业和饥饿沦为海盗，另一些人则是因为受到了严苛法律的不公正待遇。当然，其中也不乏一些彻头彻尾的坏蛋。

在17世纪末的所谓海盗的"黄金时代"，海盗的平均年龄是27岁，这在很大程度上向我们显示了他们短寿的状况。虽然海盗很清楚等待自己的惩罚就是死刑，但与其在商船上饱受折磨或在军舰上遭到虐待，水手们认为当海盗也不失为一项颇具吸引力的选择。此外，自由也是一个主要动机。水手的报酬极其微薄。商船只所获的利润都流入了船主的腰包；海军捕获奖金通常也分配不均，军官几乎攫取了所有的钱财。而在海盗船上，利润全归海盗们所有。水手们挣扎在涌上社会的最底层，狠狠捞上一笔，然后金盆洗手的想法使许多水手在公海上干起了罪恶的勾当。

海上的生活十分难熬。水手们的住舱条件极其恶劣，毫无舒适可言。此外，他们还会遭遇海上的极端天气等危险如影随形，食物经常腐烂变质，饮用水肮脏污秽、令人作呕，疟疾、痢疾、黄热病、坏血病等疾病盛行。既然他们的职业不能为其带来保证，那么成为海盗或私掠船员至少还有机会一夜暴富。

在战争期间，私掠船可以得到政府颁发的特许证去劫掠敌人的船只，捕获战利品。售卖战利品所获的利润在私掠船上的分配要比在海军公平得多。利益驱使水手成为了私掠船员，而和平时期则会导致大批私掠船员失业。1714年西班牙王位继承战争的终结就属于这种状况。在这种情况下，私掠船员继续维持生计的手段就是转当海盗。

然而，大多数水手走上海盗之路都是由于他们的船只遭到海盗的劫掠。对于那些没有能力换取赎金的水手来说，他们只有三种选择：立即被处死，变身为奴隶或与海盗船长签约成为海盗。这是个艰难的选择，但同时也是一点优势，当他们被缉拿归案时，许多海盗辩称自己是受到掳掠者的胁迫才不得已入伙的。考虑到这也是海军吸纳新水手的常用方式，所以法官至少对海盗的这套说辞半信半疑，某些情况下甚至会表现出一些怜悯之情。

从历史上看，海盗似乎总是一群乌合之众——他们来自不同地域、不同文化，都被社会所遗弃，活下去这一共同需求使他们聚在一起。17 世纪末和 18 世纪，海盗成员（其中还有一些女性）来自许多不同国家、不同社会阶级、不同种族。根据法庭档案的记载，1715 至 1725 年间，大约有 700 名海盗活跃在加勒比海上，其中英国人所占比例最大，可达总人数的 35%；讲英语的美国人为 25%；西印度群岛的土著人为 20%；苏格兰人占 10%；威尔士人占 8%；其他航海国家（如瑞典、荷兰、法国和西班牙）仅占 2%。一些海盗成员是非洲人的后裔，他们或者是从美洲或加勒比种植园逃跑的奴隶，或是自由的美洲黑人。1721 年，巴塞洛缪·罗伯茨手下的海盗成员包括 187 名白人和 75 名黑人，其中大多数是逃亡的奴隶。即使他们在帆船上生活艰苦，最终很可能会落得悲惨的下场，但也比在西印度群岛的种植园中做奴隶好得多。

就像威廉·贺加斯在《杜松子酒巷》（Gin Lane）中所描绘的那样，贫穷是 18 世纪初大多数英国人的命运；难怪他们要逃离这样的状况。许多人认为海盗船上的生活不仅是一种解脱，也是一个迅速发财致富的机会。

这个人真是海盗吗？

关于海盗的定义有多少困惑，有关他们的名称就有多少迷茫，而这又是通俗小说惹的祸，它们总是围绕海盗可以恣意纵情、潇洒自由做文章。不过，海盗这个术语太过于浪漫，将其用来形容在中国南海乘着快艇劫掠船只的土匪很不合时宜，但是对于那些端着乌兹冲锋枪的印度尼西亚海盗来说就再合适不过了。海盗最初的定义是：在海上从事犯罪活动的抢劫犯。随着时间的推移，海上掠夺的策略和方法可能已经发生了改变，但不变的是它们都是犯罪。不幸的是，现代用法已经扩展了该词的含义，如今"pirate"这个词的含义更多是指盗窃版权。从新闻中，我们对盗版录像带都很熟悉。盗版这样一种久坐不动的陆地行为竟然会用历史上与在公海上从事犯罪活动有关的词进行定义，似乎真有点古怪。

此外，定义贵在含义清晰。在那个时代，西印度海盗（buccaneer）、私掠船船员（privateer）、和海盗（corsair 或 pirate）的含义不同，而这可能就意味着生与死的差距。一个国家的英雄就是另一个国家的恐怖分子，因此一国的海盗也

菲利普·夏佩尔（Philippe Chapelle）绘制的《计算机海盗》（*Computer Pirate*）以一种浪漫主义的方式将盗版与海盗行为联系在一起。

可能是另一国的爱国者，如亨利·摩根（Henry Morgan）、弗朗西斯·德雷克爵士（Sir Franeis Drake），甚至约翰·保罗·琼斯（John Paul Jones）均是如此。的确，当两国无战事时，政府常常会对船长的海盗行为和袭击敌国船只的行为进行制裁。而从真正意义上讲，海盗会袭击任何国家的船只。

海盗在海上劫掠他人，为非作歹。17世纪和18世纪，海盗活动在英国及其殖民地更加猖獗，当时打击海盗属于海军部的法律管辖范畴，海盗活动被定义为在海岸、河流、河口和公海周围、低潮线标志以下所犯的罪行。被判定有罪的海盗常被绞死在低潮线标志上，这一点清楚地彰显了海军大臣的权威。其他国家也采用这一定义和这一惩罚方式。

因此，许多海盗竭尽全力掩盖自己的罪行，极力想获得私掠船长的身份为自己开脱。西印度海盗这个词17世纪起源于加勒比海上的伊斯帕尼奥拉岛［现在的海地和多米尼加共和国（Dominican Republic）］。在这里，法国的荒蛮人在烤架上熏肉，因此得名。许多早期的西印度海盗都是在加勒比海大部分地区触犯了西班牙法律的逃犯，因此他们憎恨所有的西班牙人。到17世纪中期，这些海盗猎手开始劫掠过往的西班牙船只，他们取得的成功吸引了很多逃亡的奴隶、水手和其他不法之徒。适时地"西印度海盗"这个词就开始指称那些袭击西班牙美洲殖民地的海上劫掠者——主要是英国人和法国人——他们原则上以罗亚尔港和托尔图加岛为基地，是一些半合法的海盗。

相比之下，私掠船员（privateer）却代表着自己祖国的海军。一份被称为"拿捕特许证"的合同就可以准许平民船长、他的船及其船员在战争期间袭击敌人的船只。私掠船最主要的目标就是尽可能完好地俘获敌船，然后带着"战利品"返回基地。作为对发放特许证的回报，政府也会从俘获的船只和货物中分一杯羹，其价值大概占总额的五分之一。16世纪的英国海盗船打着女王伊丽莎白一世的旗号实施掠夺行为，他们的活动极大地充盈了女王的国库，而西班牙人则深受其害。

然而，尽管君主的名字在合同上熠熠生辉——协议经常是口头的，在易怒的来使面前君主也可以否认——但私掠船员其实就是一个持有执照、不袭击本国人民的海盗，这一事实如假包换。不幸的是，一旦战事结束，许多私掠船员——不能或不愿放弃水手生活的人——只能变身海盗。有时私掠船长也会超出合同条款的限制，成为海盗，1671年亨利·摩根袭击巴拿马城时即是如此（见112—113页）。

一些法国西印度海盗使用小型的快速平底船，这使他们有了掠夺者（filibuster）的别称，有时也被称为劫掠者（freebooters）。后来人们不再使用这一称呼，直到19世纪才又恢复使用，当时"filibuster"这个词用来形容走私者或偷越封锁线的人。

由于私掠船员的法语是"la course"，因此地中海上的海盗又被称为"corsairs"。由于政府的观点不同，这个词既可指海盗，又可指私掠船员。例如，北非海岸的巴巴里海盗认为自己是在与巴巴里海岸城邦签订的条约保护下的、与宗教敌人作战的穆斯林私掠船员，而欧洲人却将其归类为醌醌无耻的海盗。

纵观航海史，海盗们也曾满怀希望，但在内心深处却并无期待。在18世纪无情的欧洲法庭上，大多数站在法官和陪审团面前、被判处死刑的海盗都会表现出对命运的顺从，他们似乎早已预见了自己被逮捕和处死的必然结局。这就是他们的现实。本书仔细研究了历史上真实的海盗，其中涉及从地中海到加勒比海、从美洲东海岸到中国南海的众多人物。该书剔除了浪漫主义精神，详尽地描述了海盗们的罪行与命运，向人们展现了他们的真实生活。

（右图）霍华德·派尔绘制的《谁是船长》（*Which shall be Captain*）。与其他艺术家不同，派尔的作品设定了大众心目中海盗的风格与形象。1853年，他生于特拉华州（Delaware）的威明顿市（Wilmington），1911年在到访意大利的佛罗伦萨（Florence）时辞世。派尔是一名教师、作者和画家，他采用动态方式来呈现具有戏剧性的历史时刻，这对于插图艺术来说是一种革命。他为《海盗传说》（*Tales of Pirates and Buccaneers*）和《霍华德·派尔的海盗故事》（*Howard Pyle's Book of Pirates*）所绘制的插图在定义海盗形象上产生了深远的影响。

第一章

海盗船
各个时代的海盗船

公海上的海盗活动与航海的历史一样古老。仅是所使用的船只类型和某一特定时代所采用的武器装备就可以判断海盗与近代海盗的真正区别。在每次行动中，航速、灵活性和运载的能力是一艘海盗船最重要的品质。

在最早有文献记载的海盗行动中，人们使用的是划桨船——有时辅助船帆。公元前13世纪青铜时代晚期的渔民和后来公元10世纪克利特岛（Cretan）上的海盗都使用一种桨帆船。在埃及法老拉美西斯三世（Ramesses Ⅲ）葬祭殿（见34页）的壁画上，我们还可以看到当时渔民的船只。它们与古希腊神话中伊阿宋（Jason）和阿尔戈英雄（the Argonauts）驶往科尔喀斯国（Colchis）寻找金羊毛时所乘坐的"阿尔戈"号（Argo）非常类似，其本身兼具贸易探险与海盗袭击的功能。伊阿宋的故事最终以一种恰当的、戏剧性的希腊方式落下了帷幕——从"阿尔戈"号上掉落的一块重木击中了他的头部，将他砸死，由此伊阿宋成了死于自己船只之手的第一名海盗。

荷马也曾在作品中提及这些早期的希腊海盗船，并将它们描述为具有开放式甲板的小型桨帆船，每侧船舷配备10—25支桨。它们一定就是将灾难带给特洛伊人的"特洛伊之前的黑船"。约公元前1100年，地中海青铜时代文明（如迈锡尼文明）陷落开启了黑暗时代的序幕。

然而，随着海上贸易的继续发展，在接下来的250

小型的沿海贸易船——无论是帆船还是桨船——很容易遭到海盗袭击，背景（右跨页图）中这种被称为"克鲁里"（kerkouri）的稍大型商船更是海盗的上佳战利品。因此，它们常在船头装配撞角，用以对抗海盗船。

12

年间，一些新型船只呈现出当时的特征。商船更是依靠船帆而非人力行驶，许多船只上的桨沦为了与帆共同驱动船只的工具。此时，虽然出现了可以使用桨或帆的宽船幅桨帆船，但也有船幅较窄、设计线条更为明快的船只。这些船只的速度可以超过商船，也能够逃脱重型战船的追击，因此成为海盗船的理想选择。此外，它们还具有足够的载货能力，可以将掠夺品运回伯罗奔尼撒半岛（Peloponnese）和爱琴群岛（Aegean Islands）那迷宫般的海湾基地。

公元前八世纪，腓尼基人开始驾乘双层桨快速帆船，这种战船也就是人们所熟知的双层桨座战船。在另两个世纪的时间里，希腊海军也采用了双层桨座战船，并对其进行了改造。他们为了追求更快的航速而不断增加船桨的数目，为水兵架设战斗平台，并在船首增设了可以击沉敌船的重型撞角。然而，最后一项改进对于海盗船来说却并非理想之举，因为海盗船的目的是劫掠商船，而不是马上将其击沉，所以与希腊和腓尼基海军中的战船相比，稍小的双层桨座海盗船并不那么专业。公元前五世纪，为了满足战争的需要，双层桨座战船逐渐发展成为体形更大、威力更强的三层桨座战船（trireme）。

古希腊的双层桨座战船加入了战斗。在这里我们可以看出两种主要的战术。船首撞角包有厚重的金属外皮，用来迎头撞击敌船。在背景图中，另一艘船正以战斗速度划向对手。在最后一刻，船上的桨手将邻近敌船一侧的船桨全部撤回，船只与其并肩全速前进，当敌船经过时，切断其船桨，使其动弹不得。

新增的第三层桨使船只的航速更快，当它试图撞击另一艘船时，所需的距离也很短。但是，尽管三层桨座战船的性能如同战船一样优异，但它却既禁不起风浪、也无法胜任长途航行，事实上只能在沿海活动。所以，商船在无人护航的情况下孤独地行驶在公海，最终成为体积更小、但适航性更佳的三层桨座海盗船的猎物。

双层桨座战船的变迁

在罗马共和时代，罗马人从来就不是一个擅长航海的民族，但在第一次布匿战争（公元前264—前241年）中，他们为了击败迦太基人而被迫投身大海。罗马人使用了希腊三层桨座战船的升级版船只，即五桨座战船。不过事实上，这种船仍然只装配三层桨，但每排由五名桨手划动。上面两层每两名桨手划一只桨，最下面一层一名桨手划一只桨，这样的安排使船拥有了巨大的短程爆发力。五桨座战船的适航性要逊色于三层桨座战船，因此尽管罗马海军赋予了它们在地中海上的战略霸主地位，但实际上，它们在打击当时盛极一时的海盗方面简直一无是处。

海盗们获得了许多船只，其中双层桨战船居多。公元前四世纪，赫米奥拉船（hemiola）——来源于希腊语的"一个半"——首次出现在希腊水域。这是一种将船桨和一张大横帆结合使用的轻快小船，它的船员撤出后，

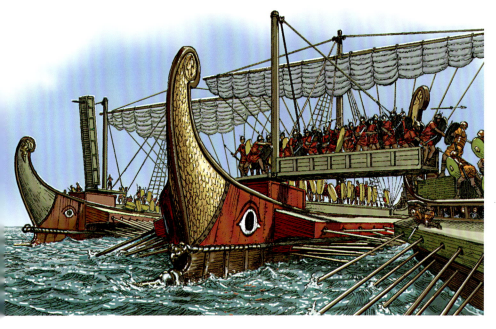

（上图）罗马水军跳过他们五桨座战船上的乌鸦吊（corvus），登上迦太基人的桨帆船。乌鸦吊是一种可以抛到敌船上的吊桥，它的一端装有长钉，容易操作。这样，罗马军团就可以登上敌船，从而像在陆地上一样与敌人作战。不过，吊桥的重量使得五桨座战船头重脚轻，很不稳当，所以很容易倾覆。

船桨的中心部分可以堆放起来，从而腾出空间来装载战利品。此外，它的桅杆也能够放低，然后搭建战斗平台。

伦博船（lembos）是一种敞开式甲板的双层桨座战船，伊利里亚海盗曾驾驶它曾在亚得里亚海航行。这种船可以很轻易地躲避笨拙的罗马三层桨座战船和五桨座战船。然而公元前二世纪，罗马人模仿了它的设计建成了反海盗船。里布尼亚船（Iiburnians）是另一种经过改造的双层桨座战船，它也曾被用作轻型海盗战船。里布尼亚船是西利西亚海盗舰队中最重要的船型，而西利西亚海盗后来曾受雇于多个国家，成为它们的雇佣军。

在公元前二三世纪的大部分时间中，希腊的罗得岛（Island of Rhodes）都

从罗马五桨座战船的横截面左图中，我们可以看到五名桨手的排列情况。

保有一支特米奥拉船（triemiola）舰队，用来追击并消灭海盗。这种船是赫米奥拉船的改造版，其体积更小、航速更快，甲板为敞开式。它们能够在与另一艘船并肩行驶时撤回大量的船桨，从而为登船做好准备。

这一点使它可以依靠水兵将海盗船拖入绝境。

当公元前一世纪庞培（Pompey the Great）与西利西亚海盗（见 42 页）交战时，他所依仗的就是从罗得岛租来的双层桨座战船、罗马人建造的“里布尼亚船”和一些更为沉重、航速更慢的战船。庞培在地中海上打击海盗的行动中令对手闻风丧胆，因此在罗马帝国成立之时，尽管罗马海军仍保留了一支双层桨座快速战船舰队以防止海盗死灰复燃，但事实上它们并没有派上用场。

公元前一世纪的一幅雕刻画（下图）向人们展示了罗马的五桨座战船。

在君士坦丁堡坚实城墙外的博斯普鲁斯海峡上爆发了一场战斗，装有希腊火药的希腊战船击溃了进攻者。（上图）这种吐着熊熊烈焰的装置令人望而生畏，作为一种近距离防御的秘密武器，它在几个世纪中常常帮助武器装备落后的拜占庭海军击败阿拉伯人和维京人的入侵。

在地中海上，桨帆船始终得到人们的偏爱。到公元5世纪末西罗马帝国陷落之时，地中海上真正的霸权都集中在东罗马帝国——后来我们所称的拜占庭帝国——的首都君士坦丁堡附近。拜占庭帝国的海军不断遭受着各种敌人的海上袭击，其中包括阴谋篡夺皇权者、来自巴勒斯坦、埃及，甚至马尔马拉海（Sea of Marmara）库齐库斯（Cyzicus）地区的阿拉伯人，还有沿第聂伯河（Dnieper River）而下跨越黑海（Black Sea）的维京人和来自威尼斯和热那亚的商人。在多次交锋中，他们与敌人互有胜负。

事实上，所有国家使用的桨帆战船与原来的罗马战船在本质上都没有什么区别，不过拜占庭人的战船却拥有一个制胜法宝。他们拥有当时最令人胆寒的秘密武器——希腊火药。人们乘着多摩尼斯船（dromones）——一种灵活机动的小快船——将这种成分不详的液体燃烧弹通过特制的喷嘴向敌船喷射出去。燃烧弹以油料为基础，所有沾染到这种可燃液体的东西都会迅速燃烧，并能浮在水面上，炽热的烈焰会吞噬那些企图跳船逃生的人。每当有敌人靠近君士坦丁堡高大的城墙，这种希腊火药都会帮助拜占庭人扭转战局，反败为胜。

在中世纪，即使是以一种完全不同的方式建造的北欧船只也并未使这种传

统战船销声匿迹。事实上，这种战船还见证了 16 世纪的文艺复兴。

中世纪欧洲的船只

　　中世纪伊始，欧洲的船只仅能胜任短途的贸易航行。到 15 世纪晚期，一系列的技术突破使得当时建造的船只能够航行到已知世界的任何一个角落从事贸易活动，甚至开赴到未知世界进行探险。而适宜在地中海航行的传统双层桨战船和桨帆船却无法应对北欧公海上的惊涛骇浪。

　　在中世纪早期，北欧地区的标准商船是诺尔船（knorr），它由维京长船（见 50 页插图）发展而来，而维京长船从公元八世纪开始就统治了欧洲水域。这种船的适航性令人惊叹，其船体采用搭接法建造而成，框架轻巧且可弯曲。诺尔船的船头和船尾呈尖形，甲板为敞开式。单桅横帆为船只提供动力，贯穿船舷的舵桨可起到船舵的作用。这种船的吃水很浅，因此是在公海或内河上劫掠船只的理想选择。同时，装上船帆或船桨之后，它还能搭载维京人横渡北大西洋，打开前往冰岛、格陵兰岛和纽芬兰岛的通道。

　　随着 13 世纪北欧海上贸易的兴起，人们对"诺尔船"进行了改进，提高了它的航行效率和载货能力。更为优异的船帆索具和增加的前桅帆或船首斜桅使船只的航速更快，而船首和船尾的升高平台则为船员提供了庇护地。同时如果船只遇袭，还能充当战斗平台

（上图）一支法国十字军舰队正在向一艘 12 世纪的诺尔船上装货。在图中，我们可以看到敞开式甲板和加装饰的艉楼。

第三次十字军东征（1189—1192 年）时军队登上柯克船。这种船的船尾平直，艏楼和艉楼均得到了加强。

使用。这是一项十分必要的预防措施，因为随着海上贸易的发展，海盗活动也日益猖獗。不断增长的贸易量要求人们建造比诺尔船更为复杂的船只，到 13 世纪中期，柯克船（cog）应运而生，并很快在北欧海域占据了主导地位。柯克船装有固定的船尾舵，因此船尾不再呈尖形，货物也用围蔽甲板进行了保护。横帆索具使柯克船无法戗风航行，不过这一缺点在欧洲水手遇到地中海上的类似船只时最终得以克服。

柯克船适航性强，汉萨同盟将其用作商船，同时它也是当时所有战船和海盗船的基础船型。商船与战船的唯一区别就在于船员的数量和战斗平台的尺寸大小。

当北欧水手驶入地中海探险时，他们遇到了以阿拉伯索具为基础的船只；这种船采用平铺法设计建造，即船体木板都采用边缘对齐的方法连接，然后再固定在更沉重、更结实的框架上，而非固定在重叠搭造的船体上。它们的三角帆也与众不同，其形状和索具使得这种船更适于戗风航行。此时，意大利造船师在融合不同设计的方面独占鳌头。他们复制了北方柯克船加大的船体尺寸，但却采用了平铺法进行建造。结果就出现了人们所熟知的圆船（roundship），一种将北方船体尺寸与南方平铺式船体上的帆船索具相结合的产物。

15 世纪，在地中海上出现了卡拉维尔（caravel）快速帆船。它融合了三角帆的转向优势和欧洲船只船尾舵的长处，采用平铺法建造的船体使得船只很轻，因此航速很快，十分灵敏，少数船员即可轻松驾驭。

在一幅约 1540 年的油画中，一艘克拉克帆船正在顺风行驶。克拉克帆船取代了柯克船，成为中世纪后期商船和海盗船的标准船型。与柯克船相比，克拉克帆船拥有多张船帆和一个巨大的艉楼，至少可以为船长提供舒适一些的居住环境。（上图）在靠近水线的平铺船体部分凿有炮门，我们可以看到从中突出的加农炮炮口。

与此同时，在北欧也出现了类似的发展，最终演变为克拉克船（carrack）。此时，战斗平台已经成为建造结构的一部分，而不是后添上去的附属物，这使得克拉克船更加适于在海上航行，而原来位于船头和船尾的"塔楼"也发展成为真正的艏楼和艉楼，为作战提供了坚实的战斗平台。15 世纪船上的火炮的引入使它们变为令人畏惧的战船。克拉克船——或西班牙人和葡萄牙人所称的"瑙船"（nao）——成了欧洲商船舰队和海军的中流砥柱。

在完善克拉克帆船索具的最后阶段，由于引入了火炮，欧洲造船厂完成了从传统的搭接船体向平铺船体的转变。此时不断加重的火炮必须要架设在船内靠近水线的位置，从而保证船只的平衡。在搭接建造的船体上开凿炮门会严重损害船只的安全性，而平铺船体的接合处则可轻易加固和填隙，从而保证船体的完整性。这种大型帆船将坚固的框架和流线型的平铺式船体结合起来，其载货能力也比同时期地中海上的船只更为强大。

桨帆船与帆船

在文艺复兴时期的地中海上，新型的圆船与传统的桨帆船共同进行贸易航行，桨帆船的外形在两千多年的时间中几乎没有什么改变。在亚得里亚海（Adriatic）和爱琴海（Aegean）这样岛屿遍布的狭窄水域，划桨船比帆船更加实用，但它们在开阔的深海区可能并不常见。不过 16 世纪，一场剧变突如其来，似乎一夜之间所有地区的海军都想要重新打造古老的战船舰队。

无论是从外观上还是表现上来看，文艺复兴时期的战船与早期的罗马战船很相似，但也呈现出许多不同点。例如，火炮的运用要求艏楼必须十分坚固，从而面向前方的炮台中可以安放一至五门主炮，舷炮则主要进行近距离射击。与这个时期装配了大型舷炮的大帆船相比，桨帆船可将船头指向敌船并向其开火，而这一过程中它暴露给敌船的船体面积却相当小。

桨帆船安装一根或多根桅杆，桅杆上悬挂三角帆，这使得它们可以利用风向来为桨驱动补充动力。标准的桨帆船装有 20—30 支桨，每支桨由三四甚至六名坐在木凳上的桨手划动，桨手通常是奴隶或囚犯。这样的动力安排意味着桨帆船只需几秒即可从在静止状态加速为全速前进。因此，在常常清风和煦的地中海上，桨帆船比帆船更具优势。不过，帆船可以携带更重型的武器，其高大的建筑还可抵御进攻，但航速较慢，也更为笨重。相比之下，灵活的桨帆船则可活跃在帆船周围，在炮击敌船的同时还能避开从敌船舷侧射出的炮弹。

然而，巴巴里海盗（Barbary corsairs）和其他地中海上的海盗都尽可能地避免使用长距离火炮，因为火炮袭击可能会严重损坏潜在的猎物，如果对方是一艘桨帆船则更是如此。他们最理想的战利品是那些未经海战而获得的财物。出于这一原因，使用撞角撞击对方船只也并非明智之选；巴巴里海盗惯用的策略是一旦两船并肩而行，海盗们就蜂拥而上，登上对方船只，越过艏楼，然后再通过肉搏战制伏船上的船员。

地中海地区还在基本的桨帆船设计上发展起了自己独特的船只。威尼斯人注重航速，他们更加偏爱那些长而窄的桨帆船，但这种船的稳定性不如同时期的其他船只。其他大部分基督教国家和地中海东部的奥斯曼土耳其人偏爱更为宽敞和高大的桨帆船，因为这种船的火炮平台更高、更稳。

帆船的标准船员人数是 12 名甚至更少，而相比之下，桨帆船的维护费用则很昂贵，因此地中海上仅有几支海军还保有少量的桨帆船，其中包括几个主要

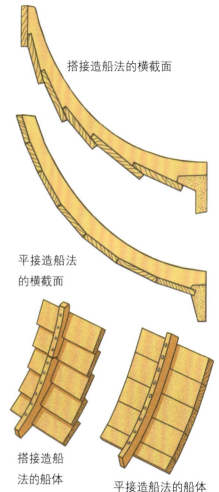

搭接造船法的横截面

平接造船法
的横截面

搭接造船法的船体

平接造船法的船体

"搭接"这个术语源自用来将重叠搭造的列板或木板固定在框架上的铆钉。仅有一些具有特定形状的木材框架才能安装在龙骨上，从而固定列板；然后再安装其余的加固框架。相比之下，采用平铺法钉造的船体和龙骨是预先建造出来的，然后再将厚木板安装在完成的框架上。"平铺"这个术语可能源自一种采用这种方法建造而成的阿拉伯船只——卡拉维船（caravo）。

的北非港口。在 16 世纪其余的桨帆船舰队则由比桨帆船更小的船只——快速平底船（galiot）——构成。这种船的航速比大型的桨帆战船更快，因此非常适合在地中海上从事海盗活动。

典型的快速平底船采用平甲板、单桅杆，桅杆上撑三角帆。每侧设 6—12 桨，平均两人操控一桨。在真正的快速平底海盗船上，桨手通常是自由的海盗，而不是奴隶。由于船只的体形更小，所以无法搭载那些不愿登上敌船的人员。这种光滑的长船成了北非海岸和奥斯曼帝国海盗船舰队的主要组成部分。由奴隶摇桨的稍大型桨帆船有时会作为海盗头目的旗舰，但它们一般不会参与海上战斗。有些桨帆船会参加海盗活动，在两栖作战和需要将陆地劫掠者运送上船时尤为如此。快速平底船的一种变体是塔坦船，船上设有桅杆，更加强调帆的使用。

虽然桨帆船的使用在整个 17 世纪呈逐渐下滑的趋势，但 18 世纪的贩奴船有时仍是全帆装备的桨帆船，且海盗船也在使用这种船只［见 138—140 页的威廉·基德（William Kidd）和 167—169 页的山姆·贝拉米（Sam Bellamy）］。直到 19 世纪初，在北非海岸仍保留着多种多样的划桨式海盗船。地中海上的海盗对小型桨帆船情有独钟，然而驰骋在波涛更加汹涌的北方水域的海盗们则更愿意使用卡拉维尔快速帆船来袭击敌船，甚至还有人利用卡拉维尔帆船上的火力来摧毁目标船上的桅杆，从而制伏船上的人员。出于保卫祖国的目的，不断有私人船只受雇成为私掠船。人们驾乘这些船只去探索新世界，而海盗也靠它们去劫掠在那里发现的财富。

西班牙的盖伦帆船（galleon）与英国私掠船

16 世纪后半叶，西班牙的造船工匠设计出了克拉克帆船的变体，即此后大众想象中的航海大胆之作——盖伦帆船。起初，设计这些船只的目的是运送并保护每年航行于西班牙美洲殖民地与西班牙之间的珍宝船舰队，但英国造船工人很快就开始效仿这种船，建造了低矮、光滑的"竞速"盖伦帆船，把它作为海盗船和私掠船使用。在英国著名的船长［如弗朗西斯·德雷克爵士（Sir Francis Drake）］手中，它们就是令人生畏的武器。

（上图）一艘约 1770 年的大型桨帆海盗船，此处可见其部分剖面图。船首布设 4 门强火力火炮，炮筒向前，火炮平台下面装设 4 门回转炮。因为这种大小的桨帆船需要大量船员搬运战利品，所以可能是由奴隶来划动船上的 48 支桨——每侧 24 支。这些奴隶常常是被俘的囚犯，每 4 至 6 人划一支桨。由此我们可以想象这种船上的拥挤程度，不过巴巴里海岸的海盗几乎不在船上居住，而是在岸上过夜。

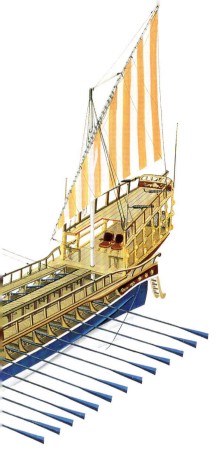

右上图：17 世纪雕刻品上的巴巴里桨帆船舰队。

1579 年 3 月 1 日，德雷克驾乘英国建造的小型盖伦帆船"金鹿"号（Golden Hind）追赶一艘西班牙小型盖伦帆船"卡卡弗戈"号（Cacafuego）。短暂的交战之后，这艘西班牙帆船就将船上令人咋舌的巨额财富拱手相让。这次追击也展示两种船型的差异：西班牙盖伦帆船及其英国建造的衍生品。典型的盖伦护卫帆船介于 300—500 吨，但它们的排水量最多可达 1200 吨。一些如"卡卡弗戈"号这样的船只体积更小——不到 200 吨——但它们并不是真正的盖伦帆船。

（右图）弗朗西斯·德雷克爵士驾乘英国人建造的盖伦横帆船"金鹿"号在西班牙的美洲殖民地进行战斗。该船 23 米长，6 米宽，排水量仅有 120 吨。它轻快的线条、灵活的机动性和 18 门不同型号的火炮使其卓尔不群。后来，荷兰造船工人也效仿了这些英国私掠船的基本设计，从而为 17 世纪西印度海盗使用的海盗船铺平了道路。

21

最大型的盖伦帆船可充当旗舰，并不作为珍宝舰队的护卫船使用。这种船是西班牙无敌舰队的中流砥柱，不过它们从未在西班牙大陆与英国私掠船交战。在那里与英国海盗船展开厮杀的是中等大小的盖伦帆船和装备精良的珞船（克拉克帆船）。

西班牙盖伦帆船十分笨重，它装有高大的艏楼和巨大的艉楼。由于它们是珍宝船，所以货运空间很大。当那些久负盛名的船只行驶于西班牙和"新世界"之间时，它们就会载上乘客，不过一旦船队与敌船交火，盖伦帆船通常碍手碍脚。除了强有效的火炮装备外，西班牙盖伦帆船还会搭载一队士兵，不过由于战术策略有误，他们的价值常常得不到充分体现。西班牙人以炮火拉开登船的序幕，但英国和荷兰的炮架更为优异，它们使用四个小轮子而不是两个大轮子，因此提高了射速。这样，在长距离火炮战中，即使世界上最好的士兵也无计可施了。尽管有着这么多的不利因素，但护航战舰和西班牙盖伦帆船雄伟的外观通常会使潜在的袭击者——包括老对手英国海盗在内——退避三舍。

在这一时期，英国私掠船使用的船只则是按照完全不同的标准设计建造的。1567 年，约翰·霍金斯爵士（Sir John Hawkins）在探险航行中驾乘皇家战舰"吕贝克的耶稣"号（Jesus of Lübeck），即亨利八世海军中一艘老旧的克拉克帆船。它与西班牙人使用的许多武装战舰很相似，但人们去除了它上层建筑的一大部分，使它成为一艘重量更轻、适航性更好的战舰，其航速更快、更加机动灵活。

像马修·贝克这样的新式造船工匠计划建造一种新型的、从龙骨开始向上建造的盖伦帆船，这种船后来成了英国组建的皇家海军的旗舰。不过英国严重依赖私掠船来补充其海军，且海军中的许多船只都效仿了皇家造船工匠的设计。与西班牙盖伦帆船相比，英国建造的盖伦帆船造型更加优美，上层建筑更矮，并逐渐向后甲板倾斜，从而避免出现了西班牙盖伦帆船上层建筑过于高大的情况。

弗朗西斯·德雷克爵士的"金鹿"号就是一个典型的例子。

私掠船和皇家战舰上的船员经过训练后，他们会避免与敌人的短兵相接，而主要依靠火炮在战斗中取胜。英国私掠船和海盗使用这些船只在西班牙大陆美洲进行袭击活动，并在从太平洋至西班牙的海岸线之间寻找猎物。

经典的西班牙盖伦大帆船模型。这些船的航速很慢，尤其是满载着阿兹特克黄金和印加白银，从新世界返回时更是如此。它们通常组成庞大的舰队一起行驶、共同防卫，以抵御主要的敌人——在加勒比海上逡巡的英国和荷兰私掠船。

理想的海盗船

在海盗时代（1640—1690 年）和随后的海盗"黄金时代"（1690—1730 年），活跃在美洲和加勒比海域上的海盗都通过改造常规的货船来满足自己特殊的需要。在船只被劫掠后，它们或被出售、或被摧毁、或被用作海盗船。虽然像"黑胡子"和巴塞洛缪·罗伯茨这样的海盗截获了一些武装精良的大船，但大多数海盗仍在使用小型船只。他们对其中的某些类型船只钟爱有加。理想的海盗船航速要快，要能够追得上对方船只，或能从更强大的敌船手中脱逃，因此海盗们更青睐那些更小更轻的船只，尤其是单桅小帆船（sloop）及后来的纵帆船（schooner）和双桅帆船（brigantine），其中的单桅小帆船简直就是海盗行动边打边跑的完美船型。这些船只空间宽敞，足以装载战利品和补给品，但可供人员居住的空间则很有限，因为海盗船上的船员通常比商船上的人员少。

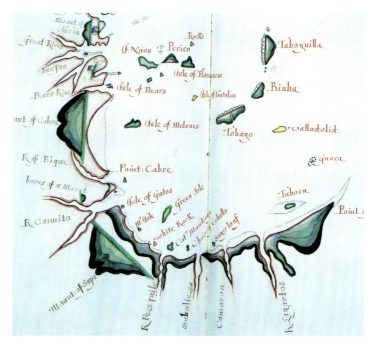

巴拿马港的细节图，出自 1683—1684 年尼古拉斯·哈克（Nicholas Hack）觐献给英国国王查理二世（Charles Ⅱ）的海图。哈克的海图标志着现代地图编制的开端，不过与那些全盘挪用掠夺而来的海图的海盗一样，哈克也从偷来的西班牙手稿中借鉴了有关"南太平洋"（the Great South Sea）的大部分细节。

理论就是这样；然而尽管好莱坞曾竭力向电影观众展示海盗船，但几乎没有图片证据可以向我们证明那个时代的海盗船到底是什么样子。文字证据表明，海盗采用了单桅小帆船，在很小范围内也曾使用双桅帆船。而在 18 世纪，纵帆船则更受欢迎。它们的规格说明，这些船只完美地适应了海盗活动的需求。

在 17 和 18 世纪，单桅小帆船是主要的小型工作船只，它也是美洲和加勒比海域数量最为庞大的一类船只。从名称来看，它是一种单桅杆的小型船，悬挂着一张大船帆。

帆船索具是典型的纵帆，装有一张主帆和一张前桅大帆。这种配置使得这种船航速快、转弯迅速，由于它的吃水浅，甚至在浅滩水域也易于操控。约 1700 年，标准的单桅小帆船能够搭载 75 人和 14 门小型火炮。

百慕大单桅帆船也被广泛用作海盗船。下图向我们展示了约 1700 年的一艘船的圆滑的船体线条。

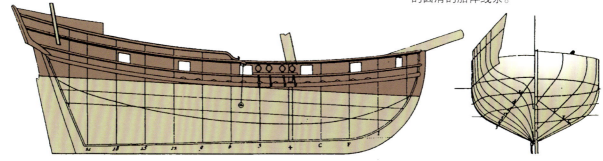

18 世纪，"小帆船"这个术语也用来指称带有一根、两根或三根桅杆的类似小船。牙买加造船工人建造了一种单桅小帆船，由于适航性强、航速快而极受人们推崇，从而成为海盗的新宠。传统上，由红柏制成的这种船十分坚固，可以承载更多的火炮。同时期百慕大地区的造船工人因建造单桅小帆船和纵帆船而享有盛誉。这种纵帆船是一种美国式的单桅小帆船，正是由于制造了这种帆船，巴尔的摩（Baltimore）的多家造船厂才声名鹊起。18 世纪末，它们逐渐成为美洲和加勒比水域上的常见船型。窄船体和大船帆的设计使其线条优美、航行速度快，在风向有利的情况下航速几乎能够达到 12 节（22.2 千米 / 小时）。一般来说，这种船的吃水很浅，因此纵帆海盗船可以隐匿于巴哈马群岛（Islands of the Bahamas）和卡罗莱纳州沿岸（Carolina coast）的浅水和浅滩处。不过，这种船的缺点是货舱舱容小，所以巡航范围有限，也无法存储太多战利品。通常情况下，这种纵帆船的排水量为 100 吨，能够搭载约 75 人和 8 门小型火炮。在美洲海域，双桅帆船是从事海岸贸易的常见船型，它的两根桅杆可以使船只利用各种不同的气候条件。前桅使用横帆，主桅悬挂纵帆，上桅采用横帆。双桅帆船可达 24.4 米长，150 吨重，能够搭载约 100 人和 12 门小型火炮。经典双桅帆船的一种变体是斯诺船（snow），在主桅后方使用斜桁帆。

一艘双桅帆船的模型，这种帆船的吃水很浅，是在美洲海岸浅滩活动的理想船型。双桅帆船可以偷偷潜入河口，从而躲避更具威力的战船。

东方的海盗船

流行小说和电影令人们相信，加勒比海和西班牙美洲殖民地是"真正的"海盗中心区，然而对于毫无防备的商船来说，在世界的另一边——中国南海——同样危险重重。从航海的初期开始，中国帆船（junk）就是远东地区常见的航海船只。到 16 世纪末，当欧洲人抵达这一地区，它已经发展成为一种非常固定的船型。葡萄牙人首先使用了"中国帆船"这个术语，他们将其称为"樟柯"（junco），这是他们从印度尼西亚土著人那里学来的词汇，而那些土著人把它叫作"澄"（djong）。

传奇故事中的君主伏羲氏教会了中国人如何建造帆船。中国广阔的内河流域促成了造船业的早期繁荣，他们建造的一些船只比欧洲船大得多。大约公元 500 年，中国人甚至发明了第一艘桨轮船（paddle wheel ship）。有证据表明，到 12 世纪，他们使用了多达 32 支桨的船。不过，这种船虽然在大河和河口上的表现堪称完美，但在海中的航行能力则令人质疑。然而，帆船船长们先于欧洲水手享受到了其他有价值的发明。

古老的中国"长勺"形指南针（司南）

由于有了对磁学基本原理的早期认识，中国人可能早在秦朝（公元前 221—公元前 207 年）就开始使用世界上最原始的指南针。他们将一块长柄勺状的天然磁石放置在标有基本方位的圆形或方形青铜板上，并保持稳定。到公元 3 世纪，铁矿石制成的指南或指北针仍在使用。第一个广泛应用指南针的人是中国探险家郑和，他在 1405 至 1433 年间曾七下西洋，足迹遍布印度、非洲东海岸、埃及、红海、波斯湾、马来西亚和印度尼西亚。在这一过程中，他也将中国带入了一个航海贸易的最伟大时期。

公元 1000 年，中国帆船就利用船尾舵进行转向，它的使用远远早于欧洲船只，多桅杆的应用也是如此。在更早的大约公元 1 世纪，人们发明了链式水车来将河水引入高处的稻田，同样，水手也使用它来排空舱底的污水。

尤为重要的是，就海盗船而言，火药的使用使中国帆船具备了中等射程的武器能力，同时还可以发射遇险信号。

郑和有时被称为"中国的哥伦布"，在哥伦布扬帆起航横渡大西洋的 60 多年前，他曾 7 次下西洋探险。郑和船队中的大型中国帆船使欧洲探险家的船只相形见绌。如"圣玛丽亚"号（Santa Maria）的长度为 26 米，而中国帆船的长度则超过了 122 米。

13 世纪晚期，中国帆船深深打动了威尼斯商人马可·波罗（Marco Polo）的心，他认为这种船只远胜于威尼斯的船只。他记录到，"它们采用单甲板，甲板下方的空间依照船只大小被分隔成许多小隔舱，商人就在其中的一些隔舱中生活。它们仅装配一个船舵，设有四个桅杆，多张船帆，还有一些船安装了另外两根可以升高和降低的桅杆，可在必要时使用。"他还充满惊奇地写道，中国的造船工人已经发明了本该使"泰坦尼克"号永不沉没的不漏水密封舱："除了已经提过的船舱，一些更大型的船只在船体上安装了 13 个由厚木板接合在一起的隔舱。一旦船只撞上礁石出现漏缝，它们就可以起到保护船只的作用。"

小型沿海中国帆船使用单桅杆和船帆，上图的船只来自 18 世纪早期。商人的全家都生活在这种船上，他们既是船员，也是港口的装卸工人。一旦他们驶离锚地，商船就会受到海盗的控制。想要生存下去的唯一方式就是向当地的海盗头目交保护费。

17 至 19 世纪，逡巡在海上的海盗们使用的中国帆船与马可·波罗描述的船只很类似，不过它们通常装配两根或三根桅杆。现代的中国帆船与它们也很相似，只不过又安装了船用引擎。这使中国帆船成为了人类历史上使用时间最长的船只。马可·波罗之后，许多欧洲旅行家也在记录中记载，曾目睹过由几百艘重型武装的战舰和几百艘商船组成的舰队；它们全都是中国帆船。在亚洲的其他地区，也有一些以中国帆船设计为基础的其他船只，欧洲人也曾对此进行过记录。如马来群岛的塔窝船（twaqo）、暹罗和缅甸的拉查洛姆船（rua chalom）和在日本水域发现的帆船等。这些几乎都是小型的当地船只，不过真正令欧洲商人叹为观止的还是中国帆船。此外，他们也对这些船只用作海盗船的方式大为惊叹。

大多数的海盗帆船都由掠夺而来的商船改造而成。它们加装了大型火炮和一种被称为"兰塔卡"（lantaka）的回转炮。不过他们的主人与大多数海盗一样，都不希望以开炮的方式来劫掠财富。一些最大型的海盗船有 30 多米长，船幅可达 6 米，但大多数船只则要小一些，平均长度约为 14 米。在 1807 年甚至更早些时候，中国海盗帆船的运作几乎都是家庭式的。船主和一些船员的全家都在船上生活，船长住在艉舱，而船员则住在中部船舱。

通过重建，人们还原了一艘 19 世纪早期的武装中国帆船。尽管当时在珠江的澳门和香港流域已经有葡萄牙和英国船只进行海上巡逻，但 18 世纪中期的商船仍会在一定程度上遭受非法掠夺，因此贸易帆船不得不装配重型武装，而商船和海盗船的唯一区别就是是否装载了货物。

　　在海上航行的海盗船的货运空间很大，其中一部分用来装载火药和武器。虽然 19 世纪的欧洲人将中国帆船形容为"样子看起来很原始的船"，但经验丰富的水手都知道，这种船的索具十分灵敏，很适于在中国南海上航行。中国帆船的适航性卓越，如果操作得当，航速可以快得惊人。船上船员的数量不等，从小型船上的十几人到大型船上的近 200 人，不一而足。海盗船上的船员武装良好、数量众多，在人数上超过武装匮乏的商船和后来他们劫掠的欧洲轻武装商船，有时甚至比皇家战船上的人数还要多。

　　17 世纪，明朝突然关闭了中国的港口，并禁止了国外贸易和中国的远洋活动。这种闭关锁国的行为产生了一系列影响，其中最主要的两个是：将首都从近海城市应天（治今江苏南京市）迁顺天（改北京为京师）；儒家思想在国家政策上的强劲复苏。儒家思想所推崇的观念是中国已经实现了理想的社会状态，因此不需要接触可能会给国家带来危险的外国文化。

　　这种政策也波及了曾经盛极一时的中国海军，使它却丧失了最初的荣誉。此外，该政策还对中国的贸易和海盗行为产生了深远的影响。当时明朝将重点放在已经得到极大扩展的京杭大运河上，用它来发展国内航运，并派出海军进行保护。因此，由于海军力量枯竭、士气低落，中国沿海开始遭到倭寇的滋扰（见 205—206 页）。

　　与欧洲海岸相似，在当地日本统治者的庇护下，中国漫长的海岸线时常会遭受海盗、倭寇的侵扰。甚至应天（今南京）也曾遭到倭寇的侵袭。倭寇常常与攫取了中国丰厚利润的葡萄牙武装商人沆瀣一气，他们用东方奢华精美之物填满货舱满载而归，这些物品在他们的家乡大受欢迎。

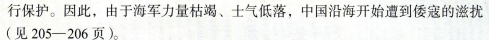

1841年在香港珠江河口航行的海盗船遭到了东印度公司的明轮战舰"涅墨西斯"号（Nemesis）的袭击。东印度公司官员将他们称为"海盗"，但是对于在鸦片战争中遭受帝国主义压迫的中国人来说，他们却是崇尚自由的战士和英雄。

第二章 古代世界

海盗的移居与政治

阿奎莱亚
伊斯特里亚半岛
德拉瓦河
萨瓦河
拉文那
罗讷河
波河
亚得里亚海
阿加特
马西利亚（马赛）
斯库台（斯库台）
阿波尼亚
塔拉科南西斯
恩波里翁（后来的安普里亚斯）
科西嘉岛
阿莱利亚
罗马
布林迪西（公元前86年）
伊伯利亚半岛
那不勒斯
波塞多尼亚（后来的帕埃斯图姆）
塔拉斯（后来的塔伦特姆）
卢西塔尼亚
撒丁岛
克罗顿（克罗同）
巴利阿里群岛
地中海
第勒尼安海
巴埃蒂卡
麦纳克
新迦太基城（卡塔赫纳）
卡拉里斯
利利俾
阿克拉加斯（阿格里真托）
卡塔尼亚
锡拉库扎
马拉加
科洛尼亚
希波
迦太基
西西里岛
毛里塔尼亚—廷吉他纳
毛里塔尼亚—凯撒里亚
努米底亚
哈德鲁米图姆
塞卜拉泰
大莱普提斯

虽然从表象上，文明改变了每一代的人类社会，但几乎无可否认，自从人类学会直立行走以来，他们的本能基本没有发生改变。由于海盗仍然是现今许多人的生活方式，我们可以肯定，从史前我们的祖先投身大海那一天起，就有掠夺者驾乘着船只，虎视眈眈地寻找机会对他们发动突然袭击。然而，具体的细节我们只能从以往的记录中才能找到只言片语，而且这段历史只有古埃及人才能给出回答。尽管在古代，就有海盗在中国南海横行，文字或碑铭记录却没有验证这一事实，但是我们确实听说，在"文明的摇篮"——地中海地区曾有海盗出没的记录。

里海

达契亚

色雷斯

黑海

奥尔比亚
蒙拉斯特罗

科什

费奥多西亚

刻索尼苏斯

迪奥斯库里
亚斯
法希斯岛

敖德萨

锡诺普

达特拉比宗（后
来的特拉比松）

赫拉克勒
亚

拜占庭

基齐库斯

比提尼亚

哈图萨斯

赫梯的首都

埃尔比勒

珀加蒙

安纳托利亚

卡内什（后来的
凯撒利亚）

美索不达米亚

尼尼微

爱琴海

士麦那

以弗所

伊康

泰安那

索拉索斯

巴比伦

雅典

米利都

哈利卡尔那索斯

西里西亚

塔尔苏斯

阿勒波

幼发拉底河

科林斯

利西亚

赛德

安提俄克

斯巴达

法瑟里斯

乌加里特

叙利亚

罗得岛

罗得

塞浦路斯

的黎波里

帕尔米拉

克诺索斯

帕福斯

卡叠什
（公元前 1285 年）

戈提那

克里特岛

腓尼基

西顿

大马士革

提尔

埃及人宣称战胜
了赫梯人

地中海

古利奈

阿波罗尼亚

约公元前 1186 年

埃及人击败了海上民族

亚历山大港

佩特拉

下埃及

黑里欧波里斯

孟斐斯

红海

阿拉伯半岛

上埃及

底比斯

米探尼王国　约公元前 1400 年
赫梯帝国　约公元前 1332 年
埃及新王朝　约公元前 1400 年
遭海上民族滋扰的地区　公元前 1220—前 1186 年
希腊与希腊殖民地　公元前 11—前 6 世纪
腓尼基与腓尼基殖民地　约公元前 500 年
罗马帝国最大的版图　公元 3 世纪

31

在伟大的内海诺斯特鲁姆海——后来的古罗马人有时这样指称——开始了世界上首次海上贸易扩张，由于商船不断行驶到更遥远的地方去探险，海上劫掠者也开始觊觎他们的船只和货物。在接下来的两千年中，随着帝国与文化的兴衰，海盗活动时而猖獗，时而消沉。在埃及人、希腊人、迦太基人和罗马人无法维持强盛的海军之时，海盗团体就沿着地中海海岸和不计其数的小岛兴旺起来。在罗马联邦宣称对整个诺斯特鲁姆海——"我们的海"即共和制下罗马人所称的地中海——拥有主权之后，海盗才在古代西方世界销声匿迹。

在金字塔建成之前，历史上的第一批海盗就开始活动。他们就是乌加里特人、赫梯人和埃及人在文献记载中提及的卢卡人（Lukka）。海上劫掠者以小亚细亚（现代的土耳其）的利西亚（Lycia）海岸为基地，他们的侵扰活动可以追溯到公元前 14 世纪。公元前 13 世纪，卢卡人与其天敌赫梯人结盟，共同对抗埃及。拉美西斯二世（Ramesses Ⅱ）在位时（约公元前 13 世纪），一首关于卡迭石战役（battle of Kadesh）的诗歌曾记录了他们的存在。在底比斯（Thebes），法老麦伦普塔（Merneptah）（约公元前 1212—前 1202 年）的一段铭文也盛赞了他们在抵御试图入侵埃及领土的侵略者时的英勇表现，这些侵略者中就有卢卡人。虽然公元前 11 世纪后再无人提及这些最早的海盗，但他们显然说明了海盗并非过去五百年的产物。

公元前 12 世纪，卢卡入侵者的衰微及后来在历史上销声匿迹的事实说明他们融入了被称为"海上民族"的海上流浪者队伍。

这些海上劫掠者常被认为是当时入侵希腊的多利安人（Dorians）的出现为自己带来了地中海盆地东部的青铜文化，开辟了黑暗时代的古代文明。海上贸易的萎缩无疑也会导致海盗行为的衰落，不过在历史上，虽然有证据支持这种假设，但在整个黑暗时代，海盗仍然占据着希腊、克里特岛（Crete），甚至是地中海西部的一些地区。这一时期的腓尼基商人和希腊商人都声称曾遭遇海盗袭击，在一艘希腊沉船上，人们甚至找到了考古学上的证据：船的一侧被箭刺穿。在美索不达米亚（Mesopotamia）"新月沃土"的东部，在波斯湾（Persian Gulf）

也曾有过海盗出现的记录，袭击者对该地区与印度，甚至是与遥远中国的贸易构成了威胁。公元前7世纪，亚述国王派出远征部队，打击海盗并恢复了这些贸易路线。

神秘的海上民族

如上所述，人们在埃及的底比斯［现在的卢克索（Luxor）］找到了有关海盗的最早记录。你可能有点惊讶，关于海盗的记录为何会出现在距离大海几百英里之外的地点，不过底比斯是上埃及和下埃及的都城，而法老们正是把胜利的宣言写在了伟大神庙的墙壁上。

海上民族是埃及编年史家对那些在公元前13世纪末和公元前12世纪初曾入侵埃及的袭击者的总称。这些部落迁移不定，起源多样，身份成谜，但都在这一时期出现在地中海的东部。埃及的铭文中曾经提及六个部落：莎尔丹人（Shardana）、达奴人（Denyen）、派莱赛特人（Peleset）、舍克利斯人（Shekelesh）、万舍斯人（Weshesh）和特克人（Tjeker）（不过注意，其中没有卢卡人，他们显然被看作一个独立的存在）。埃及人信息的主要来源是尼罗河东岸卡纳克神庙（Temple of Karnak）（由麦伦普塔建造）和西岸拉美西斯三世葬祭殿中的铭文。

这两处都提及了海上民族与埃及在利比亚和巴勒斯坦的仇敌的联系，这说

哈特谢普苏特女王（Queen Hatshepsut）的葬祭殿位于尼罗河西岸、底比斯（卢克索）的代尔拜赫里（Deir el-Bahari），人们以殿中的浮雕为基础，重建了一艘埃及的远洋船。这幅图描绘了女王遣往传说中的"彭特之地"（Land of Punt）的远征船队。不过，该地的具体位置不详，可能是非洲东海岸的某一地区。

海上民族与拉美西斯三世的海军在海上交战的细节图，人们将它呈现在卢克索尼罗河西岸法老葬祭殿的壁画上。为使人物更加清晰，人们为其添加了颜色。

明他们可能与迁徙部落之间结成了同盟，并威胁颠覆埃及。不过拉美西斯三世宣称，他采取的快速军事行动阻止了灾难的发生。

海上民族的大规模迁徙引发了青铜时代晚期地中海世界的几件祸事，其中包括迈锡尼文明的终结、米坦尼王国（Mitanni kingdom）的覆灭和小亚细亚地区赫梯帝国的消亡。一些历史学家认为小亚细亚的特沙人（Tursha）和利西亚人（Lycian）（卢卡人）也是海上民族的一部分，不过他们没有与埃及人发生冲突。莎尔丹人、舍克利斯人和派莱赛特人可能起源于亚得里亚海岸的东北部，但莎尔丹人也和撒丁岛有着某种联系。这种混乱的局面完全可以理解，因为卡纳克神庙中的铭文中记载，利比亚曾从今天的土耳其、撒丁岛、西西里岛、意大利和希腊——埃及已知世界的北部边缘——雇佣了军队。

拉美西斯三世葬祭殿的铭文记载了一次声势浩大的海上战役，当时海上民族

同盟策划了一次从巴勒斯坦横渡海峡的入侵行动。这次在尼罗河附近展开的战役可追溯到公元前 1186 年，拉美西斯三世的海军大获全胜。这些雕刻——世界上已知最早的关于海战的描述——为我们提供了关于海战方式的信息。海上民族所乘坐的船只比埃及人的船只小（不过这很可能是一种艺术惯例而非真实的记述）。

他们显然既没有盔甲，也没有弓箭，而这两样是青铜时代的主要工具。如果埃及人并非刻意使他们显得过于原始，那么这样的描绘就证明了一个观点，他们只是海上的劫掠者，其意图是获得战利品和钱财，而不是想要发动全面战争。

由于这些铭文仅是一种宣传的方式，因此其中描绘的战役总有些一边倒的架势，而其他证据显示，这些海上民族并非像埃及人描述的那样不堪一击。在其他埃及遗址上的雕刻作品中，施尔登人（Sherden）（或译莎尔丹人）的勇士们身着铠甲和头盔，手持宝剑与盾牌。利比亚和埃及乐于雇佣他们为自己而战，这说明海上民族的装备良好。同样，地中海东部某处的记述将海上民族描绘成伟大的战士与水手，称他们装备精良，手持长剑，头顶头盔。另外还有证据证明他们是强悍的袭击者，曾劫掠船只和沿海村庄，并打败了除埃及人之外的所有武装力量。

历史学家对拉美西斯三世的伟大胜利存有疑虑；一些人认为拉美西斯三世葬祭殿的铭文过于夸张，而事实上它只是法老梅内普塔（Merneptah）的卡纳克神庙中铭文的拙劣翻版。

（右图）这块埃及浅浮雕展现了约公元前 1200 至公元前 1100 年海上民族中的一名士兵。

然而，不管拉美西斯三世发动的是小规模冲突还是全方位的大规模海战，这个日期都标志着海上民族的海盗袭击及其对地中海盆地东部统治的终结。

后来，证据显示大多数海上民族都定居在巴勒斯坦，而派莱赛特人部落也被认为是非利士人（Philistines）的祖先。此后，许多部落都转而从事农耕，不再依靠劫掠过活，但特克人仍然继续在整个区域从事海上贸易活动，同时也充当海盗。特克人定居在多尔（Dor）附近，即现在的以色列，并形成了最早有记载的海盗隐匿地。不过到了 10 世纪，在特克人的经济中，沿海贸易已经取代了海盗行为，而这些沿海居民很可能就是伟大的地中海商人和定居者——腓尼基人（Phoenicians）——的祖先。

腓尼基人从他们的母城蒂尔（Tyre）和西顿（Sidon）移居到整个地中海西部地区。

希腊海盗——有政府与无政府

由于埃及不断与海上民族交战，海盗行为在地中海东部的其他地区变得司空见惯。一些地区成为了天然的海盗遁迹所，他们以这些地区为基地袭击船只。其中最为成功的就是克里特岛，它占据着古代世界最为繁忙的航道枢纽，地理位置极为优越。在公元前10世纪，多利安人摧毁了克里特岛上的古米诺斯文化（Minoan civilization），在迈锡尼王国覆灭之时，他们南迁进入了希腊。以克里特岛的城市为依托，多利安人肆意劫掠过往的船只。

这个岛屿由此声名狼藉，荷马在《奥德赛》中将所有的克里特岛人都称为海盗。克里特岛上的城市因其奴隶市场和各种走私货交易中心而闻名于世。克里特岛海盗的好日子大概持续了800年之久，直到公元前2世纪地中海东部进行反海盗巡逻，肃清了这片海域，这些无法无天的海盗活动才告一段落。公元8世纪，克里特岛的局势再次出现反转，当时该岛成为了阿拉伯海盗的活动基地。

希腊文化起源于黑暗时期，由于城邦制的发展，它开始向着真正的文明加速前进。从公元前5世纪开始，不断增加的城市布局产生了对强大海军的需求——特别是考虑到同时在爱琴海对岸崛起的、伟大的波斯帝国（Persian Empire）时，这

渔民是古典时期希腊花瓶上的一种装饰元素。人们可能认为海盗主要袭击商业航运，但事实上，他们掠夺的渔船比珍宝船的数量还多。

种需求更显强烈。自从埃及新王国（Egyptian New Kingdom）成立以来，首次由海军的远征军来打击海盗。海盗劫掠的影响及城邦对海盗的打击在古典希腊作家的作品中十分常见，如希罗多德（Herodotus）和修西得底斯（Thucydides）等人就曾经有过这方面的描述。

然而，在古典时代的新兴期，海盗与海军的角色常常互换，许多希腊城

在两艘双排桨快船上，来自希腊两个不同城邦的装甲步兵（希腊士兵）正准备登船作战。

邦或积极地鼓励海盗行为，或差遣海军对周围城市进行袭击，这种行为与海盗一般无二。来自利姆诺斯岛（位于希腊）（Lemnos）的海盗甚至突袭了雅典，公元前 6 世纪初，一支雅典海军远征队挫败了这些海盗并占领该岛。公元前 5 世纪，其他一些包括基斯诺斯岛（Kithnos）、米科诺斯岛（Mikonos）和斯波拉得岛（Sporades）在内的其他岛屿也遭到了雅典海军的袭击，所以这些城邦认为雅典人与海盗也没什么差别。

公元前 4 世纪，古代希腊城邦的埃托利亚同盟（Aetolian League）形成，并很快控制了希腊中部的政治。作为一种扩张联盟力量、以抗衡希腊和波斯城邦的方式，海盗活动得到了支持。在接下来的一个世纪，情况变得更加极端，埃托利亚海盗控制了爱琴海，并强行从沿海居民那里征收保护费作为贡金。直到公元前 192 年罗马人征服埃托利亚同盟，他们的统治才宣告结束。失去了基地与收入来源，这些海盗不得不另寻他处作为容身之所，后来他们来到了地中海对岸的西里西亚（Cilicia），该处从此成为了其征服者的头痛之地。

一幅罗马马赛克地板上的细节图。奥德赛被绑在船的桅杆上，因此海妖那令人销魂的歌声也无法诱惑他跳到船外，游向它们贪婪的死亡之手。其他船员将耳朵塞住，也听不到海妖的声音。这幅图所描绘的是一艘晚期的双排桨海船。

众多的海盗基地

虽然埃托利亚同盟控制了希腊中部地区，但是在更往北的地区，沿着亚得里亚山地海岸，海盗活动则是达尔马提亚（Dalmatia）和伊利里亚（Illyria）附近居民的主要收入来源。我们看一下地图就会发现，亚得里亚海岸东侧有着无数的小岛和峡湾状的狭长水道，这里就是理想的海盗藏匿之所。这些基地十分隐蔽又守卫森严，海盗们可以沿着亚得里亚海活动，甚至还能深入地中海中部进行劫掠。公元前 3 世纪，他们的活动最为猖獗。随着罗马人贸易量的增长，科孚岛（Corfu）、桑塔岛（Santa）、莫拉岛（Maura）和凯法利尼亚岛（Cephalonia）也相继成为了海盗基地，这些地点都是劫掠过往船只的理想之所。最终，罗马人派驻军队深入伊利里亚挫败海盗——几乎都是岛上的居民——建立起委托政府，才最终解除了海盗的威胁。

然而，许多海盗只是迁居到更往北的地区，他们占领了达尔马提亚和伊斯特拉半岛（Istrian peninsula），并开始袭击罗马人的船只。伊利里亚海盗的死灰复燃致使公元前 168 年罗马吞并了该地区。

达尔马提亚和伊斯特拉半岛之间的平坦地带十分适合种植粮食，伊斯特拉海盗对罗马粮食护航船队的袭击引发了两次征伐，并最终导致罗马吞并了这一地区。公元前 180 年，达尔马提亚被占领，不过曲折的海岸线上很难建立海盗基地，也难以发动袭击。在公元 9 世纪该地区完全被罗马征服之前，几个海盗集团始终在这里活动。

一些希腊人定居在地中海西部——特别是意大利南部的西西里岛和撒丁岛（Sardinia）——法国南部海岸和西班牙等地，他们时常从事海盗活动，后来被罗马人剿灭。公元前 6 世纪和公元前 5 世纪，这些希腊人常与袭击希腊船只的伊楚利亚人（Etruscans）发生冲突，不过他们的行为可能会被认为是 国家的政治行动而非海盗劫掠，因为伊楚利亚人不希望希腊商人染指该地区贸易，从而确保自己的垄断地位。的确，希腊人对伊楚利亚人的称呼就是"伊特鲁斯"（Tyrrhenos），意为"海盗"。真正的海盗基地位于西西里岛以北的利帕里群岛（Lipari Islands）、巴利阿里群岛（Balearic

伊利里亚海盗王国中心，公元 228 年和 218 年在罗马人的打击下规模缩小

斯库达（斯库台湖）

底耳哈琴
（斯库台湖）

阿波罗尼亚

罗马的伊利里亚

色雷斯

佩拉

马其顿王国

埃托利亚同盟

色蒙　特尔斐

帕特雷

奥林匹亚

科林斯

雅典

斯巴达

公元前 192 年被罗马征服；海盗移居到西里西亚

主要的海盗遁迹所

利帕里群岛

西西里岛

锡拉库扎

亚得里亚海

伊斯特拉半岛

阿奎莱亚

拉文那

罗马

那不勒斯

巴里

布林迪西

第勒尼安海

爱奥尼亚海

地中海

克里特海

克里特岛

爱琴海

约公元前 200 年的地中海中部

马其顿王国
埃托利亚同盟
亚加亚联盟
罗马联盟

Islands）和普罗旺斯的利古里亚海岸（Ligurian Coast）。后来，这些地区首先被汉尼拔率领的迦太基人征服，后又被罗马人统治，至此，地中海西部有组织的海盗活动终于宣告结束。

西里西亚人

被罗马人赶出希腊的埃托利亚海盗（Aetolian pirates）大部分迁居到西里西亚，在这片粗犷的荒野上，他们很可能同当地未开化的土著居民通了婚。在很短的时间内，西里西亚就成为了古代世界最负盛名的海盗天堂，西里西亚人也成为了历史上最大的海盗团伙之一。西里西亚位于小亚细亚南海岸，也就是现在的土耳其境内，北部与托罗斯山脉（Taurus Mountains）接壤。该地区多山，是一片荒凉之所。由于没有适合种植庄稼和放牧的土地，西里西亚人以捕鱼为生，并靠袭击船只掠夺财富。在公元前2世纪末和公元前1世纪的大部分时间里，他们的劫掠行为极尽猖狂，有时地中海东部的海上贸易甚至会因此完全停滞。西里西亚靠近从叙利亚到意大利和希腊的主航线，同时濒临土耳其和巴勒斯坦的海上航线，是从事海盗活动的理想之地。此外，与伊利里亚类似，西里西亚曲折的海岸线上分布着无数峭石密布的水湾、海岬和隐蔽的锚地。

由于希腊城邦一直进行积极的海上巡逻，所以西里西亚的海盗活动始终处于可控状态。亚历山大大帝（公元前356—前323年）在征服波斯帝国期间曾大力镇压海盗，但是公元前2世纪，他的马其顿"继承国"衰微之时恰与迦太基和罗马之间的布匿战争时间吻合。当地处叙利亚和小亚细亚的希腊化塞琉古帝国城邦内战频发，无法在西里西亚海岸进行海上巡逻，海盗们充分利用了地中海东部的这段海上真空期。不久，他们的劫掠行为就发展成为一个全方位的产业。

公元前190年罗马征服塞琉古帝国（Seleucid Empire）可能引起了海盗们的警觉。根据两年后签署的《阿帕米亚和约》（Treaty of Apamea）的条款，小亚细亚西部成为罗马军队统治下的领地。然而，当塞琉古海军铩羽而归，罗马舰队并没有取而代之。小亚细亚的塞琉古政权被蓬托斯政权取代，其国王则更喜欢与西里西亚海盗为伍，而不愿与罗马结盟。因此，该地的海盗组织盛极一时，另有数千人趋之若鹜。

起初，罗马人并未太在意西里西亚海盗发起的袭击，因为他们的活动范围主要集中在地中海东部海岸。此外，极速扩张的罗马共和国也急需大量奴隶，而西里西亚海盗对沿岸村庄和当地航运的劫掠正好充实了克里特岛和爱琴海的

罗马商船对西里西亚海盗极具吸引力，它们的货舱装载着双耳陶罐，里面都是贵重的商品。在海上，这些帆船的航速比海盗船快；但在地中海东部曲折的海岸旁，在靠近亚得里亚海沿岸和伯罗奔尼撒半岛附近，它们则禁不起海盗们快速桨帆船的攻击。

当尤利乌斯·恺撒（Julius Caesar）这样的罗马贵族成为西里西亚海盗的牺牲品时，元老院适时出手将他们绳之以法。

西里西亚海盗使用的船只与罗马海军的船只很相似——确实，一些海盗船其实就是在海战时从海军那里抢来的海军船只。在庞培维提之家（Casa dei Vetti, Pompeii）的嵌花式地面铺饰上，我们可以看到一艘双排桨战船。

奴隶市场。更具讽刺意味的是，最安全的海盗藏匿所是米利都（Miletus）、以弗所（Ephesus）和士麦那（Smyrna），它们都位于罗马的保护领地内。只要能保证向市场不断供应技术熟练的奴隶，罗马官员就打算对海盗行为睁一只眼闭一只眼。但是这样的状态并不持久。到公元前2世纪末，海盗的侵扰行为严重地影响了罗马人的商贸活动。

虽然罗马统治阶级对小商人们的困境坐视不理，但一旦贵族和元老院议员的经济利益受到触动，那他们就绝不会再听之任之了。公元前101年，元老院颁布了第一部反海盗法，根据其条款对海盗关闭了罗马在亚洲保护领土上的港口。然而，这样的做法却迫使海盗扩大了自己的活动范围，不久他们就开始袭击地中海西部的过往船只，甚至在意大利沿岸伺机而动。到这个阶段，西里西亚海盗事实上已经代表了这样的一种状态，并乐于通过成为海军雇佣兵来获取额外的财富。

在公元前89年，蓬托斯王国的国王米特里达特（Mithridates）入侵了罗马的亚洲领地。虽然蓬托斯的军队主要在陆地作战，但米特里达特还是与西里西亚海盗结盟，后者为其提供了一支海军。这使他可以包围罗得岛并为入侵希腊背部的陆军输送补给物资。公元前86年，米特里达特在布林迪西（Brundisium）附近击败一支罗马海军大舰队后，由于他率领的海盗大舰队组织有序，甚至对地中海西部的罗马统治造成了威胁。不过，罗马的统治力在陆地上仍无人可撼，同年，在科尼利厄斯·苏拉（Cornelius Sulla）率领罗马军团攻占雅典之前，蓬托斯的军队覆灭。

公元前85年的和约使亚洲部分地区和希腊重新归回罗马统治，但罗马人并未采取什么有力措施来终止西里西亚海盗一贯的胆大妄为之举。甚至一些罗马贵族也成了海盗劫掠的牺牲品，其中最著名的要数尤利乌斯·恺撒，虽然那时他只是初出茅庐。其中广为人知的一段轶事是恺撒同俘虏他的海盗说，一旦他获释回去，一定杀回来，将他们杀个片甲不留。当时海盗们觉得这个海口夸得实在是太滑稽了，不过后来他果然没有食言。然而，如果说当时恺撒只是声名鹊起，那么身为未来三头同盟之一的庞培（Pompey）则早已功成名就。

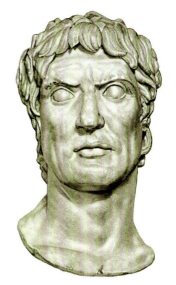

要不是苏拉（上图）在陆地上取得了成功，蓬托斯的国王米特里达特就能依靠他雇佣的、由西里西亚海盗组成的海军使罗马俯首称臣。

地中海上的肃清行动

格涅乌斯·庞培·马古纳斯（Gnaeus Pompeius Magnus）〔得"伟大的"称号（Pompey the Great）〕是他所在那个时代罗马最优秀的军事指挥家——至少他自己这样认为。公元前67年，他被授权实施一项新的反海盗法，从此大权在握。元老院给了他6000塔兰特金子（在当时是一笔巨款），并为他配备了500艘船及相应的船员，和120 000名罗马士兵，同时赋予他征税权和在距离任何海岸80公里内的城市中征募民兵的权力。事实上，使他成为了真正独裁者的这种权力并不受欢迎，但这却证明了当时的罗马人是多么看重海盗的威胁。

庞培将他的军队分为13支，每一支都在自己的区域内进行巡防。虽然许多海军成员都由船员组成，但这支大型的武装力量仍以陆地为基地，或依靠海上运输。每支军队的副将都要找出海盗基地并将其封锁起来。然后他们再向其中派入陆军分队，俘获或处死海盗，截获船只，最后摧毁基地。主舰队的后备部队负责阻止脱逃的西里西亚海盗船与其他海盗组织接触。

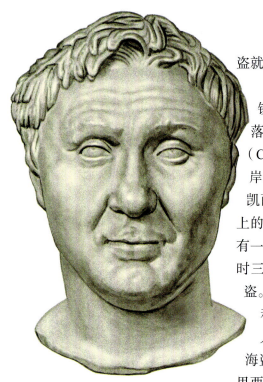

格涅乌斯·庞培·马古纳斯策划了罗马在地中海上肃清西里西亚海盗的战役。在庞培大帝倒台和去世之后，他的儿子盖乌斯（Gaius）和塞克斯图斯（Sextus）率领罗马共和国反对派与西班牙独裁者抗争。在战斗中，盖乌斯丧命，但塞克斯图斯（下图是有他头像的硬币）逃到了西西里岛，并在那里建立起一个敌对政府，与恺撒的继任者屋大维对抗。不过他的行为与海盗一般无二。

庞培发动战役的主要目的是清理西里西亚海岸，经过几场激烈的战斗，海盗就弃甲曳兵了。

随着罗马人加紧控制，几个极具威胁的要塞据点中的海盗试图突破封锁，但却遭遇了庞培的几个海上预备编队，并在接踵而至的战斗中被打得落花流水。此后，海盗们远远地撤到位于西里西亚半岛上的科拉凯西乌姆（Coracesium），藏在了深沟高垒中。在那里，庞培若想包围科拉凯西乌姆的岸墙、或禁止海盗们使用海湾简直易如反掌。因此在短暂的包围过后，科拉凯西乌姆中的海盗就束手就擒了。许多人质在缴纳罚金或为抓捕船长和陆地上的头目提供信息后而得到特赦；一些人则被处死，还有一些人被重新安置在农场做工。整个反海盗战役仅用时三个月。在人类历史上，地中海地区首次肃清了海盗。庞培号称自己在战役中共摧毁 120 余个海盗基地和数百艘海盗船，杀戮海盗 10 000 余名。在国内，人们奉他为英雄，元老院也宣称他们获得了大量的海盗战利品。然而，他的批评者却声称庞培夸大了西里西亚海盗的规模，其目的只是为了面子上好看；也许他们才是对的。

人们对庞培的崇敬使他成为了尤利乌斯·恺撒的天敌，在后者为罗马帝国征服高卢大获成功之后，他们之间的矛盾日益凸显。在恺撒跨越卢比孔河（Rubicon）并从元老院手中夺走罗马的控制权后，庞培与恺撒在政见上的不同最终导致了内战的爆发。庞培逃往希腊，并在那里组建了一支军队，公元前 48 年被恺撒在法萨罗（Pharsalus）击败。同年晚些时期，这位伟大的人物在欲图登陆埃及海岸时遇刺身亡。历史上还发生了一件极具讽刺意味的事件：这位海盗猎手的儿子塞克斯图斯（Sextus）成了罗马共和国最后一位可怕的海盗。公元前 44 年恺撒遭暗杀身亡，他的养子屋大维［即后来罗马的第一代皇帝奥古斯都（Augustus）］与塞克斯图斯·庞倍乌斯（Sextus Pompeius）正面遭遇，塞克斯图斯那充满复仇火焰的共和国军队已经俘获了一队战舰，占领了西西里岛，并出于维护岛屿安全的考虑开始了海盗生活。后来，屋大维最亲近的幕僚及好友阿古利巴（Agrippa）亲自挂帅，才歼灭了这些西里西亚海盗。

约公元前 27 年，到奥古斯都建立罗马帝国之时，地中海属罗马管辖海域，其航运在长达四个世纪的时间内没有受到海盗的侵扰。公元 5 世纪早期，西罗马帝国的覆灭使这片海域陷入混乱状态，海盗迅速滋生蔓延。拜占庭帝国在罗马帝国东部崛起，并进一步向阿拉伯地区的东部扩张，这对地中海东部地区的稳定局势造成了严重威胁。不过拜占庭人拥有一支强大的海军，因此，尽管这一地区无法享有罗马全盛时期的和平与安宁，但在约五百年的时间里，海盗和入侵者却也再难有作为。

一艘五桨座战船离港，其重甲撞角可以用来撞击敌船。虽然庞培的战舰很可能是这种船型，但他的海军中大部分船只比它小得多，主要是两层桨座船和立波尼亚船（liburnians）。每艘船都载满了训练有素的罗马军团士兵，他们随时准备使用乌鸦吊桥（可见 14 页）登上海盗船。

第三章　走入中世纪

从野蛮人到私掠者

在西罗马帝国陷落（公元 476 年）的几乎正好 70 年前，一个日耳曼部落联盟在公元 406 年和公元 407 年之交的那个严冬横跨冰雪覆盖的莱茵河，迅速侵占了高卢和西班牙，因此结束了罗马人在这个地区的统治。在许多方面，这些入侵的野蛮人都希望吸收罗马文明，而不是摧毁它。然而，大部分罗马古典文明的消亡仍在所难免。在这些未开化的部落中，汪达尔人在迁徙过程中人口不断增加，因此很快在西班牙建立起一个王国，后又攻占北非。在短短几年的时间里，汪达尔人就将罗马人赶出了北非的几个重要行省，并在今天的突尼斯

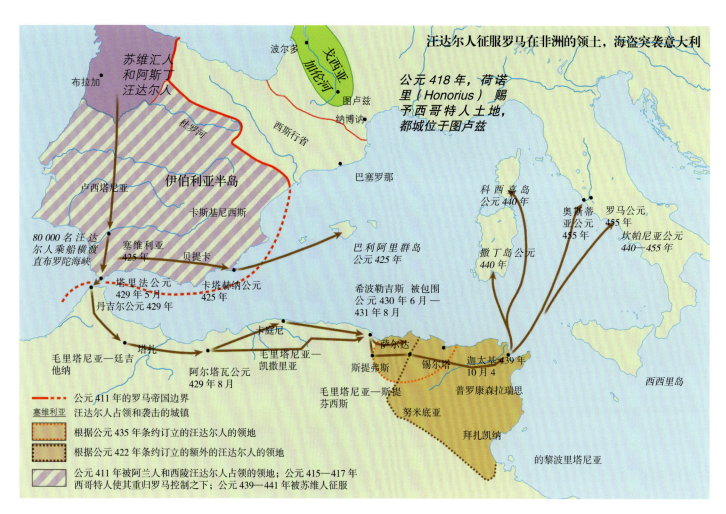

汪达尔人征服罗马在非洲的领土，海盗突袭意大利

公元 418 年，荷诺里（Honorius）赐予西哥特人土地，都城位于图卢兹

- 公元 411 年的罗马帝国边界
- 塞维利亚　汪达尔人占领和袭击的城镇
- 根据公元 435 年条约订立的汪达尔人的领地
- 根据公元 422 年条约订立的额外的汪达尔人的领地
- 公元 411 年被阿兰人和西陵汪达尔人占领的领地；公元 415—417 年西哥特人使其重归罗马控制之下；公元 439—441 年被苏维人征服

（Tunisia）和阿尔及利亚（Algeria）东部建立了一个王国，中心城市设在希波勒吉斯［Hippo Regius 现阿纳巴（Annaba）］和迦太基（今天突尼斯的郊区）。

西罗马帝国的陆军和海军均遭受重创，想重新夺回失去的领地也回天乏力，而且不久之后，意大利又遭到汪达尔海盗的袭击。公元 455 年入侵罗马使汪达尔人的劫掠行为闻名于世。汪达尔人并未征服过意大利，但他们一直定居在今天突尼斯所在的非洲地区，公元 533 年拜占庭国王查士丁尼（Justinian）派贝利撒留（Belisarius）将军出兵北非，汪达尔王国灭亡。

西罗马帝国的灭亡拉开了欧洲和地中海西部地区黑暗时代的序幕，而不断遭受攻击和侵扰的东罗马帝国也受到一些野蛮人的滋扰。在接下来的一千年中，广为人知的拜占庭帝国在地中海东部具有广泛的影响力。拜占庭帝国建立于公元 330 年，当时的罗马皇帝君士坦丁大帝（Constantine Ⅰ）将新首都设在拜占庭（Byzantium）君士坦丁堡。一直以来，这个古希腊贸易中心都具有重要的战略地位，现在它又拥有了政治影响力。

君士坦丁堡得名于其建立者，是陆上与海上贸易路线至关重要的交汇点，扼黑海和地中海门户，博斯普鲁斯海峡连接欧亚交通。

君士坦丁堡教堂众多、宫殿林立，从最宏大的格雷特宫（the Great Palace）可以俯瞰马尔马拉海与博斯普鲁斯海峡（Bosporus）的交汇处。广袤的土地与坚固的海堤使这座城市固若金汤，然而，帝国中一些防守薄弱的地区却很容易遭到海盗和入侵者的袭击。

无论是对于自由海盗还是以拜占庭帝国敌人之名出现的各类人群——萨珊王朝（Sassanians）、阿拉伯人、保加尔人（Bulgars）、突厥人（Turks），甚至后来的基督徒——来说，传说中君士坦丁堡的财富和进出港贸易所带来的巨额价值都令人垂涎三尺。起初，由于拜占庭拥有强大的海军，帝国对这一切并不为惧。战船在地中海东部游弋巡逻，保卫着帝国的海上贸易，而陆军则力图阻止伊斯兰教信徒的扩张，双方胜负参半。

然而到了 12 世纪，拜占庭帝国已崩解萎缩，其影响力仅能控制希腊和土耳其的大部分地区。此时的拜占庭帝国虽然仍拥有惊人财富，但持续不断的政治动乱已严重削弱了其军事力量。1204 年，面对第四次十字军东征中基督教力量对君士坦丁堡的袭击与洗劫，无论海军还是陆军都回天乏术。这场灾难的一个原因就是拜占庭海军的瓦解。多年来，海军一直依靠招募意大利水手维系生存，但 12 世纪末拜占庭帝国与威尼斯及其他意大利城邦的冲突致使许多水手被俘。

一些在街上游荡寻找生计的人也成了海盗，这更加削弱了本就羸弱不堪的海军力量。

在远离拜占庭帝国最后一批堡垒的势力范围之外、在遥远的港口，几乎一

在十字军东征时代最无耻的海盗活动中，贪婪的威尼斯人和意大利一诺曼人结成的罪恶联盟在 1204 年策划了十字军的第四次东征，进攻埃及，欲图洗劫君士坦丁堡。不过该城防守严密，城墙高大，欧洲人不得不多日滞留在海湾，但最终君士坦丁堡仍然遭遇了历史上的第一次沦陷。

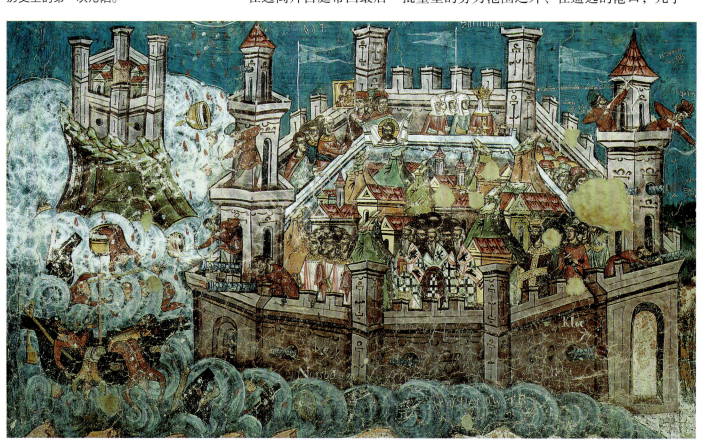

夜之间就出现了许多海盗基地。克里特岛和许多爱琴海上的小岛——如阿娜亚岛〔Anaia 现在土耳其西南部的库沙达瑟岛（Kusadasi）〕和希腊南部的莫奈姆瓦夏岛（Monemvasia）——都受到海盗的青睐。亚得里亚海南部的爱奥尼亚群岛（the Ionian islands）是许多海盗的大本营，其头目是布林迪西（Brindisi）的意大利骑士马格立顿（Margaritone）。虽然威尼斯海军在 1203 年前往君士坦丁堡的途中袭击了几个海盗基地，但不久之后海盗们再次卷土重来，这些意大利和希腊叛徒将科孚岛、桑特岛（Zante）、伊萨卡岛（Ithaca）和凯法利尼亚岛用作基地，直到 14 世纪末，才被威尼斯并入辖区。不过威尼斯共和国和海盗也没什么区别。事实上，在整个中世纪，最恶劣的海盗行径就是威尼斯人对第四次东征的十字军进行的劫掠。他们没有遵照教皇的旨意进攻埃及，却袭击了君士坦丁堡。

　　在 56 年的时间里，拜占庭帝国的领土只剩下伊庇鲁斯王国（Epirus）中的一些零散飞地和小亚细亚的比提尼亚（Bithynia），而原来拜占庭帝国在欧洲

以北非海岸、西西里岛和克里特岛为依托的海盗反过来影响了热那亚人在地中海上的贸易和与拜占庭帝国的交易。到 1390 年，热那亚特使已经说服法国和英国采取联合行动打击海盗。

的领土则被一个拉丁基督教王国占据。后来，拜占庭精神的复苏使一位大贵族在 1259 年成为新国王。13 世纪 60 年代初，巴列奥略王朝（Palaeologus）的迈克尔八世（Michael Ⅷ）重新占领了君士坦丁堡和一度被意大利—诺曼封建领主占据的希腊大片地区。一些小贵族欢迎海盗重回他们的水域，并将其看作是额外的收入来源，但拜占庭国王却将他们看成政治上的武器。他雇佣海盗船船长为其重新组建拜占庭海军，并鼓励他们在爱琴海上袭击意大利船只。根据 14 世纪早期意大利历史学家托瑟雷（Torsello）的说法，大多数海盗本身就是意大利人，许多都来自热那亚和威尼斯。一份于 1278 年向君士坦丁堡提出赔偿要求的威尼斯文件也验证了托瑟雷的说法。在这份文件列出的海盗中，诸如米凯莱·巴尔博（Michele Balbo）、曼纽尔·德·马里诺（Manuel de Marino）和巴尔托洛梅奥·福斯科洛（Bartolomeo Foscolo）这样的名字透露了这样的信息：他们来自意大利北部。一个效力于国王的海盗乔瓦尼·德·洛·卡沃（Giovanni de lo Cavo）因成为海军指挥官而广为人知，1278 年被封为罗得岛的领主。当然，在爱琴海上活动的海盗并非都是意大利人，像德阿那亚（d'Anaia）、乔治·德·玛尔维萨（George de Malvasia）和乔治·马克利切里斯（George Makrycheris）这样的保加利亚人和希腊人也劫掠过往的船只。

随着君士坦丁堡和拜占庭帝国的大部分地区落入诺曼雇佣兵之手，欧洲其他国家的君主也趁机掠夺拜占庭在地中海上最后的利益。这幅插图向我们展示了"神圣的"法国国王路易九世（Louis Ⅸ）在 1248 年第六次十字军东征时出发的场景。

在所有进攻过拜占庭帝国的海盗中，最出名的就是应国王之邀到来的加泰罗尼亚海盗（Catalan freebooters），他们的头目是冷酷无情而又贪得无厌的罗杰·德·弗洛尔（Roger de Flor）。

遵照阿拉贡彼得三世（Peter Ⅲ）的命令而组建的加泰罗尼亚大军团（The Grand Company）在几次战役中表现优异，不过当原来地中海上的海盗罗杰·德·弗洛尔成为军团的指挥官，情况便急转直下。他服务于拜占庭帝国，并在 1303 年抵达君士坦丁堡。雇佣军团的代价不菲：费用是当时标准价的四倍，国王的女儿还要下嫁罗杰。最初，加泰罗尼亚人照章办事，从土耳其手中收复了许多原本属于拜占庭帝国的要塞地区。

不过罗杰·德·弗洛尔对这些所有权的归属兴味索然，他手下的海盗屠杀希腊人和他们的盟友阿兰人时就好像屠杀土耳其人一样快慰。当一队阿兰骑兵对阿德里安堡（Adrianople）附近发动袭击并最终结果了弗洛尔的性命时，加泰罗尼亚人开始在整个色雷斯（Thrace）大施暴行。大屠杀的惨烈程度堪比哥特人（Goths）和匈奴人（Huns）曾犯下的罪行。

　　到1310年，他们在不到十年的时间里所种下的罪孽足以抵得上土耳其人过去一个世纪的总和。最后，这伙强盗向希腊进发，占领了雅典，并在那里建立了自己的公国。在这里，他们最终与土耳奇、阿拉伯海盗合为一处。他们保护叙利亚和埃及沿岸的土耳其航运，但他们也袭击其宗教敌人的船只。在加泰罗尼亚人制造的灾难之后，拜占庭的敌人们更是乘虚而入。西北部的安纳托利亚遭到土耳其当地卡拉西（Karasi）和萨鲁汉（Saruhan）部落的攻击，他们发起的海盗袭击致使爱琴群岛沦陷，并进一步威胁到达达尼尔海峡欧洲一侧的安全。

　　在奥斯曼土耳其人吞并了这一地区之后，1352年他们就派遣卡拉西部落的海盗舰队横渡达达尼尔海峡，并在欧洲建立了一个根据地。而这一做法也使得爱琴群岛获得了喘息之机，到1360年，热那亚人夺回了几个岛屿：莱斯博斯岛（Lesbos）、希俄斯岛（Chios）、萨摩斯岛（Samos）和伊卡里亚岛（Ikaria）。从这时起，这几个岛屿就在热那亚人、土耳其人和拜占庭人中几次易主，最终被土耳其人征服。在拜占庭帝国陷落之后，土耳其人于1453年洗劫了君士坦丁堡，由此基督教徒和穆斯林之间的宗教冲突开始上演。这场冲突波及整个地中

海，催生了巴巴里海盗，而其中的许多海盗就出生在这些爱琴群岛上。

早期的欧洲海盗

公元5世纪和6世纪野蛮人的入侵将欧洲拖入了所谓的"黑暗时代"，并致使海上贸易停滞，公元8世纪晚期维京人的袭击再次扼杀了复苏的贸易萌芽。在接下来的300年间，斯堪的纳维亚侵袭者驾乘着令人生畏的长船，控制了北欧水域，他们所到之处都留下了丹麦和挪威定居者的足迹。在中世纪早期，海盗成了日常生活中的家常便饭，挪威侵袭者和商业冒险家们还曾远涉俄国和地中海。13世纪，随着民族认同的兴起和中央集权的加强，海盗活动遭到了更为严厉的打击。城镇的及其税收的重要性与日俱增，这也说明海盗阻止了政治与国家的发展。英格兰安茹王朝的国王和法国部分地区也采取了特别措施镇压海盗。英国有关处决海盗的最早记录可以追溯到1228年，当时威廉·德·布莱格霍（William de Briggeho）被宣判有罪。

然而，与地中海上的情况类似，只要海盗们劫掠敌人的船只，当地政权就更可能会采取纵容政策。海贼僧尤斯塔斯（Eustace the Monk）——也许是第一个有着异乎寻常的海盗式姓名的人——就是这样一个例子。他是佛兰芒人（Fleming），同时也是一位深受英格兰国王约翰（John）（1199—1216年）喜爱的变节传教士。尤斯塔斯曾奉命指挥一支大舰队，从海峡群岛（Channel Islands）的基地出发袭击法国舰船。然而不幸的是，他每次出击就连英国船只也不能幸免于难，最终他的行为惹恼了他的赞助人。尤斯塔斯被迫逃往法国，在那里他竟摇身一变，成了雇佣兵队长。1217年，这位海贼僧率法国劫掠部队袭扰英国海岸，但却在多佛尔（Dover）附近遭到拦截。在随后的战斗中，英国人抛洒石灰——一种早期的化学武器——使敌人睁不开眼，然后将这些法国入侵者一网打尽。海贼僧尤斯塔斯被即刻处决。

丹麦人和挪威人的长船船体采用搭接法建造而成，可以随着海浪的运动而弯曲，适航性极强。这些船只吃水很浅，却可以搭载维京侵袭者驰骋在海洋的最深处，或远上内河追击猎物。

50

中世纪封建主义的政治和经济制度最终导致了王朝战争，并在 19 世纪前的不同时期困扰着欧洲。

但同时，它也给欧洲大陆带来了一定程度的和平与安宁，这片土地上的人们执行着一套人们普遍接受的商业原则与法律。和平促进了商业的繁荣、城镇的发展，波罗的海、北欧、西班牙和意大利新兴港口之间的海上贸易兴盛起来，可与此同时，海盗活动也愈发猖獗，而这也是一种自然的结果。在古典时代海盗们单打独斗、控制着海上贸易，但在中世纪早期海盗们常常结盟行动，海上劫掠越来越关乎贵族的利益。自从西里西亚海盗使罗马贵族的利益受到威胁以来，海盗再一次对上层人士的权威发起了挑战。

地处波罗的海边缘的德国城市吕贝克和汉堡十分富庶，1241 年这两座城市加入汉萨同盟（Hanseatic League），即一个监督海上贸易、镇压海盗的商业行会。此后，又有其他一些自由城市（不受封建领主管辖的城市）加入，到 14 世纪，这个团体已经吸纳了 19 个港口，成为一个真正的独立王国。汉萨同盟成为欧洲北部海域打击海盗活动的一支主要领导力量。此外，还有一些小型组织也发挥着类似的作用，如成立于 14 世纪早期的英国五港同盟（England's League of the Cinque Ports），它保护英吉利海峡免受海盗滋扰，并促进五个主要港口——包

（上图）一幅 14 世纪的袖珍画，向我们展示了两艘柯克船（Cogs）之间的战斗。弓箭手是中世纪海上战争的重要组成部分，在登船作战前，他们可以先用箭射杀敌人。在 13 世纪的典型船只（中图）上，船头和船尾增设的作战平台使其成为了一艘战船。在 100 年的时间中，改进的船型设计催生了汉萨柯克船（Hanseatic cog）（下图），这种船是波罗的海和丹麦海岸周围海盗竞相追逐的目标。

（上图）1402 年，斯特尔特伯格和 70 名随从在汉堡被处决。与他同命相连的还有后来波罗的海上的海盗汉兹莱恩（Henzlein），1573 年他和他的 32 名船员被处死。

括多佛尔（Dover）和黑斯廷斯（Hastings）——间的贸易活动。汉萨同盟一直忠于自己的原则，而五港同盟后来却沦为了一个准合法的海盗团体，因为他们仅保护自己的航运，但对他人的船只则照劫不误。

在波罗的海，德国渔民结成了一个号称"粮食兄弟"的团伙并与汉萨同盟作战。1392 年，他们袭击了汉萨同盟的一个港口——挪威的卑尔根，并威胁到该集团的生存。1402 年，一支汉萨同盟舰队将海盗诱出汉堡，海盗头目斯特尔特伯格（Stoertebeck）及其同伙在汉堡被斩首。

城市财富的不断增加和 14 世纪末到 15 世纪初英法之间连绵不断的战争——即百年战争（约 1337—1453 年）——滋生了英吉利海峡上的海盗。随着冲突的升级，海盗开始呈现出一种国家化的特点。英国海盗——如德文郡（Devon）达特茅斯（Dartmouth）的约翰·霍利（John Hawley）和多塞特郡（Dorset）普尔（Poole）的亨利·帕伊（Henry Pay）——经常袭击法国和西班牙的船只，这激起了其他国家海盗的报复性行动，如卡斯蒂利亚王国（Castille）的皮洛·尼诺（Pero Niño）和法国的查尔斯·德·萨瓦西（Charles de Savoisy）等。

自从13世纪早期皇室就颁布了一项被称为"报复权"的政策，即遭受海盗袭击的船主有权予以还击。这项政策更加鼓励了国家式的劫掠行为，并最终演变成为一种允许私人船只掠夺敌船的官方私掠证（Letters of Marque），这在17至19世纪引发了大量争议。

由于改进了船只设计、引入了船载武器，并拥有了带皇家印章的官方私掠证，私掠船开始在英吉利海峡和比斯开湾（Bay of Biscay）肆意妄为，并开赴到离母港更远的水域活动。这些人在16世纪最终演变为海盗，他们以宗教和国家利益之名，从事着冷酷无情的劫掠活动。

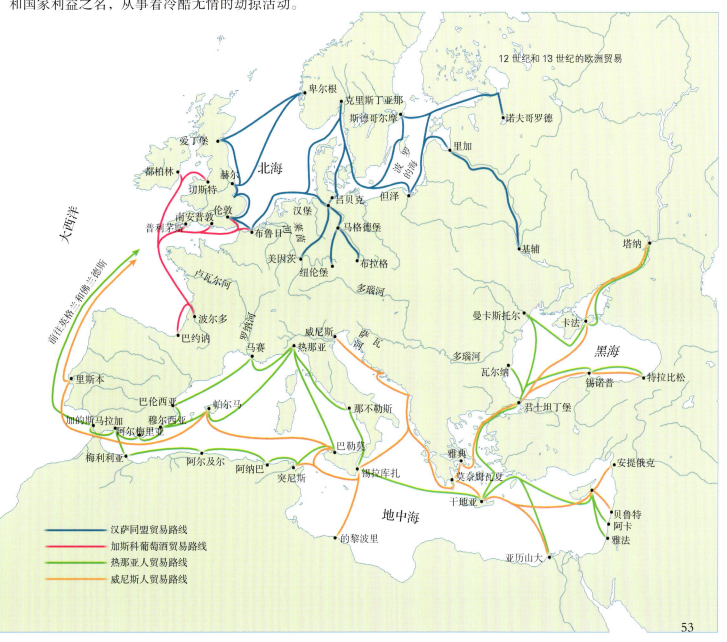

12世纪和13世纪的欧洲贸易

汉萨同盟贸易路线

加斯科葡萄酒贸易路线

热那亚人贸易路线

威尼斯人贸易路线

第四章 巴巴里海盗

信仰冲突导致有利可图的贸易

柏柏尔部落（Berber Tribes）是一个生活在北非罗马行省边缘的半游牧民族。在西罗马帝国存在的最后几个世纪，他们滋扰当地，使入侵的汪达尔人头痛不已，公元6世纪被迦太基人控制。柏柏尔人——来自希腊语，意为"野蛮

威尼斯
拉文那
热那亚
尼斯 利古利亚湾
马赛
巴斯蒂亚
厄尔巴岛
科西嘉岛 属热那亚
博尼法乔
撒丁岛
教皇国
亚得里亚海
维耶斯泰
罗马
那不勒斯王国
那不勒斯
伊斯基亚岛
卡普里岛
塔兰
米诺卡岛
帕尔马
马略卡岛
伊比沙岛
卡利亚里
伊特鲁里亚海
利帕里群岛
巴勒莫
马尔萨拉
西西里岛
卡塔尼亚
阿格里真托
锡拉库扎

马德里
里斯本

卡塔赫纳

地中海

马拉加

巴巴里海岸

梅利利亚
奥兰
1509年属西班牙
约1575年属土耳其人
特莱姆森

阿尔及尔
1510年属西班牙
1541年属土耳其
布日伊
1510年属西班牙
1555年属土耳其
突尼斯
1535年属西班牙
1568年属土耳其人
1573年属西班牙
1574年属土耳其
马赫迪耶

戈佐岛
马尔他岛
1530年被马耳他骑士占领

巴巴里海岸
加贝斯
吉尔巴岛

的黎波里
1530年属马耳他骑士
1551年属土耳其人

图例
- 约1466年土耳其人的领土
- 到1518年包括封地在内的土耳其领土
- 其他穆斯林的领土
- 1518年基督教徒的领土
- 约1660年西班牙哈布斯堡王朝的领土
- 海盗主要的劫掠或包围的地点

1492年将最后的穆斯林赶出西班牙后，西班牙人又迫不及待地前往北非追赶其宗教敌人的脚步，这也使他们陷入了与北非海岸海盗的冲突。16世纪，西班牙是欧洲最为强盛的国家之一，这一点在神圣罗马帝国皇帝查尔斯五世（Charles V）的身上得到了充分的体现。查尔斯五世是西班牙费迪南德和伊莎贝拉的外孙，是奥地利哈布斯王朝皇帝马克西米利安一世的孙子。此外，巨额财富的诱惑开始驱使查尔斯五世探索美洲新大陆。

54

人"——最终并入阿拉伯帝国。公元 7 世纪后半叶，它作为阿拉伯倭马亚王朝（Umayyad Arab）的部队，万碍无阻地沿北非海岸向西挺进。在那之后，地中海的北非海岸被称为巴巴里海岸。

在 15 世纪末之后的 150 多年里，位于地中海边缘的一系列城邦出现了一些具有高度组织性的海盗团体，这就是人们所熟知的巴巴里海盗。他们打着奥斯曼帝国的旗号，一边从事海盗勾当，一边充当雇佣兵。在 16 世纪的大部分时间里，他们都冲在残酷的宗教战争的前沿，为控制地中海盆地而战。

巴巴里海盗袭击欧洲的船只，并对从直布罗陀海峡和大西洋到圣地（Holy

克里米亚半岛
穆斯林土耳其人

黑海

瓦拉吉亚
基督教土
耳其人

贝尔格莱德

瓦尔纳

锡诺普

特拉比松

都拉佐

阿玛斯特里斯

埃迪尔内
（阿德里安堡）

伊斯坦布尔
（君士坦丁堡）

安卡拉

鲁米利亚

爱琴海

莱斯博斯岛

米蒂利尼

安纳托利亚

科孚岛
属威尼斯
普雷维扎
1538 年

勒班陀
1571 年

雅典

伊兹
密尔

塔尔苏斯

美索不达米亚

科林斯

属热那亚

曼提斯

西里西亚

安提俄克

阿勒波

爱奥尼亚海

摩里亚半岛

博德鲁姆

圣·约翰骑士
（罗得骑士）
1522 年属土耳其人

罗得
罗得岛

塞浦路斯

干地亚

克里特岛
属威尼斯

大马士革

地中海

耶路撒冷

亚历山大

开罗

在 13 世纪将欧洲十字军赶出地中海东部的埃及马木鲁克王朝逐渐衰微，后来在 15 世纪成为日益强大的奥斯曼帝国的封臣。

Land）（译者注：即巴勒斯坦）的沿海定居点进行洗劫，他们因凶残暴虐而恶名远扬。在几个世纪中，他们驾乘光滑而狭长的单层甲板大帆船和帆桨船（见19—20页）劫掠航运，因此北非港口也成了贩卖奴隶和赃物的繁荣市场。

阿尔吉尔、突尼斯、的黎波里加上它们之间几十个更小的沿海城镇在地中海南岸连成一串，这里成了绝佳的海盗基地，过往船只不断受到骚扰和劫掠。

海盗们与当地的"总督"及地位更高的"总督的总督"——其地位相当于伊斯坦布尔（1453年前是拜占庭的首都君士坦丁堡）中奥斯曼帝国的苏丹——结成了一种共栖关系。位于撒哈拉沙漠（Sahara Desert）边缘的巴巴里诸国及其非洲小定居点上那些人烟稀少的穷乡僻壤根本无法生产出这些沿海城市所需的生活必需品。在罗马文明的熏陶下，农业已在突尼斯、阿尔及利亚和摩洛哥推广开来，但由于几个世纪以来一直疏于治理，沙漠无情地蚕食了许多海岸地区。就这样，这些地区的一切经济来源只能依靠海上，因此15世纪末和16世纪

19世纪初，英国皇家海军陆战队员登上一艘阿尔及利亚的海盗船。到16世纪末，北非地区基督教徒与穆斯林的冲突几近结束，巴巴里海岸也已成为奥斯曼帝国不可或缺的部分。然而，该地区的海盗行径一直持续到拿破仑战争（Napoleonic Wars）期间。1801年，欧洲列强与美国采取联合行动，才恢复了这一地区的和平。曾参与这一行动的美国海军军官是戴维·波特（David Porter）（见198—200页）。

初，当地的总督怂恿海盗将港口用作海盗庇护港。作为回报，他们也会得到一部分利益——事实证明，海上劫掠确实利润丰厚。在16世纪，海盗头目被任命为当地总督的行为已司空见惯，由此海盗活动成了巴巴里海岸经济中一个不可或缺的部分，也是当地宗教和非宗教政策必须考虑的一个重要因素。

虽然巴巴里的海盗船长拥有自己的船只，对行动也拥有相当大的自主权，但他们所享有的自由仍比不上欧洲的海盗船长。巴巴里海盗由具有裁决权的船长议会全权进行组织。这个团体监督海盗庇护港的运作情况，负责海盗、当地官员和奥斯曼君主之间的沟通工作。在海上，由"阿迦"——强行登船队的指挥官——来协助海盗船长；航程结束之后，一名由船长议会委任的文员负责将赃物分给船长和当地官员。通常，当地官员会抽取总价值的10%，并收取一部分港口使用费。

船长议会的一般原则是只袭击非穆斯林的船只，但是为了保证伊斯兰国家

法国画家欧仁·德拉克洛瓦（Eugene Delacroix）的《塞利姆和朱莱卡》（Selim and Zuleika）（1857年）描绘了拜伦勋爵（Lord Byron）的故事《阿比多斯的新娘》（The Bride of Abydos）中的一幕。它向人们叙述了一对情人——吉阿福尔·帕沙（Giaffir Pasha）的女儿朱莱卡（Zuleika）和巴巴里海盗塞利姆（Selim）——的悲惨命运。在一桩无爱的包办婚姻面前，朱莱卡被她的父亲幽禁在闺房中，塞利姆帮助朱莱卡逃跑。这对恋人躲藏在一个海边的山洞中，等待塞利姆的海盗同伙来解救他们。不过，当这个海盗打响手枪召集等在岸边的同伴时，枪声却引起了吉阿福尔及其手下的注意。塞利姆惨死在吉阿福尔的枪下，朱莱卡郁郁而终。

君主的利益，并与强大的经济政策保持一致，船长议会也会与一些基督教国家签订条约。例如，在16世纪的大部分时间中，威尼斯共和国（the Republic of Venice）与奥斯曼土耳其人维持着和平状态，因此巴巴里海盗就不能袭击来自威尼斯的船只（但也不能完全杜绝）。

巴巴罗萨兄弟

在巴巴里海盗中，有两名充满传奇色彩的基督徒，他们的经历后来使许多海盗争相效仿。15世纪70年代，这对希腊兄弟乌鲁基（Aruj）和合孜尔（Hizir）

出生在莱斯博斯岛上的一种主要城镇——米蒂利尼（Mytilene）。他们的母亲先嫁给了一位基督教牧师，牧师去世后她又与一位前奥斯曼帝国军队（这支精英部队中许多人是基督徒）中的土耳其士兵结婚。直到1453年君士坦丁堡陷落之前，莱斯博斯岛一直由拜占庭或热那亚控制。当时，在奥斯曼帝国的统治下，无论对于希腊人还是穆斯林来说，爱琴那岛既是一个海盗遁迹所，同时也是繁华的世界性港口，在这里地中海文化与宗教可以自由交汇。因此，哥哥乌鲁基·巴巴罗萨（Aruj Barbarossa）曾在莱斯博斯岛附近的海盗船上活动，并在爱琴海上袭击过往的船只并不足为奇。后来，圣·约翰的骑士们（the Knights of St. John）俘获了乌鲁基的船，并将他囚禁起来。

根据另一种说法，乌鲁基起初并不是海盗，而是协助他的父亲从事和平贸易，其父的制陶生意做得风生水起。不过后来，他们的船与基督教的骑士水手发生了冲突。无论哪个故事更加真实，但有一点可以确定，圣·约翰的骑士们——人们所知的医护骑士（Hospitalers）或罗得岛骑士（Knights of Rhodes）——就是一群穿着十字军军服的土匪强盗。他们占领了包括罗得岛在内的几个爱琴海东南方的小岛，并从这里发出有关作战的命令，这既方便在海上劫掠，又实现了他们狂热的宗教理想。乌鲁基是一名奴隶，他坐在桨帆船的桨凳上划了大约一年桨，后来被埃及的穆斯林酋长救赎。被带到亚历山大后，乌鲁基与他的弟弟合孜尔会合，开始一起在由酋长出资建造的海盗船上服役。

巴巴罗萨兄弟乌鲁基（左）和合孜尔从位于杰尔巴岛（Djerba）和阿尔及尔的基地出发，威胁了第勒尼安海（Tyrrhenian）和利古里亚海（Ligurian seas）的安全。巴巴里城镇中的基督教奴隶；奴隶买卖是巴巴里海岸最有利可图的贸易之一。

荷兰画家科内利斯·维姆（Cornelis Vroom，1591—1661年）的作品《西班牙人与巴巴里海盗的战争》（Spanish Men of War Engaging Barbary Corsairs）。西班牙人是北非摩尔人（Moors）的对手，也是他们的保护者。不过——与这幅画表现的情形不同——西班牙的盖伦帆船在与巴巴罗萨兄弟交战时通常表现不佳。

乌鲁基主要在北部的利古利亚湾（Gulf of Liguria）活动，在一次袭击厄尔巴岛（Island of Elba）的过程中，巴巴罗萨兄弟俘获了两艘属于教皇尤利乌斯二世（Pope Julius Ⅱ）（1503—1513年在位）的桨帆船。这两艘船并非商船，而是人员齐备、全副武装的战船，这一消息震惊了整个基督教世界。根据16世纪西班牙历史学家迪戈·阿埃多（Diego Haedo）的说法，"这次袭击给突尼斯、甚至整个基督教国家带来的震惊难以言表，从此乌鲁基声名大噪。"阿埃多还告诉我们，由于这兄弟俩的胡子是橘红色的，因此他们又被称为巴巴罗萨，意大利语意为"红胡子"。

巴巴罗萨兄弟的下一次冒险——在西西里岛北部的利帕里群岛附近，他们俘获了一艘因无风而不能前进的西班牙战船——展现了在通常微风徐徐的地中海上，海盗桨帆船比帆船具有更大的优势。

由于位于杰尔巴岛的海盗基地实力不断壮大，其他海盗蜂拥而至，纷纷效力于兄弟俩的麾下。兄弟俩的成功秘诀就是在桨帆船上使用自由人、而不是奴隶来划桨。这就意味着巴巴罗萨兄弟船上的每个人都是战士，他们都对征服和战利品心怀渴望。1511年，兄弟俩与突尼斯官员决裂，同时阿尔及尔官员希望得到他们的帮助，以共同对抗西班牙人、保卫领土，因此他们将活动基地转移到了阿尔及尔附近的吉杰利港（Djidjelli）。

然而，幸运并非总站在兄弟俩一边。1512年，乌鲁基高估了自己的能力，在袭击北非海岸一处被西班牙人占据的堡垒时，他失去了一条手臂。两年后，在另一次复仇行动中，他们同样没能赶走西班牙人。从这时起，巴巴罗萨兄弟逐渐将西班牙船只和堡垒作为主要的袭击目标。1516年，另一次良机不期而至。由于不满官员们对来自西班牙人的威胁无动于衷，当地的局势开始动荡不安。乌鲁基煽动人们起义，并趁机率领海盗冲入阿尔及尔。在那里，他杀掉了当地统治者并取而代之。

现在，乌鲁基必须要证明自己既是战士又是首领。1518年，他的海盗部队在狂风暴雨的掩护下，从阿尔及尔湾（Algiers Bay）的小基地出发，成功挫败了西班牙人的袭击。不过乌鲁基深知，防御政策无法赢得穆斯林的认同，因此，他锁定了位于阿尔及尔西部的奥兰（Oran）的西班牙大本营。不过，这次两栖袭击的准备并不充分。虽然他夺取了奥兰附近的一些穷乡僻壤，但一支西班牙大部队还是使巴巴里海盗大惊失色。

在激烈的战斗中，西班牙步兵团将海盗赶入了内地，在那里他们只能以特莱姆森（Tlemcen）的城墙作为抵御。负隅顽抗了 6 个月后，这些绝望的海盗试图破城而出，但西班牙人发起反击，在战斗中，乌鲁基大败后丧命。

此时，大权落在了原来留守阿尔及尔的合孜尔·巴巴罗萨（Hizir Barbarossa）手中。被称为卡哈尔·德·丁（Khair-ed-Din）（意为上帝的礼物）的合孜尔继续在阿尔及尔附近抵御西班牙人的进攻。由于他效忠于奥斯曼帝国的苏丹苏里曼一世（Suleiman Ⅰ the Magnificent）（1520—1566年），他被正式任命为阿尔及尔的长官。这就意味着他可以指挥土耳其帝国的常规军队，并使用桨帆船保卫他的领土。作为正式的土耳其指挥官，卡哈尔·德·丁不断对地中海上的西班牙船只发起袭击。虽然 1535 年西班牙人占领了突尼斯，但他也报复性地洗劫了马略卡岛（Majorca）和尼斯（Nice）。1538 年，他在科林斯湾（Gulf of Corinth）入口处的普雷维扎（Prevesa）重创由基督教国家最伟大的海盗猎手——热那亚将军乔瓦尼·安德烈亚·多利亚（Giovanni Andrea Doria）——指挥的查理五世（Charles Ⅴ）的桨帆船舰队，协同保护了土耳其帝国在地中海东部的利益。

尽管卡哈尔·德·丁越来越倚重苏丹在伊斯坦布尔的权力，但他仍将北非广袤的领土牢牢掌握在自己手中。到他 1547 年去世时，这位巴巴罗萨家族的小兄弟已经协助土耳其人控制了整个地中海地区。

阿拉伯弯刀

卡哈尔·德·丁最聪明的一位弟子是个土耳其人。图尔古特（Turgut）大概于 1514 至 1518 年间生于安纳托利亚的蒙特色地区（Mentese region）的一个贫苦家庭，他的名字可能取自他生活的图尔哥特村（Turgat）。这里靠近博德鲁姆（Bodrum），原来是希腊的哈利卡尔那索斯（Halicarnassus）。20 多岁时，图尔古特进入海军服役，后来成为合孜尔·巴巴罗萨的门徒，在合孜尔的调教下，图尔古特很快晋升为主将，在普雷维扎指挥一支土耳其舰队。第二年，即 1539 年，他再次从威尼斯人手中夺取了卡斯泰尔诺沃的达尔马提亚镇（Dalmatian Town of Castelnuovo）。由于取得了诸多胜利，图尔古特此时在意大利追随合孜尔的左右，掠夺西班牙人在西西里岛和那不勒斯王国（the Kingdom of Naples）的属地。海盗们洗劫了那不勒斯城海岸附近的伊斯基亚岛（Island of Ischia），但附近卡布里岛（Island of Capri）上由西班牙人控制的城堡却幸免于难。数千名被俘的囚犯被运至巴巴里海岸的奴隶市场贩卖。

灾难发生在 1540 年，当时图尔古特正准备将他的船停在科西嘉岛的一个入口处，却遭到安德烈亚·多利亚率领的舰队伏击。这位巴巴里海盗不得不委身为奴，在这位将军的侄子——乔尼提诺·多利亚（Gianettino Doria）——指挥的船上度过了四年漫长而痛苦的划桨生涯。

巴巴罗萨欲图赎回图尔古特的请求遭到拒绝，因此 1544 年，他率领一支由 120 只战船组成的舰队包围了热那亚。

这一切——苏丹为其临时盟友法国国王弗朗索瓦一世（Francis Ⅰ）对抗宿敌西班牙而提供援助——发生在前往马赛的途中，不过当他们靠近热那亚，双方开始了谈判。最终，在缴纳了一笔巨额赎金后，图尔古特重获自由。

卡哈尔·德·丁死后，巴巴里舰队的指挥权由图尔古特掌握。在 20 多年的生涯中，这位来自博德鲁姆的可怜的土耳其孩子最终功成名就。在伊斯兰世界中，他被尊称为"伊斯兰弯刀"。他率领 24 艘桨帆船重返那不勒斯，对卡拉布利亚（Calabria）和普利亚（Puglia）海岸发动袭击。1550 年初，他重回北非，从西班牙人手中夺回了突尼斯的大部分控制权。基督教联盟对海盗行动的反应迅速。9 月，一支由安德烈亚·多利亚指挥的大舰队将海盗逐出了突尼斯，不过双方均损失惨重。多利亚一直将他们赶到南方的杰尔巴岛，多利亚认为他已经将主要的敌人困在这个岛上，不料图尔古特却拖着他的桨帆船和桨帆小快艇快速横穿岛屿，躲开基督教的军队，最终成功驶往伊斯坦布尔。

此时，苏丹任命图尔古特指挥一支由 114 艘桨帆船组成的大舰队，为攻打马耳他和骑士修道组织——即原来的医护骑士或罗得岛骑士——做长期准备。不过马耳他的防御十分严密，因此他们在 1551 年发起的行动无功而返。图尔古特又锁定了马耳他的戈佐岛（Gozo），将岛上的居民作为奴隶使用。当年的夏天，他又成功袭击并占领了的黎波里（Tripoli），而该地自从 1530 年起就归马耳他骑士所有。苏丹嘉奖了图尔古特，封他为的黎波里的"桑贾克贝伊"（总督）。上任后，这位伊斯兰弯刀对航运和财产造成了极大的破坏。1533

一幅 19 世纪的版画描绘了正做出恶狠狠姿势的图尔古特。从现代的观点来看，这位虽矫矫不群却暴戾恣睢的海盗并没有什么值得我们仰慕。他最典型的成就可能就是 1554 年洗劫意大利小镇——维耶斯泰（Vieste）。由于没能攻下城堡，所有老弱病伤者、不能换取赎金和充当奴隶的人都被带到一块礁岩上斩首。这块岩石后来被称为"痛苦岩"。插画作者为亚历山大·德贝尔（Alexandre Debelle）（1805—1897 年）。

年，他再次在蓬扎岛（Ponza）附近击败安德烈亚·多利亚率领的西班牙舰队，然后又袭击了卡拉布里亚海岸，洗劫了厄尔巴岛，占领了科西嘉岛上博尼法乔（Bonifacio）和巴斯蒂亚（Bastia）的据点。由于贡献卓越，图尔古特成为地中海上"总督中的总督"。

图尔古特的命运终结于1565年包围马耳他的一次战役中。当时一颗炮弹在他的身旁的地面爆炸，飞起的弹片使他身受重伤。几天后，这位强悍的巴巴里海盗不治身亡。

拯救了一个王国的海盗

1520年，乌鲁·阿里（Uluj Ali）原名乔瓦尼·迪奥尼吉（Giovanni Dionigi），生于意大利南部，他的父亲是一名贫苦的渔民。几乎在他刚会走时，他就开始坐着父亲的船出海，16岁时子承父业。1536年，臭名昭著的阿尔及利亚海盗吉亚夫·莱斯（Giafer Rais）奉卡哈尔·德·丁之命袭击意大利海岸，攻击渔船并俘虏了迪奥尼吉。这个意大利年轻人成了桨帆船上的奴隶，然而当他面对入伙海盗的机会时，他毫不犹豫地同意了。不仅如此，他还皈依了伊斯兰教，并取了一个穆斯林名字——乌鲁·阿里。乌鲁·阿里从一名籍籍无名的小卒，一路成为技术娴熟、天才般的领袖，最终成了土耳其舰队的指挥官。

到他40岁时，阿里在的黎波里的桨帆小快艇上活动，效力于图尔古特。1560年，他在杰尔巴岛附近做舰队侦查工作，土耳其舰队司令派皮雅利·帕莎（Piyale Pasha）对他赞赏有加。当时，在

约1700年的阿尔及尔，摇摇欲坠的城墙中令人望而生畏的海盗据点依稀可见。海盗们将用手铐锁在一起的基督教囚犯从一艘巴巴里桨帆快船上赶至海岸。幸运的人被赎走，身强力健的在桨帆船上划桨，其余的人则很快过劳而死。

西班牙人和穆斯林手中频繁易主的杰尔巴岛正处于安德烈亚·多利亚的统治之下，归属于西班牙腓力二世（Philip Ⅱ）的神圣同盟（Holy League）。在5月14日的一场大战役中，伊斯兰军队重创西班牙舰队，并夺取了杰尔巴岛的控制权。皮雅利没有忘记阿里的功劳，在1565年进攻马耳他时，他被任命为总指挥官。最终，围攻马耳他骑士的行动失败，但乌鲁·阿里脱颖而出，他接替已故的图尔古特，被任命为的黎波里的总督。在任期间，他与其前任一样，协助巴巴里海盗袭击基督教船只、劫掠西西里岛和意大利南部的海岸城镇。

在三年时间里，为奖赏他付出的努力，苏丹任命阿里为阿尔及尔的"总督的总督"。此外，阿里还赶走了仍然控制突尼斯大部分地区的西班牙人，并在摩洛哥发动摩尔人叛乱，以对抗他们共同的敌人。1570 年，为一血袭击马耳他失败之耻，他俘获了一支强大的马耳他舰队。1571 年，阿里被派遣到东部，成为一支土耳其舰队的指挥官。16 世纪初，最关键的阶段到来了。土耳其舰队横扫巴尔干半岛（Balkans）进入西欧，威尼斯人对土耳其未来的意图深感不安。结果，威尼斯加入了神圣联盟（具有讽刺意味的是，建立这个同盟的目的既是为了对抗威尼斯人对地中海贸易的统治，也是为了与土耳其人做斗争）。

最终，1571 年 10 月 7 日，在科林斯湾入口处爆发了勒班陀（现代的纳夫帕托斯）海战（battle of Lepanto）。基督教联盟海军击败了土耳其人，但乌鲁·阿里的战略差点使土耳其反败为胜。人们对他的表现广为传颂，他成了土耳其的民族英雄。

1565 年在马耳他和当时在勒班陀的惨败促使土耳其人迅速重组了一支海军，乌鲁·阿里被任命为最高司令。次年，他高超的作战技巧使土耳其军队免于在地中海中部全军覆灭，但地中海西部却成了真空地带，因此 1573 年复苏的西班牙重新占领了突尼斯。乌鲁·阿里再次授命、率领一支富有战斗力的土耳其军队驱赶西班牙人。海上封锁、两栖攻击和地面进攻的综合运用使该城在 1574 年 6 月举旗投降。阿里继续沿从奥兰到的黎波里的北非海岸巩固土耳其的军事力量，并极大改善了巴巴里诸港口的防御。

16 世纪晚期，西班牙逐渐卷入了与北欧新教徒的权力争夺之中，因此需要集中运用手中的资源。最终，国王与苏丹签订了停战协议，结束了西班牙与巴巴里海岸之间长达 50 年的战争状态。虽然和平条约中并未涉及意大利城邦和奥地利哈布斯堡王朝（Habsburg Austria），但它却保证了土耳其对北非海岸的控制。此时，乌鲁·阿里就可以率军对更远的地方发动袭击，他既能深入亚得里亚海和黑海海域，也能折回西部，与摩洛哥塞拉港（Salee）的亲西班牙自治政府抗衡。不过后来，土耳其的一些指挥官之间出现了内斗，因此他们没能赶走摩尔人，这一计划宣告失败。尽管带着种种遗憾，但到 1587 年乌鲁·阿里去世时，他已经确保了奥斯曼帝国对巴巴里海岸的控制权，并抑制了曾威胁奥斯曼帝国领土的基督教联盟的力量发展。

无畏的海盗穆拉特·赖斯（Murat Rais）

当卡哈尔·德·丁力（Khair-ed-Din）战西班牙人时，一位阿尔巴尼亚渔夫的妻子生下了一个男孩，这个孩子就是后来最臭名昭著的一个巴巴里海盗。他的基督教名没有记载，但穆拉特·赖斯可能生于 1535 年。当时，阿尔巴尼亚是

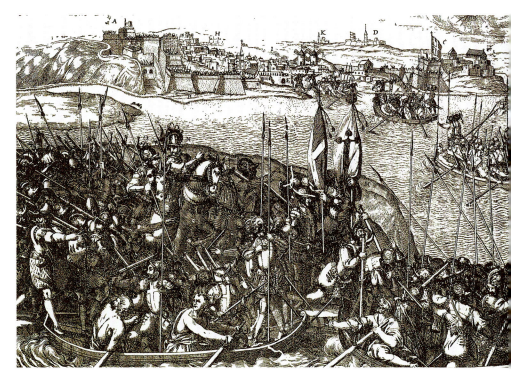

16 世纪中期，西班牙军队对巴巴里海岸的一个城镇发动了两栖袭击。

17 世纪初，为报复法国封锁这座城镇，阿尔及尔的一位法国居民被放入大炮里发射。许多市民都遭受了相同的待遇。

基督教国家和日益壮大的奥斯曼帝国竞相争夺的一个地区。这里鲜有法治，内陆地区土匪横行，海岸一带海盗肆虐，但他们却都逍遥法外。1546 年，巴巴里海盗卡利·阿里·赖斯（Kari Ali Rais）俘虏了这个 12 岁的阿尔巴尼亚男孩——他使用的是穆斯林名字穆拉特——并拉他入伙，成了海盗。

1565 年卡利·赖斯死后，穆拉特·赖斯便无耻地展开了自己的海盗生涯——他在意大利南部海岸遭遇沉船，但这没有吓退他，他和几名船员找了个借口便劫持了一艘途经的基督教国家的帆船。驾驶着这艘船，这个阿尔巴尼亚人劫持了三艘西班牙商船，并将它们卖到了一个北非的巴巴里港口。他以北非海岸为基地，主要攻击西班牙和意大利的船只，并对地中海周围基督教国家的海岸进行劫掠。这种冒险很快使穆拉特腰缠万贯，人们都称他为无畏的海盗。然而，正是他的大胆冒进使他敢于藐视巴巴里海盗的社会规范，例如 1570 年，他抢在他的上级——乌鲁·阿里——之前登上了一艘马耳他战船。无疑，这种无礼使他被任命为海军军官的时间推迟了 20 年之久。

人们毫不怀疑他会赢得奥斯曼帝国苏丹的支持。穆斯特·赖斯是最狡猾的巴巴里战略家之一，他最擅长使用的挫敌战略就是使对手低估他的战斗力。例如，他会降下桨帆小快艇上的桅杆，将它们拖到其他桨帆船的后面，以躲避敌人的耳目，隐藏战斗实力。像这样的花招层出不穷，因此他成了船长的热门人选。随着劫掠中所获财富的不断增加，其他人也纷纷入伙他的组织，分享他的战利品与荣光。1574 年，阿尔及尔总督提名穆拉特为"海上船长"，但直到 1594 年苏丹才批准这项任命。除了保卫伊斯兰君主的海岸之外，穆拉特继续扩大海盗劫掠的范围。1578 年，他截获了两艘极具威力的西班牙战船，而其中一艘正载着西西里总督返回西班牙，这一事件震动了整个地中海地区。三年后，他又劫持了三艘法国船只，当时这几艘船正准备将金银财宝运往土伦（Toulon）。

　　此时，对于这个阿尔巴尼亚人来说，地中海地区似乎已经失去了挑战性。1586 年，在穆拉特五十多岁的时候，他率船深入大西洋，对加那利群岛的兰萨罗特岛（Lanzarote）进行突袭。巴巴里海盗控制了这个西班牙城镇几个星期，穆拉特劫持市民以换取赎金。回到内海之后，穆拉特·赖斯又将枪口对准了马

耳他的圣约翰骑士，掠夺了一大艘战船的战利品。1595 年，为庆祝获得"海上船长"这一殊荣，他率领一支阿尔及利亚的两栖部队对西西里岛和意大利南部发动了突袭。这次行动的战利品颇丰，他们还俘获了三艘西班牙—西西里战船。

　　从 17 世纪早期一直到 1638 年去世，穆拉特·赖斯指挥的奥斯曼帝国舰队控制了地中海东部、爱琴海和亚得里亚海水域。即使在垂垂暮年——他辞世时已超过了 100 岁——他也是一名成功的陆地指挥家。在土耳其人包围阿尔巴尼亚的发罗拉镇（Vlore）时，穆拉特在陆地上阵亡。当基督教国家庆贺解脱，如释重负之时，他们的奥斯曼敌人却正在哀叹自己的重大损失。

在大部分海盗生涯中，穆拉特·赖斯都把阿尔及尔的巴巴里海岸港口作为行动的主要基地。图中是 17 世纪的一个港口。

披着僧侣外衣的狼

地中海上的海盗并非都是巴巴里海岸上的穆斯林。在巴巴里海盗的基督教敌人中，几乎没有人比马耳他骑士更令人恐惧和憎恨。宗教性的十字军团体早已成为历史。1113 年一个僧侣骑士团在耶路撒冷成立，为朝圣者提供避难所、照顾战争中的伤病者，这就是后来人们所知的耶路撒冷圣约翰善堂骑士团（Hospitalers of St. John of Jerusalem）。后来，这一团体成了僧侣骑士的军事组织——就像圣殿骑士（Templars）一样——也就是人们熟知的圣约翰骑士（Knights of St. John）和善堂骑士（Knights Hospitalers）。

随着 1291 年阿克里（Acre）的陷落，最后一批基督教徒被清出圣地之后，骑士团被迫转移到塞浦路斯岛（the Island of Cyprus）。在那里，战争的形式从陆地战转为海战。

由于圣约翰骑士在海上使用桨帆战船迎战穆斯林，他们摇身一变，成了善战的水手和海上勇士。1309 年，他们攻占了罗得岛。直到 1522 年他们被奥斯

安德里斯·范·厄特菲尔特（Andries van Eertefeldt）绘制的《西班牙人与巴巴里海盗交战》（*Spanish Engagement with Barbary Corsairs*）。

曼帝国军队赶走之前，人们通常称其为罗得岛骑士。此时，基督教十字军团体的成员已所剩无几，他们既袭击小亚细亚大陆上的土耳其城市，也掠夺沿海基督教国家控制的要塞地点。正是在一次这样的海盗袭击中，骑士们俘获了乌鲁基·巴巴罗萨（Aruj Barbarossa）。由于此时土耳其和其他穆斯林的桨帆船都已经由自由人操控，所以人们十分憎恶罗得岛骑士将俘虏当作桨帆船上的奴隶使用这一做法。也正因如此，任何被土耳其人俘虏而又无望缴纳赎金的基督徒只能效仿善堂骑士，被锁链锁在土耳其人的桨帆战船上划桨。

　　罗得岛陷落之后，骑士们逃至地中海西部，1530年，西班牙哈布斯堡王朝的皇帝查尔斯五世（Charles V）授权他们管理马耳他岛。

　　马耳他岛位于西西里岛与北非之间的中心位置，战略位置非常重要，查尔斯希望马耳他骑士能够阻止奥斯曼帝国向地中海西部的扩张。他们占据着如此珍贵的地点，但每年却仅向皇帝派驻在西西里的总督缴纳一马耳他鹰币作为租金。这一做法的象征意义十分明显——马耳他骑士就是保护基督教世界的猛禽。此外，马耳他骑士还控制着北非海岸上的的黎波里，不过马耳他战船对奥斯曼帝国的贸易造成了严重破坏，这在1551年引发了与土耳其人的冲突。土耳其人由图尔古特·赖斯率领，他们虽未能占领马耳他，但却成功夺取了马耳他骑士的第二港口——的黎波里。

　　马耳他骑士拥有一支小型战舰舰队，最初只有不超过7只舰船。在16世纪中期，这支舰队参与了同奥斯曼帝国的海战，是基督教国家联合舰队中的一部分。当马耳他战船没有作战任务时，它们就在巴巴里海岸附近游弋，袭击定居点或劫掠穆斯林的船只。经济条件较好的骑士还获准武装自己的桨帆船，追击土耳其劫掠者。这些狂热的年轻船长们袭击的目标并非只有穆斯林船只，犹太人的船只有时甚至是基督教徒的船只也会遭遇厄运。由于16世纪大部分时间奥斯曼帝国与威尼斯和平相处，因此直到1571年勒班陀海战（the battle of Lepanto）之前，威尼斯商船也是马耳他骑士的袭击目标，当然教皇和神圣罗马帝国的皇帝并不支持这一做法。

荷兰画家安东尼·莫尔（Anthonis Mor，约1517—1577年）所绘的马耳他骑士肖像。

16世纪60年代初，马耳他骑士在地中海东部的劫掠行为逐渐增多，有人深入埃及，其他人甚至远赴骑士们原来的狩猎地——爱琴海。很显然，这样的远征探险几乎没有什么战略价值，事实上，这就是由掠夺和肆意屠杀的欲望而驱使的海盗劫掠。大量的战利品塞满了骑士们在马耳他的金库。罗梅格斯（Brother Romegas）是这一时期最成功的船长之一，1564年他曾在亚得里亚海上截获了一艘奥斯曼帝国的盖伦帆船。该战利品极具价值，但同时也将马耳他骑士拖入了近代史上最万劫不复的深渊。苏里曼大帝——陆地上成功的统治者，同时也是地中海上的霸主——雷霆震怒，下令对马耳他岛发动全面进攻，彻底铲除这些基督教海盗。

1565年，皮雅利·帕莎、图尔古特·赖斯和乌鲁·阿里率领一支奥斯曼大部队包围了马耳他。这些土耳其人成功登陆并占领了这个岛屿，这次行动几乎摧毁了整个古城，近一半骑士和约8000名士兵丧生。不过骑士团领袖拉·瓦莱特（La Valette）率领骑士们展开了坚决的保卫战，守住了马耳他岛的一部分，并最终得到一支西班牙军队的援救。经过四个月艰苦卓绝的战斗，土耳其军队撤退，损失达3万余人。

尽管马耳他骑士得到了西班牙军队的援助，但他们不断袭击威尼斯船只的行径却失去了基督教徒的支持。不过，由于岛屿防御支离破碎，整个城市也要进行重建，所以他们仍急需金钱。拉·瓦莱特和他的骑士们直接违反了教皇的法令，继续劫掠威尼斯商船，甚至对威尼斯人在亚得里亚海上的据点进行掠夺。就这样，马耳他骑士越过了私掠与海盗的微妙界限，当然，在威尼斯，他们被厌恶地称为"背着十字架行走的海盗"。

在整个17世纪，这些骑士们一直是半合法的海盗，并在劫掠过程中俘虏了大量的奴隶。仅骑士们的战船上就需要1000名奴隶，因此马耳他岛一直到18世纪一直是一个重要的奴隶市场。不过，骑士团的地位日渐衰微。暴力与野蛮的行为使骑士们的道德感降低，纪律松懈，16世纪晚期叛乱频发。马耳他骑士

从马蒂亚·佩雷斯·德阿勒西奥（Mattia Perez d'Aleccio，1547—1616 年）于 1584 年绘制的大型壁画的细节中，我们可以看到奥斯曼帝国的部队从战船上登陆马耳他东部的情景。

与后来的加勒比海盗越来越类似，他们违背禁欲的誓言，开始寻花问柳、违反恪守清贫的誓言，开始囤积财富、饮酒，甚至在 1581 年囚禁了他们的大团长。随着新教的出现，骑士团在欧洲的广大领地都被没收。到 17 世纪 50 年代，这些马耳他骑士已变得不合时宜。虽然骑士们直到 18 世纪末始终占据着马耳他岛，但这个岛屿已不再是一个危险的基督教海盗避难所。1798 年 6 月 12 日，在法国将军拿破仑·波拿巴前往埃及的途中，大团长冯·霍姆佩施伯爵（Count von Hompesch）率马耳他人向他投降。

西班牙美洲殖民地上的战争

第五章

新教徒海盗的新招术

1492 年是西班牙历史上值得纪念的一年，其原因有二。克里斯托弗·哥伦布（Christopher Columbus）发现了巴哈马群岛，然而普通大众几乎完全没有注意到这一事件将对西班牙未来产生的重大影响。而最令人瞩目的大事件当属阿拉贡国王斐迪南二世（Ferdinand of Aragon）与卡斯提尔女王伊萨伯拉（Isabella of Castile）的军队将最后的摩尔人（Moors）赶出了格拉纳达（Granada）他们的婚约使半岛上两大王国合二为一。基督徒占领格拉纳达结束了伊斯兰教对伊比利亚半岛（Iberian peninsula）长达 5 个多世纪的征服，也终结了它对该半岛近 8 个世纪的影响。此外，西班牙还雄心勃勃地向摩尔人、柏柏尔人和土耳其人所在的北非进军，在那里挑起争端，并将巴巴里海盗送上了在地中海对抗伊斯兰教徒的最前线，这一内容在上一章有所提及。

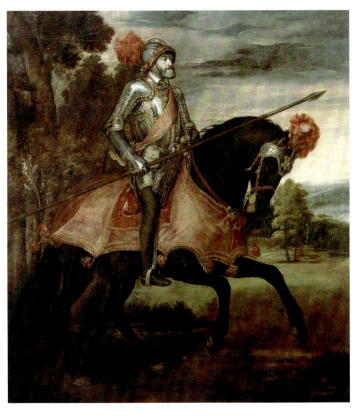

西班牙国王、哈布斯堡王朝的统治者、神圣罗马帝国的皇帝查理五世（Charles V）是欧洲最强大的君主，但他也需要来自西班牙新世界帝国的巨额财富来维持庞大的战争开支。

1516 年斐迪南二世去逝，他的外孙查理一世（Charles I）继位，其祖父神圣罗马帝国皇帝马克西米利安一世（Maximilian I）1519 年去世后，他又继承了其帝位，称查理五世（Charles V）。此时西班牙王权已经控制了西西里王国和那不勒斯王国（Kingdoms of Sicily and Naples），而查理五世在统治了奥地利（Austria）、施第里尔（Styria）、卡林西亚（Carinthia）、蒂罗尔（the Tyrol）、佛兰德斯（Flanders）和低地国家（Low Countries）、弗朗什孔泰（the Franche-Comte）和大量德国公国（German Principalities）后，又将哈布斯堡皇室家族的控制权握在手中。在他 1535 年取得广袤的米兰公国（Duchy of Milan）之前，查尔斯已经将西班牙哈布斯堡王朝打造成了当时的欧洲强国。一面要玩转如此复杂的经济体，一面还要维系与法国争夺神圣罗马帝国控制权的绵延战争，这无疑需要巨额的财富支撑。然而哪里有需求，哪里就有解决问题的办法，哥伦布恰逢其时地"发现了美洲"，为查尔斯五世提供了他所需要的资金支持。

继哥伦布之后，大量的西班牙探险者走上了迅速地殖民扩张道路，这使得西班牙很快就控制了加勒比盆地（Caribbean Basin）、南美洲大陆的大部分地区和沿墨西哥湾（Gulf of Mexico）的北美洲部分地区。西班牙人探险的惊人速度从《托德西利亚斯条约》（*The Treaty of Tordesillas*）中便可窥见一斑，更不用提当时他们所掠夺的财富数量了。

在哥伦布首次航海的仅仅两年后，1494 年 6 月，西班牙和它的主要贸易对手葡萄牙在教皇亚历山大六世（Alexander Ⅵ）的仲裁下签订了该条约。《托德西利亚斯条约》在大西洋上画出一条想象的分界线，该分界线东侧所有未经开发的陆地均归属西班牙，而葡萄牙则保留其东部的控制权，这确保了该国后来对印度洋的贸易垄断。该分界线本该将新世界的所有土地都划归西班牙，但由于探险初期无人知晓南方大陆竟然一直向东，深入南大西洋如此之远，因此几年后人们发现了巴西，葡萄牙取得了对它的控制权。

西班牙在建立自己的新帝国方面绝对是只争朝夕。每次执行新探险活动的小船一返回西班牙，征服者的血腥军队就会随后而至。加勒比印第安人（Carib Indians）和大陆上的阿兹特克人（Aztec）先后倒在欧洲人的屠刀之下。不久，曾经强盛一时的玛雅王国（Maya Empire）的残余势力也溃败投降，后来一小撮西班牙人征服了位于秘鲁（Peru）的整个印加帝国（Inca Nation）。仅仅几年之内，疾病和残酷的统治就夺去了大部分本土居民的生命，而幸存者则变成了奴隶。当新世界的土著人绝迹之后，西班牙人从葡萄牙贩奴商人那里购进了非洲奴隶，然后又沿着这块大陆的西海岸继续自己的探险之路。西班牙征服者以贪婪的海盗身份而来，回程时美洲的财富横渡大西洋，源源不断地流入了这个帝国的金库。不久之后，掠夺西班牙人来自新世界的财富就成为了法国和英国私掠船的一种爱国主义行为。

在 16 世纪，加勒比盆地被称为西班牙大陆美洲。其他欧洲国家的入侵者曾这样称呼这个区域，而这一术语最初源自对委内瑞拉（Venezuela）、新格拉纳达（New Granada 现哥伦比亚）和巴拿马（Panama）等地区的西班牙语翻译，因为它们被统称为"大陆"。不过时至 16 世纪末，当海盗言称西班牙大陆美洲时，他指的是西班牙在新世界所占据的所有领土，其中包括新西班牙（墨西哥）、秘鲁总督区（Viceroy of Peru，即南美洲的太平洋海岸和厄瓜多尔）、墨西哥湾和加勒比群岛（Caribbean Islands）的外围。正是这一术语唤起人们的想象——那些深埋地下的宝藏、热带的岛屿、伊丽莎白时代的海盗侵袭和浪漫主义小说的素材——17 世纪的海盗。然而在加勒比海盗出现之前，西班牙人独霸这片海域，他们肆无忌惮地剥削着这一地区。

当法国人、荷兰人和英国人开始在北美海岸建立定居点时，纷争的苗头可能就已在酝酿之中。这些后来者除了反感西班牙人之外，还大部分笃信新教，

查理五世的继任者腓力二世（Philip Ⅱ）施展着西班牙人的抱负。在他在位期间，随着美洲矿藏开采量的不断增加，西班牙大陆美洲的面积也不断扩大，每年他的珍宝船舰队都会成为公海上海盗的目标。

不愿遵从《托德西利亚斯条约》，因为该条约是在天主教教皇仲裁下，由两个忠实的天主教国家签订的产物。虽然西班牙人无力阻止这些不速之客进入他们的领地，但任何欲图深入西班牙大陆美洲的行动都遭到了坚决的抵抗。不过，西班牙新世界的财富不可避免地吸引着更为强悍的人们，他们来到加勒比，要对这一地区的利益染指一二。17 世纪早期，其他欧洲列强也试图在西印度群岛（Islands of the West Indies）上建立自己的前沿阵地。

在最初的几十年里，由于卡斯蒂利亚贵族执行"（托德西利亚斯）分界线外无和平"的政策，所以这些尚不稳固的定居点不断遭

1564—1751 年，西班牙征服菲律宾群岛

宿务岛（Cebu）是第一个被占领的岛屿，随后莱特岛（Leyte）、保和岛（Bohol）、内格罗斯岛（Negros）、马斯巴特（Masbate）和班乃（Panay）很快沦陷。到 1571 年，吕宋岛（Luzon）的大部分地区也落入西班牙人手中，马尼拉（Manila）被确立为首府。

吕宋岛
菲律宾群岛
马尼拉
民都洛岛
萨马岛
中国南海
马斯巴特岛
班乃岛
宿务市
莱特岛
巴拉望岛
内格罗斯岛
保和岛
宿务岛
三宝颜
棉兰老岛
南部与望加锡接壤
婆罗洲岛
苏禄群岛
西里伯斯海
太平洋
通往新西班牙总督辖区的阿卡普尔科
菲律宾海

1521 年 3 月 16 日，探险家麦哲伦（Magellan）在菲律宾群岛（Philippines）登陆。这个得名于国王腓力二世的群岛在经历了五次探险后被征服。在由米格尔·洛佩兹·德雷格斯比（Miguel Lopez de Legazpi）领导的第五次探险中，宿务岛被占领。在 1565—1570 年，征服者执行了有组织的吞并计划，后来菲律宾人签署了一份和平条约，使西班牙有效地控制另一个产金国家。由于这些财富无法向西运输（虽然葡萄牙的水手们从未抵达过菲律宾，但这一区域理论上属于该国），西班牙人只好开辟了"马尼拉大帆船"航线——东至阿卡普尔科（Acapulco），经由陆路到达韦拉克鲁斯（Vera Cruz），然后再返回西班牙。

纽芬兰岛
新斯科舍
圣劳伦斯河
乔治亚湾
安大略湖
休伦湖
伊利湖
苏必利尔湖
密歇根湖
密西西比河
圣奥古斯丁 1565 年
佛罗里达州
彭萨科拉 1698 年
俄亥俄比河
新奥尔良
阿肯色河

哈瓦那——加的斯的直航线
北大西洋
波多黎各
圣多明各 1496 年
伊斯帕尼奥拉
巴哈马群岛 1492 年
古巴岛
马坦萨斯 1693 年
哈瓦那 1515 年
牙买加岛
拜尔罗港 1597 年
加勒比海
西班牙无敌舰队航线到 1748 年

圣安东尼奥 1718 年
1580 至 1790 年西班牙新舰队航线
尤卡坦半岛
墨西哥湾
圣达非 1609 年
格兰德河
爱坡索 1659 年
科罗拉多河
萨卡特卡斯
韦拉克鲁斯 1519 年
墨西哥城（特诺奇提兰）1546 年
圣弗朗西斯科·坎佩切 1520 年
安提瓜岛 1542 年
阿卡普尔科
库利亚坎 1540 年
圣弗朗西斯科
北太平洋

马尼拉与阿卡普尔科之间的"大帆船"航线

到西班牙人的袭扰。但到了 17 世纪中期，法国和英国在加勒比地区的殖民地逐渐强大起来，可以击退外敌。不久，不断涌现的小港口就招待起那些劫掠西班牙航运的海盗们，其港口数量还相当之多。主要的安全锚地都是戒备森严的港口，如墨西哥的韦拉克鲁斯（Vera Cruz）、古巴的哈瓦那（Havana）和哥伦比亚的卡塔赫纳（Cartagena）。然而在 16 世纪末和 17 世纪，安全还是一个相当脆弱的概念，所有这些港口也都曾遭受海盗的洗劫。

因此，一些二流港口和贸易中心则更加不能幸免，如

波托西（Potosi）银矿发现于 1545 年，到 17 世纪晚期它仍是世界上最大的银矿。1580 至 1626 年，西班牙人从阿里卡港（Arica）运出了约 11 000 吨白银。采矿工作依靠奴役当地居民来完成，他们忍受着常人难以想象的苦难，为西班牙的哈布斯堡王朝做出了巨大贡献。

从 1778 年起，布宜诺斯艾利斯—加的斯航线

葡萄牙 托德西利亚斯条约分界线 西班牙

南大西洋

南太平洋

提艾拉福尔马—秘鲁航线

西班牙领土，1492 至 1650 年	到 1750 年的英国领土
西班牙领土，1750 年	到 1750 年的法国领土
西班牙边界，1750 年	到 1750 年的荷兰领土
葡萄牙领土，1500 至 1650 年	到 1750 年英国从西班牙手中夺取的领土
西班牙舰队贸易航线	到 1750 年法国从西班牙手中夺取的领土
	到 1750 年荷兰从西班牙手中夺取的领土

纳塔尔 1597 年　奥林达 1537 年
塞阿拉
累西腓 1563 年
马拉尼昂州
巴伊亚 1549 年
圣克鲁兹
圣路易斯玛卡特佐 1615 年
贝伦 1616 年
圣弗朗西斯科河
维拉里卡 1698 年
巴西高地
里约热内卢 1565 年
圣保罗 1532 年　圣维森特 1530 年
卡宴
帕拉马里博
圭亚那高地
乔治敦
小的列斯群岛
圣胡安 1511 年
特立尼达
马托格罗索高原
库马纳 1521 年
加拉加斯 1567 年
腊索岛
亚马逊盆地
内格罗河
普图马约河
马达拉河
巴拉那河
巴拉圭河
亚松森 1538 年
拉普拉塔河东岸区
卡塔赫纳 1533 年
迪奥斯港 1510 年
巴拿马 1519 年
圣菲波哥大（波哥大）1538 年
乌卡亚利河
丘基萨卡 1538 年
拉巴斯
波托西 1545 年
布宜诺斯艾利斯 1536 年
科尔多瓦 1573 年
埃斯梅拉达斯
基多 1534 年
瓜亚基尔 1535 年
库斯科
阿里卡 1537 年
安第斯山脉
国王城（利马）1535 年
卡亚俄 1537 年
安第斯山脉
圣地亚哥 1541 年
瓦尔帕莱索 1541 年
瓦尔迪维亚 1552 年
巴塔哥尼亚

坎佩切（Campeche）、圣多明各（Santo Domingo）、巴拿马地峡（Isthmus of Panama）的姊妹港迪奥斯港（Nombre de Dios）和拜尔罗港（Porto Bello）、太平洋沿岸的巴拿马城（Panama City）和加拉加斯（Caracas）都曾是海盗肆虐的目标。法国海盗和后来的荷兰海盗都是成功的劫掠者，不过在西班牙大陆美洲将海盗行为上升为战略高度的当属英国人。当西班牙战舰将英国的探险贸易船逐出自己的领地，像弗朗西斯·德雷克这样的船长就率舰船杀回西班牙大陆美洲伺机报复。不过这有什么值得大惊小怪呢？传说中阿兹特克人的金子只是中美洲和南美洲财富的一小部分，掠夺而来的财宝很快就千金散尽了。

宿务岛（Cebu）是第一个被占领的岛屿，随后莱特岛（Leyte）、保和岛（Bohol）、内格罗斯岛（Negros）、马斯巴特（Masbate）和班乃岛（Panay）很快沦陷。到 1571 年，吕宋岛（Luzon）的大部分地区也落入西班牙人手中，马尼拉（Manila）被确立为首府。

在哥伦布最初到访新大陆的仅仅 11 年后，西班牙人于 1503 年在海地（Haiti）的王港（Puerto Real）建立了最早的永久殖民地，这里不但是一处优良的天然海湾，更依傍银矿。加勒比海上许多较大的岛屿都有类似的矿藏，但它们都无法与南美洲蕴藏的巨大财富相提并论。在秘鲁的波托西，西班牙征服者聚集在一座银山之中，那里是世界上最丰饶的矿藏。该城始建于 1545 年，最初名为卡洛斯五世王城（Villa Imperial de Carlos V），以纪念神圣罗马帝国皇帝卡洛斯五世（Carlos V）。从那时起，西班牙人就开始将炼好的白银运回国，并一运就是 200 多年。17 世纪中期，波托西已拥有人口约 20 万，教堂超 86 所，位列世界最大、最富有的城市之一。

波托西（Potosi）的"白银山"是世界上最富有的银矿。被俘虏的印加奴隶通过山中的竖井来开凿原银矿，原住民病倒或死亡，西班牙人就从非洲进口奴隶。

不过，秘鲁的白银只是最惹人注目的冰山一角；厄瓜多尔（Ecuador）的黄金、哥伦比亚的绿宝石、委内瑞拉（Venezuela）的珍珠和墨西哥及加勒比群岛大量小型金矿和银矿中的财富也大量流入了征服者的口袋。塞维利亚（Seville）是西班牙大陆美洲的行政中心，其办公场所迅速扩张，成为当时最大的行政机构之一。西班牙的盖伦帆船几乎不会单独行动，而是作为大型护航舰队的一部分出航，因为仅仅几年之内法国的胡格诺派海盗（Huguenot Pirates）就成为了一种严重的威胁。每年珍宝船舰队从塞维利亚出发，都会动用几百人来保证出航的顺畅。

1530 至 1735 年，几乎每年都有舰队从西班牙驶往加勒比地区。舰队一旦驶过西印度群岛就会一分为三，一支驶向提艾拉福尔马（Tierra Firme），首先停

靠在拜尔罗港（Porto Bello）将秘鲁的白银装船，然后前往卡塔赫纳收集厄瓜多尔的黄金、哥伦比亚的宝石和委内瑞拉的珍珠。新西班牙舰队则前往韦拉克鲁斯港（Vera Cruz）去装载来自墨西哥矿藏中的白银，1571年西班牙占领菲律宾之后，横渡大西洋的"马尼拉大帆船"主要运输东方的丝绸、瓷器和香料等。第三支规模较小的洪都拉斯舰队停靠在现代洪都拉斯的特鲁希略（Trujillo），装载来自中美洲的靛蓝染料和香料。三支舰队装好货物后会在古巴的哈瓦那集结，然后在护航舰队的保护下返回西班牙。其余的舰队则装好货物与盖伦大帆船舰队会合。

　　南海舰队将秘鲁白银运送至巴拿马的太平洋港口，再从那里靠骡子驮过狭窄的地峡运输到加勒比地区的迪奥斯港（Nombre de Dios）。不过弗朗西斯·德雷克的几次袭击证明迪奥斯港根本无力对抗海盗，所以后来殖民地才从沿海岸地区迁至防御设施更加完善的拜尔罗港。马尼拉大帆船从菲律宾驶往墨西哥的阿卡普尔科。从这里，骡子再次派上用场，它们艰难跋涉，最后将货物运至西班牙大陆美洲和韦拉克鲁斯港。

　　到1550年，仅秘鲁波托西一地的银矿产量就超过了世界其他银矿的总和。

袭击伊斯帕尼奥拉岛（Hispaniola）上圣多明各的英国海上劫掠者。圣多明各始建于1496年，是西班牙在加勒比海上最早的行政中心之一，紧随其后的是尤卡坦半岛（Yucatan peninsula）上的坎佩切（San Francisco de Campeche）和委内瑞拉的加拉加斯。16世纪和17世纪，这三个城市都曾遭受海盗袭击。

白银的重量使运输它的西班牙盖伦帆船十分笨重，总是在水中摇摆颠簸，因此很难驾驭。在西班牙大陆美洲的海港中，这些船只由大量的防御工事和重型火炮保护，任何海盗船都难以靠近。不过一旦驶入大海，即使有护航舰队的护卫，这些船只也不堪一击，因此需要全副武装的大帆船来守护船上的珍宝。对大舰队发动袭击极具危险，但像弗朗西斯·德雷克这样的海盗却无所畏惧，他们每时每刻都在搜寻着满载珍宝的舰队。南海舰队由于广袤的南美大陆的阻挡而远离掠夺成性的加勒比海盗，相对安全一些，因此通常武装薄弱。不过德雷克用事实证明了他们的想法完全错误。他绕过合恩角，截获了一艘名为"卡卡弗戈"号的珍宝船，这一事件使德雷克声名鹊起，同时它也是历史上最激动人心的海盗征服事件之一。

胡格诺派教徒——法国的宗教海盗

在霍金斯（Hawkins）和德雷克这样著名的英国海盗游弋于西班牙大陆美洲的热带海域之前，法国私掠船就让它们的冤家对头西班牙损失惨重，并最先对其新世界的霸主地位发起挑战。1523年，西班牙与法国首次交战。当时西班牙运宝船或独自航行，或三三两两地在大西洋上结伴行驶，海面上风平浪静，没有一点危险的迹象。一艘法国私掠船的船长基恩·弗罗莱（Jean Fleury）碰巧

每年的西班牙珍宝舰队都是最吸引海盗的诱人目标。由于这些财富引燃了西班牙征服欧洲的战争欲望，所以法国、荷兰和英国的海盗们都将自己劫掠西班牙珍宝舰队看作是一种爱国行为。

在西班牙海岸附近遇上了三艘从新世界返回的珍宝船。短暂的交战后弗罗莱将它们俘获,船舱里满载的奇珍异宝使他目瞪口呆。其中有阿兹特克人的珐琅彩金和翡翠、各种金银饰品、绿宝石、珍珠和珍稀奇异的野生动植物。这些偷来的宝物正打算运往西班牙。这位私掠船船长——不久之后的法国国王——就意识到西班牙的美洲殖民地为其提供的财富可能远远超出了其欧洲对手的想象。

法国没有参与1494年的《托德西利亚斯条约》,法国瓦罗亚王朝国王弗朗索瓦一世(Francis Ⅰ,1515—1547年)因此拒绝承认西班牙对新世界的统治权。因此当该地区的巨额财富大白于天下,法国国王就下令对西班牙船只及其在加勒比海地区的殖民地发动袭击。

法国国王发出了劫掠特许,它保证国王会享有一份私掠船所获得的利益。然后,法国私掠船开始在欧洲水域和新世界水域上对西班牙船只发起攻击。此外,他们还沿非洲西海岸袭击葡萄牙船只。单独行动又不堪一击的珍宝船由于接连遭受突然袭击损失惨重,这警醒了西班牙人,他们设立了一年一度往返于新世界和母国的护航舰队,即我们所知的西班牙珍宝舰队——一个在航海史上无可匹敌的组织。不过尽管西班牙采取了防御措施,但法国的海盗袭击仍在继续,他们使用体形更小、更灵活的船只协同阻断一艘行动迟缓的西班牙大帆船与护航舰队的联系,使其失去保护。不过法国人也并非战无不胜——1527年

当代的木版画对法国给西班牙大陆美洲带来的浩劫进行了描绘。一支轻武装西班牙护航舰队（上图）在哈瓦那附近遭遇胡格诺派的火炮袭击，胡格诺派海盗在一次两栖攻击中烧毁了城市（下图）。中型艇上满载战利品（前景），向等待在远处的法国大帆船驶去。

基恩·弗罗莱被俘，并被当作海盗送上了绞刑架。

在珍宝舰队成立之前，船只会源源不断地将财富运至大西洋彼岸，而庞大的护航舰队基本上每年只能往返大西洋一次。因此，西班牙人就必须在陆地上建造宝藏室，从而为每年的珍宝舰队做好准备。由于可袭击的海上目标减少，法国人又盯上了西班牙大陆美洲的港口。当时西班牙的藏宝室防御很差，基本上不堪一击，因此法国的私掠船给加勒比海地区造成了严重的破坏。

波多黎各（Puerto Rico）遭到洗劫，委内瑞拉海岸玛格丽塔岛（Island of Margarita）附近的珍珠河床也未能幸免。西班牙很快召来专家，开始设计建造主要城市的大型防御工事。法国人也提高了赌注。16世纪40至50年代，最初的零星袭击逐渐升级为法国海盗舰队的两栖攻击。哈瓦那在毫无准备的情况下遭袭。1544年，根据一个西班牙叛徒提供的信息，法国人找到了通往卡塔赫纳的秘密通道，这座防御森严的城市被攻陷。该城被洗劫一空后夷为平地，而法国则趁机发了一笔横财。1544年法国与西班牙缔结的和平协议未能终止这些劫掠行为，西班牙的查理五世对亨利二世（Henry Ⅱ，1547—1559年在位）失去了耐心，1552年两国重新开战。然而，法国也被席卷全国的新教革命搞得焦头烂额，其领导者就是宗教改革者胡格诺派。虽然笃信天主教的法国国王面临着胡格诺派的威胁，但法国许多主要的贵族皈依了新教，这进一步恶化了法国与西班牙皇权之间的关系，16世纪后半叶，胡格诺派的权力不稳，后被逐出法国。结果，他们漂洋过海前往很多不同的目的地，其中也包括美洲。最初抵达的胡格诺派就是海盗，他们将满腔怒火都发泄到可恶的、信仰天主教的西班牙人身上。最早的行动之一发生在西班牙前往新世界的出发地——加那利群岛（Canary Islands），法国胡格诺派海盗弗朗索瓦·克莱克（Francois le Clerk）——人们所熟知的"木腿"——给当地造成了大破坏。1553年，他们又洗劫了伊斯帕尼奥拉岛（Hispaniola）沿岸，第二年则疯狂地劫掠了古巴的圣地亚哥（Santiago）。

1555年是哈瓦那的转折点，当时胡格诺派海盗第二次占领该城，并索要赎金。这次袭击的头目是克莱克的一位副将——雅克·德·索瑞斯（Jacques de Sores），他在法国摧毁哈瓦那及其周边乡村时所展现出的残忍冷酷简直令人惊骇。到16世纪50年代末，法国私掠船似乎可以在整个加勒比海上肆意纵情地为非作歹，却不会遭到任何惩罚；但在16世纪60年代，国内的宗教战争拖垮了法国，也打破了法国进一步袭击加勒比海地区的计划。在这段期间，新继位的西班牙国王腓力二世（Philip Ⅱ）迫于压力不得不将珍贵的财力用于加强西班牙大陆美洲港口上的防御工事上。加斯帕尔·德·科利尼（Gaspard de Coligny）是最资深的法国海军上将、虔诚的新教徒、也是法国国王查理九世（Charles Ⅸ，1560—1574年在位）的朋友，在他的权力与影响下，16世纪70年代来自胡格诺派的压力再度升级。

科利尼出资赞助了一次在美洲建立殖民地的探险活动，1564 年流亡的新教徒在佛罗里达北部的大西洋沿岸建立了一个根据地，其具体地点位于圣约翰河（St. Johns River）南岸的卡罗琳堡〔Fort Caroline，靠近今天的圣奥古斯丁（St. Augustine）〕。这位海军上将对于这些强悍定居者的身份有着清楚的认识——当然不是真正的殖民地拓荒者——科利尼提到他们时说道："他们不是真正的土地耕作者，而是充满冒险精神的绅士、英勇无畏的战士、永不满足的商人，他们渴望新奇的事物，追逐着财富的梦想。"这种移民显然是为了给胡格诺派教徒袭击西班牙人的港口和航运提供一个海盗基地。不幸的是，对于胡格诺派教徒的事业来说，这些绅士并非合格的战士，他们的战斗力无法与这一区域西班牙人新组建起来的军队相匹敌——佩德罗·门内德兹·阿维莱斯（Pedro de Menéndez de Aviles）的军队。

无情的帝国守卫者

胡格诺派海盗的入侵使腓力二世十分担忧其在新世界财产的安全，这些财富对于西班牙实现在北欧和地中海盆地的政治抱负至关重要。因此，国王需要一个强悍的人来摆平这种状况，因此任务就落在了贵族佩德罗·门内德兹·阿维莱斯的身上。他拥有几艘船，和他的兄弟巴托洛梅（Bartolome）往返于旧世界与新世界之间从事贸易活动，因此对西印度群岛和加勒比地区并不陌生。1562 年 4 月，门内德兹挂帅一年一度的珍宝舰队总司令（海军上将），离开西班牙。与他随行的还有一个国王派出的调查团，对西班牙大陆美洲的防御问题进行研究并在回程时提交调查结果。

他的命令也包括如下的警示："在西印度群岛的航线上行驶着伺机抢劫过往船只的法国、英国和苏格兰海盗船。"因此他建议对俘获的所有海盗进行严厉惩罚。不幸的是，1563 年 6 月这位总司令回到西班牙时，却发现自己置于争议的旋涡之中。他的船只随护航舰队一起返回，批评者对其货物舱单的真实性提出了质疑，他被指控从事走私勾当。而对他的门徒寄予厚望的腓力二世写信给塞维利亚的官员，要求彻查事件的真相，以还这位海军上将的清白。

同时，门内德兹向国王呈递了他的安全报告，声称许多重要的珍宝港口存在着严重问题，这些问题在哈瓦那和卡塔赫纳尤为突出。

他建议由灵活的盖伦船组成的小舰队留守这一区域，在海盗可能会出现的路

西班牙探险家胡安·庞塞·德·莱昂（Juan Ponce de Leon）是首位踏上北美大陆的西班牙人，他于 1513 年 4 月 2 日在未来的卡罗琳堡与圣奥古斯丁之间的某地登陆。他将自己发现的佛罗里达命名为"鲜花之境"（Land of Flowers），并宣称该半岛的主权归属西班牙。法国胡格诺派教徒的到来及其修建的卡罗琳堡（上图）是让西班牙人永远饮恨的耻辱。

乔治亚州

在美洲的胡格诺派教徒

卡罗琳堡

圣奥古斯丁

圣约翰斯河

法国舰队在
今天的代托
纳比奇附近
被击沉

大西洋

佛罗里达州

皮斯河

奥基乔比湖

墨西哥湾

大巴哈马岛

弗里波特

阿巴科岛

新普罗维登斯岛

安德罗斯岛

基韦斯特

佛罗里达群岛

佛罗里达海峡

哈瓦那

线进行巡逻。不过他最具洞察力的意见可能是西班牙应在佛罗里达的大西洋沿岸构筑带有防御工事的定居点，因为这将是保护返回西班牙的珍宝舰队的最佳地点。

腓力二世介入走私事件使塞维利亚方面深感不满，门内德兹的审判官也对他正式提起控告。为简化事情，他对犯罪事实供认不讳，后来被逮捕，并于1564年1月被判有罪。随着愤怒情绪逐渐平息，他的审判官罚了他一笔钱，门内德兹获释。在审判过程中，噩耗传至塞维利亚——他的儿子在伊斯帕尼奥拉岛附近发生的沉船事故中失踪，同时失事的还有他的几艘船。除了个人损失之外，暴风雨和罚金也耗尽了门内德兹的钱财，不过国王又抛给他一根救命稻草。有消息传来，法国在佛罗里达的大西洋沿岸建立了一个殖民地，这几乎与门内德兹送给西班牙的建议不谋而合。腓力欲图找人核实这条令他心神不宁的信息，也希望有人能为他排忧解难；于是他计划再次资助这位总司令，并为他备好了船只、军队和金钱。这次探险的目的就是在佛罗里达建立一个带有防御工事的定居点，并以此作为基地袭击法国人。在加的斯（Cadiz），2000名士兵、水兵与当地约600名移民一起，于1565年6月驾乘30艘船驶往佛罗里达。一场暴风雨冲散了舰队，但门内德兹率领五艘船和600人继续前进。9月，当西班牙人抵达法国人的殖民地卡罗琳堡，腓力最大的担忧得到了证实。门内德兹很快意识到这里的防御固若金汤，他的部队所剩无几，根本无法发起攻击，因此他又向南行驶了一小段距离，在"一个良港"登陆，建立一个殖民地，并其命名为圣奥古斯丁。设立好基础的防御设施后，法国人就驶出港口寻找途经的西班牙人，但由于风力加强，他们无法回港。随着暴风雨逐渐减弱，门内德兹抢得先机，他亲率500人向北深入佛罗里达的沼泽地，从陆侧对此时防御松懈的法国人的港口发起攻击。胡格诺派教徒惊讶万分而又无力抵抗，因此几乎被屠杀殆尽，仅有部分人得以脱逃。门内德兹将一支守卫部队留在卡罗琳堡（后更名为马特奥堡）后，又向圣奥古斯丁以南的地方进发，去搜寻在暴风雨中幸存下来的法国人。在靠近今天的代托纳（Daytona）附近，他在海滩上俘获了约200名法国水手。他对他们毫无怜悯，所有囚犯都被处决。

两星期后，这位西班牙总司令捉到了那些从卡罗琳堡逃走的胡格诺派教徒，其中还包括科里尼将军（de Coligny）手下新抵达殖民地的领袖让·里博（Jean de Ribault）。门内德兹在他们巨大的墓碑上写着"不为法国人，只为异教徒"。门内德兹的行为受到了赞赏，他被任命为哈瓦那总督，皇室对他更加青眼有加。

由于采用了从陆侧袭击卡罗琳堡的方式，冒险家、工程师和高超的海盗猎手门内德兹·阿维莱斯（下图）出其不意地夺取了只有少量驻军的法国港口。这幅插图的左侧是印第安战士。后来，门内德兹与当地部落建立了良好的关系，但是否有人加入了他的部队参加战斗我们还不得而知。

法国人对西班牙垄断新世界的行为进行了有组织的抵抗，而门内德兹血腥残忍的策略却粉碎了他们的计划。在此之后，只有英国海盗还在继续破坏西班牙美洲大陆上的商业活动。

伊丽莎白女王的海上流浪者

从 16 世纪 50 年代中期开始的 30 年间，新世界成为了一系列袭击活动的目标，西班牙船只和海岸殖民地遭到劫掠。德雷克和约翰·霍金斯爵士等船长的绰号是"海上流浪者"或"海狗"，他们以英国伊丽莎白女王（1558—1603 年）之名袭击西班牙船只，成为了英国的民族英雄。

对于西班牙人来说，这些海上劫掠者只不过是一群海盗，任何被俘获的人都更可能像普通罪犯那样面对刽子手的绞索，而不会像贵族那样以剑来结束生命。

在 16 世纪 70 年代之后的 20 年间，英国人陆陆续续地深入加勒比海地区进行探险，且人数不断增多，其目的是袭

在与西班牙腓力二世的战争中，"童贞女王"伊丽莎白一世随时准备采取手段迎敌，其中也包括制裁——虽然常常是秘密的——海盗。

击西班牙航运和劫掠村庄。英国的政治理由就是必须阻止财富源源不断地从新世界流入西班牙，从而打击西班牙在欧洲的野心——就在 1588 年，腓力二世的无敌舰队试图征服英国，因此英国人对西班牙没有什么好感。然而，女王对德雷克最初的袭击行动根本一无所知，也并未予以准许。很可能是伊丽莎白一世秘密宽恕了他的行为，并在 1577 年之后以自己的名义为其探险活动提供了资金支持，但她并未公开发表特许信件；无敌舰队铩羽而归之前，每次提到袭击西班牙的话题，女王都予以否认。

伊丽莎白女王的这些海上流浪者们的法律地位因时而变；霍金斯和德雷克一时是合法的私掠船长，下一时又变成了海盗。德雷克于 1579 年在"卡卡弗尔"号（Cacafuego）上被俘，他告诉该船的船长，他是"受英国女王之命前来劫掠的"。与此同时，伊丽莎白也乐于将德雷克称为自己的"海盗"。在抗击西班牙无敌舰队时，德雷克和他的伙计弗罗比舍（Frobisher）和霍金斯就扮演着英国海军的角色，事实上，他们也是这个成功组织的先驱。然而，正是约翰·霍金斯，一个将商业、战争、海盗行为与国家防御结合在一起的人，一个在不同时期充当过奴隶贩子、海盗、海军大臣和民族英雄的人，成为了伊丽莎白女王的第一名海盗。在打破西班牙大陆美洲垄断的过程中，他领导的海盗袭击为后来英国攻击西班牙的海外帝国奠定了基础。

约翰·霍金斯爵士——商人、海盗与英雄

约翰·霍金斯是一个别有风趣的人物，也是伊丽莎白一世时期混杂的道德观的典型范例。他由于在重组后来摧毁西班牙无敌舰队的英国海军的过程中尽

加勒比海上的战争（86 页左上图是
1586 年弗朗西斯·德雷克劫掠卡塔赫
纳港的情景）只是更大画卷上的一部
分。西班牙欲图使英国臣服在自己的
麾下，于是 1588 年腓力二世派出了
他的无敌舰队（左图）。不过，虽然大
举入侵给英国各岛造成了恐慌，但最
终无敌舰队被英国海军击溃却是这场
旷日持久的战争中最具戏剧性的一幕。
其中加勒比海上的大部分战斗都是由
伊丽莎白女王的海盗们来执行的。图
中描绘了袭击卡塔赫纳港时的几个战
斗阶段。在图中我们可以看到，英国
舰队正进入内湾，而陆地部队正在猛
攻城墙。

心竭力而被授予爵位，但他早年的探险经历均属公然的海盗行动，因此给许
多后来者带来了负面的启示。而他自己的影响也近在咫尺，就来自于他的父
亲。1532 年，约翰·霍金斯生于德文郡的普利茅斯港，那里位于英国的西南部，
以海事活动而闻名。他的父亲威廉（William）是普利茅斯最富有的商人之一，
他有一次曾吹嘘自己的年收入可达 150 英镑，而当时这个富庶港口的总收入
每年也只有 63 英镑。身为普利茅斯的市长大人，威廉似乎在经济上获益良多，
因为当时国王亨利八世（King Henry Ⅷ）下令解散了富得流油的罗马天主教
修道院。

　　自打效忠国王以来，威廉表现出色，他接到"骚扰国王的敌人"的命令，
取得了捕拿特许证，从容地游走于合法身份与海盗之间。威廉组织了一支私掠
船舰队，他在葡萄牙占领的非洲和西班牙大陆美洲之间的频繁航行更多是为了
从事和平贸易。同时，与西班牙各省之间的贸易也未被禁止，但任何交易都必
须得到塞维利亚当局的准许，而这一做法则是在尽力维持新世界的贸易垄断。
不久，年轻的霍金斯从他的父亲那里了解到，避开官方航道是在西班牙大陆美洲
从事贸易的最明智方式，在他自己率船出航时，他意识到非法贸易所带来的利润
远远大于它的风险。

　　在为未来的事业积极准备之时，约翰于 1560 年后不久前往伦敦。在那里，
他与海军财务大臣本杰明·刚森（Benjamin Gonson）的女儿结为夫妇。他的
岳父为这个年轻人广开门路，不久他就接触到了一个由官员和富商组成的大财
团，其中包括刚森、威廉·温特（William Winter，后被授予爵位）、海军总监
察长和军械官等，此外还有在非洲黄金海岸从事黄金贸易的"几内亚商人探险

墨西哥、秘鲁和玻利维亚的黄金白银
在运往西班牙之前被铸成金币和银币。
上图的两枚硬币就是西班牙古金币
（上图）和西班牙古银币（下图），它
们是西班牙比索的前身。大量的西班
牙古金币被装载在珍宝船的船舱中横
渡大西洋，其中很多落入了海盗之手。

家"托马斯·洛奇爵士（Sir Thomas Lodge）和莱昂纳·达克特爵士（Sir Lione Duckett）。

除了冶金方面的兴趣外，达克特还是一个服装生产商、自来水厂厂主和伦敦市市长。威廉·温特也是一位持有特许证的私掠船长，由皇室提供资金资助，他的船在驶往西非的途中袭击法国船只。短短几年内，霍金斯就跻身他的支持者——像莱斯特伯爵（Earl of Leicester）罗伯特·达德利（Robert Dudley）和彭伯克伯爵（Earl of Pembroke）亨利·赫伯特（Henry Herbert）——这样的政治要员行列。

毫无疑问，由于洛奇、达克特和温特为他提供信息，1562 年 10 月，霍金斯带着四艘船开始了首航，前往西非和几内亚海岸。他的计划是在现在的塞拉利昂（Sierra Leone）捕获一些当地人，然后横渡大西洋，将他们运到加勒比海地区贩卖为奴隶。在实施计划的过程中，他与葡萄牙和西班牙政府发生了冲突。不过霍金斯早已与生活在加那利群岛上的、热那亚后裔的重要家族成员佩德罗·德·庞特（Pedro de Ponte）取得了联系。在某种意义上来说，庞特本身也是个海盗，他全然不顾《托德西利亚斯条约》的规定，劫掠葡萄牙人的船只并将战利品卖到伊斯帕尼奥拉岛和牙买加。在庞特的帮助下，霍金斯得到了一位深谙非洲海岸的驾驶员，一个来自塞维利亚名叫胡安·马丁内斯（Juan Martinez）的西班牙叛徒。他们从海岸附近搜罗了近 400 名奴隶，此外还登上两艘葡萄牙贩奴船，掠夺他们的奴隶。如前所述，由于土著居民几乎差不多死伤殆尽，所以加勒比海地区的西班牙移民非常渴望得到新的劳动力。因此当霍金斯抵达伊斯帕尼奥拉岛，就很轻松地将他的奴隶卖到了一些小城镇，因为那里远离西班牙主要的殖民地圣多明各。他用奴隶换来了珍珠、金银、兽皮、糖和一些其他奢侈品，这次行动带来了丰厚的利益，也证明了海盗行为——从葡萄牙人那里掠夺奴隶——可以增加他们的利润。

次年，霍金斯再次进行了探险活动，这一次，他带上了他的表弟——弗朗西斯·德雷

84

克。　第二年，英国与西班牙两国关系恶化，西班牙国王下令禁止了一切与英国商人的贸易活动。不过霍金斯没有被吓退，他又策划了一次经由西非前往加勒比海地区的贩奴之行。伊丽莎白一世也是他的靠山之一，她还将战舰"吕贝克的耶稣"号借给了霍金斯。1564年，霍金斯从普利茅斯出发，几个月后抵达委内瑞拉海岸附近的西班牙殖民地，尽管遭到了当地西班牙官员的阻止，他还是在一个名为里奥阿查的小港（Rio de la Hacha）将奴隶售出。从这些奴隶身上他又大赚一笔后，1565年9月，霍金斯安全返回普利茅斯。西班牙人为之震怒，敦促伊丽莎白女王不要再进行类似的侵犯他人利益的航行。女王表面允准，而私下里继续秘密支持霍金斯，而后者于1566年再次制订了新的航行计划。由于霍金斯没能参与，所以该计划最后以失败告终。

　　1567年10月，霍金斯率领包括"吕贝克的耶稣"号在内的五艘船踏上了又一次贸易航行之旅，随行的还有德雷克。像往常一样，他袭击了葡萄牙人的贩奴船，掠夺船上的奴隶，然后再横渡大西洋。不过抵达里奥阿查港后，当地官员拒绝与这个英国人进行交易，直到霍金斯火烧部分城镇并俘虏了人质，他的要求才得到满足。1568年9月，由于遭遇暴风雨袭击，霍金斯不得不前往戍卫着维拉克鲁斯港（Vera Cruz）的圣胡安·德·乌卢阿（San Juan de Ulúa，见94页地图）"水上"堡垒。由于这里储藏着比世界上任何地方都要多的白银、黄金、宝石和奇珍异宝，所有海盗都对它垂涎三尺。当然，这里守卫森严。在一系列建于洼地沙洲的近海堡垒中，在霍金斯发起攻击前最新投入使用的就是圣胡安·德乌卢阿堡。这些英国人不得不杀出一条血路，却只有霍金斯和德雷克的船逃了出来。霍金斯丢下了女王的旗舰、大多数船员和全部战利品，总算保住了一条命。这场灾难宣告霍金斯的贸易探险从此终结；而德雷克接替他的表兄走上了同一条道路。

　　1577年，霍金斯成为英国海军的财政大臣，他开始重组海军，这支海军在十年后与西班牙无敌舰队的交战中大获全胜。

　　1588年，霍金斯获封爵士并被委任为海军行政长官，同年率领一支舰队迎战西班牙无敌舰队。1590年，他试图在亚速尔群岛（Azores）附近袭击从新世界返回的西班牙珍宝舰队，但却无功而返。看样子他似乎威风不再了，在1595年霍金斯的最后一次探险中，这位63岁的司令官与德雷克在西班牙大陆美洲的

圣胡安·德乌卢阿堡保护着韦拉克鲁斯港，它的城墙令人望而生畏。1568年，在冲击城墙的过程中，约翰·霍金斯（见84页）他的表弟弗朗西斯·德雷克侥幸逃脱，不过其船员伤亡惨重。

弗朗西斯·德雷克爵士劫持的西班牙珍宝比其他任何私掠船长都要多。据估计，如果将他从"卡卡弗戈"号上抢劫的战利品折成现值，总价将超过100亿英镑。

凭借着阿拉伯人的智慧，欧洲航海家在海上用于确定船只位置的仪器获得了进一步发展。据说这个仪器属于德雷克，其制造者是伊丽莎白时期的顶级仪器发明家——汉弗莱·科尔（Humphrey Cole）。它可为水手提供许多城市的纬度和用来计算纬度的日晷和月晷；不过这也说明人们当时仍无法掌握船只所在的经度。

一次联合突袭中发生了争执。当英国船只停泊在波多黎各的圣胡安港时，霍金斯卒于他的旗舰之上。

西班牙美洲大陆上的瘟神

无论是作为海盗还是民族英雄，弗朗西斯·德雷克爵士都可能是伊丽莎白时期最著名的英国水手。他的绰号是"西班牙美洲大陆上的瘟神"，他从西班牙人的"卡卡弗戈"号上掠夺了有史以来数额最大的一笔珍宝。1540 年德雷克生于普利茅斯，他的父亲是一位清教徒牧师。1566 年和 1567 年，他曾两次随表兄约翰·霍金斯扬帆远渡。在第二次探险中，霍金斯让德雷克负责看管俘获的战利品，但次年他的船在与霍金斯小舰队的其他船只一起在圣胡安·德乌卢阿（San Juan de Ulua）遇险。虽然这次探险在经济上蒙受了巨大损失，但德雷克却从中看到了西班牙大陆美洲的潜力，他的心中也升腾起对西班牙的无限怒火。这位 27 岁的水手发誓要凭借一己之力与西班牙人斗争到底，他的努力也为他赢得了"龙"的绰号。

1570 年德雷克首次以自己的名义前往西班牙大陆美洲进行探险，在接下来的几年中，他两度前往那里。霍金斯通常边搞突袭边做生意，但德雷克与他的表兄不同，他从不从事正常的贸易活动，而更乐于袭击西班牙人的港口或在他所声称的、受女王陛下之命进行的准合法私掠战争中掠夺战利品。

1572 年的探险让德雷克看到了成功的希望，同年 7 月 29 日他率领两艘船

巴拿马地峡和卡米诺里尔

老巴拿马城—农布雷—德迪奥斯路
拜尔罗港—巴拿马路
农布雷—德迪奥斯路—拜尔罗港公路
巴拿马—拉斯克鲁塞斯路
戈尔戈纳小道
西班牙舰队贸易路线

从哈瓦那到圣多明各的往返路线

从卡塔赫纳到加拉加斯的往返路线

加勒比海

达连湾

最初的卡米诺里尔（黄金大道）建于1530—1550年，连接农布雷—德迪奥斯和老巴拿马城。在1572年、1573年和1593年遭到德雷克的袭击后，西班牙舰队的终点站迁至更易防守的拜尔罗港。1597年之后，卡米诺里尔连通了拜尔罗港和老巴拿马城。
1671年，亨利·摩根（Henry Morgan）摧毁了老巴拿马城。这座新巴拿马城建于其西侧8公里处，一条新的黄金大道使其与拜尔罗港相连。

17世纪，英国的私掠船使得卡米诺里尔的北部水域危险重重，因此前往秘鲁获取黄金和白银的最佳途径就是沿拉斯克鲁塞斯小道（Las Cruces）到达查格雷斯河，然后乘船抵达查格雷斯，再沿海岸来到拜尔罗港。克鲁塞斯和戈尔戈纳岛之间的交通方式意味着重载物品不能使用拉斯克鲁塞斯公路，而要前往戈尔戈纳岛的河流。

拜尔罗港
波奎隆
圣胡安河
派奎尼
查格雷斯河
圣胡安
查格雷斯河
查格雷斯
巴拿马地峡
克鲁塞斯
戈尔戈纳
西里
巴拿马地峡
查格雷斯河
老巴拿马城
巴拿马
普韦布洛

秘鲁—特拉菲尔梅
西班牙舰队路线，至1746年

太平洋

大西洋
墨西哥湾
哈瓦那
坎佩切
加勒比海
韦拉克鲁斯
卡塔赫纳
太平洋
巴拿马

和随行的73人占领了达连半岛（peninsula Darien）上的迪奥斯港（Nombre de Dios）。不久，在英国人抵达国王的宝库之前，西班牙人的援军从巴拿马赶来。战斗十分激烈，双方损失惨重，德雷克也受了伤。不过他的伤势不重，他又率人撤到了海滩的轻型帆船上，银条和其他珍宝都没有带在身上。德雷克并没有因为这次挫折而胆怯，他又顺流而上抵达卡米诺里尔。在那里，他试图伏击每年负责将秘鲁白银从巴拿马城运过地峡的骡队。不过西班牙政府对这次袭击早有警惕，因此在周围的沼泽地布下陷阱，准备捉拿这些英国伏兵。

这位勇猛强悍的船长再次被击退，他驾船败逃，休养生息，重整旗鼓。在这一年剩下的时间里，他与法国的胡格诺派海盗结盟，并为第二年制订了计划。1573年4月1日，德雷克再次袭击迪奥斯港，他的英法联军在数量上占有优势，因此大获全胜。装载珍宝的骡车队在海港外被劫持。这一次，他们卷走了能带上的一切。

德雷克带着战利品返回英国，却发现他并不受待见。当时英国和西班牙正处于名义上的和平时期，西班牙国王的大使将他1572年的袭击行为斥为海盗活动。伊丽莎白女王进退维谷，拒绝宽恕他的所作所为，因此德雷克在接下来的两年多时间里不得不过着畏首畏尾的生活。

然而，在伊丽莎白女王的朝臣中，更多人对德雷克成功的突袭持赞同意见，他们确信女王陛下的内心中仍对她的这位"海盗"怀有秘密的赏识之情。无论如何，1577年，他再次被迎回朝堂，女王私下里赞助了他新一次的探险活动。同年底，德雷克再次踏上航程，这次他指挥着五艘帆船，两艘补给船和包括旗舰——三桅的"金鹿"号——在内的三艘战船。他的计划雄心勃勃，要深入太平洋，在西班牙人最薄弱的地方出其不意地打击他们。沿非洲海岸行驶后，舰队横渡大西洋，抵达南美洲，然后折向南方，沿南美大陆的东海岸行驶。然而，灾难在合恩角降临，当时一些船只在暴风雨中倾覆，其他船只只好返回家乡。只有"金鹿"号形单影只地沿着南美洲的太平洋沿岸向北行驶，并在智利洗劫了瓦尔帕莱索。

再从合恩角到瓦尔帕莱索的途中，德雷克还遭遇了几场猛烈的暴风雨，不过疾风骤雨竟然给这位私掠船长带来了好运气。在对船帆和索具进行了临时修补后，他所遭遇的西班牙人居然没有认出"金鹿"号是一艘海盗船，因此不幸地成为了德雷克的猎物。1578年春，当德雷克悄悄驶过麦哲伦海峡，他成为了第一位完成该项壮举的私掠船长，而且他的到来完全出乎西班牙政府的意料。除此之外，漫长而复杂的海岸线被安第斯山脉所阻，这使得西班牙政府的信息交流十分迟缓。在这一年的时间里，德雷克总是在人们毫不知情的情况下突然出现。他

一幅现代的木版画描绘了德雷克的"金鹿"号袭击"卡卡弗戈"号的情景。当德雷克1580年返回英国时，有关他探险的消息增加了人们对他的敬仰之情，许多小册子上的插图都似乎在满足公众的需求，当然这些插图所展现出的气魄与神韵远远大于其真实性。

劫掠了一艘西班牙战船，1579年初洗劫了秘鲁的主要港口卡亚俄（Callao）（靠近利马）。虽然他抢到了一些战利品，但真正有价值的还是消息。德雷克了解到12吨的珍宝船"感孕圣母"号（Nuestra Señora de la Conceptión）刚刚离开卡亚俄驶往巴拿马城，在那里船上的珍宝和重要乘客将跨越地峡，前往迪奥斯港，然后再从那里回到西班牙。

虽然"感孕圣母"号起了一个恰当的天主教名称，但船上的水手更愿意用更加通俗的名字来称呼她——"卡卡弗戈"号（其字面的含义就是"喷火"）。这个绰号可能并不怎么合适，因为虽然海盗在几十年的时间中始终滋扰着西班牙大陆美洲，但西班牙船长认为太平洋仍是安全的，他们觉得自己不会遭遇海匪，因此大多数船只充其量仅装配了轻型武器就出航。经过几天胶着的追赶，3月1日，"金鹿"号的桅楼守望员在厄瓜多尔的埃斯梅拉达斯望到了他们的猎

掠夺"卡卡弗戈"号

"金鹿"号满载战利品继续前行——沿北美洲海岸向西北方向航行，前往圣弗朗西斯科附近，然后又向正西方行驶，德雷克开始了他的环球航行。

■ 到1570年时的西班牙领土
— "金鹿"号的航线
— 西班人的主干道

3月，德雷克在埃斯梅拉达斯赶上了航速缓慢的"卡卡弗戈"号，在仅发射了几枚炮弹后，他就夺取了船上的战利品。

物。德雷克想在夜幕降临后动手，因为当时才刚刚过了正午，他需要放缓航速。但是如何才能做到这一点呢？降帆肯定会引起"卡卡弗戈"号船长的怀疑，德雷克可不想失去出其不意这点优势。他吩咐手下将红酒箱系上链子，然后从船侧放下去，从而起到船锚的作用。这样，它们的阻力就可以拉低船速，而无须降下船帆。

大约9个小时之后，"金鹿"号与"卡卡弗戈"号齐头并进。"卡卡弗戈"号的船长还以为自己遇到的是西班牙船只，因此直到德雷克的人蜂拥上船时仍毫无警惕，西班牙船员很快举手投降。然后，这位英国私掠船长带着两艘船消失在了大海深处。当海岸线消失后，他对这些俘虏们以礼相待，好酒好菜地款待了船上的官员和尊贵的乘客。第二天，他在埃斯梅拉达斯附近放走了这些俘虏，一些人甚至还收到了与他们品阶相符的礼物。

将抢来的战利品运到"金鹿"号上花费了整整三天时间，这些西班牙宝物的数量之巨由此可以窥见一斑。一位西班牙年轻人在获释时开玩笑说，现在"金鹿"号可以更名为"卡卡弗戈"号了。3月6日，两艘船各自踏上航程，"金鹿"号开始了漫长而危险的返乡之旅。德雷克不想按来时的航线返程，因此他沿美洲的太平洋海岸线而上，抵达加利福尼亚，然后于7月向西横渡太平洋。在历经了马拉松似的环球航行后，德雷克于1580年9月26日返回普利茅斯。

没有人清楚他所带回的、惊人的战利品究竟价值几何。只有德雷克知晓这些宝物的数量，而伊丽莎白女王也不许他向任何人吐露实情。"卡卡弗戈"号的货舱中似乎还装载着大量的贵重物品，而这些物品并未列入载货清单，它们很可能是女王在投资者的股份之外额外

北大西洋

迪奥斯港　卡塔赫纳
老巴拿马城　新格拉纳达
提艾拉福尔马
布埃纳文图拉

埃斯梅拉达斯
基多
曼塔
瓜亚基尔
通贝斯

亚马逊河

特鲁希略

秘鲁总督区

卡亚俄
国王城（利马）
库斯科
拉巴斯
阿里卡
波托西

1579年初，卡亚俄被洗劫。德雷克得到有关"卡卡弗戈"号珍宝船的消息，驶往巴拿马追踪目标。

德雷克由五艘船组成的小舰队从非洲出发，横渡大西洋，1577年末抵达南美洲海岸。

亚松森

科尔多瓦
瓦尔帕莱索
圣地亚哥
布宜诺斯艾利斯

1578年，德雷克袭击瓦尔帕莱索

南大西洋

两艘船在猛烈的暴风雨中沉船，这迫使除德雷克的"金鹿"号之外的所有船只折返英国。1578年春，德雷克驶过麦哲伦海峡（Strait of Magellan）。

南太平洋

福克兰群岛

麦哲伦海峡

89

留出的一部分。德雷克声称，每个投资者投入的每 1 英镑都收到了 47 英镑的利润，所以即使是女王陛下非法留存了一部分珍宝，这仍是一笔丰厚的巨额回报。真正的价值成了永远的秘密；塞维利亚的官员们上报的损失为 36 万英镑，但这并没有将未列入清单的珍宝计算在内，也不包括从"卡卡弗戈"号上富有的乘客那里抢夺的贵重财物。这次航程使德雷克声名鹊起、腰缠万贯，女王也对他青睐有加。1581 年，德雷克被封爵。

五年后，德雷克提议再次袭击西班牙大陆美洲，并得到了皇室的支持。英国精英阶层蜂拥而至，纷纷为德雷克的探险投资，在大财团的名单中，一些响当当的人物都赫然在列。其中，莱斯特伯爵（Leicester）、什鲁斯伯里伯爵（Shrewsbury）、拉特兰伯爵（Rutland）和贝德福德伯爵（Bedford）都为这次探险提供了支持，什鲁斯伯里伯爵还为德雷克贡献了"塔尔博特"号（Talbot），莱斯特伯爵则为他准备了"虎尾草"号（Speedwell）和"莱斯特"号（Leicester）大帆船，其船长是另一名著名的英国海盗，德雷克的连襟弗朗西斯·诺利斯（Francis Knollys）。海军大臣查尔斯·霍华德（Charles Howard）向他提供了"白狮"号（White Lion），约翰·霍金斯在海军内的支持者威廉·温特爵士则给了他一艘"海龙"号（Sea Dragon）。霍金斯本人当时也在海军主管财务，也对其表弟的出航工作给予了热忱的支持。1586 年伊始，德雷克率领着一支由 25 艘船只组成的舰队向着西班牙大陆美洲扬帆起航。刚一驶入加勒比海，他就兵戈扰攘，占领了佛罗里达的圣奥古斯丁（St.

第一本英国海图集——《水手的镜子》（*The Mariner's Mirrour*）——出现在 1588 年，同年伊丽莎白女王为约翰·霍金斯封爵，西班牙无敌舰队驶入不列颠群岛。该海图集并非原创，其中大部分信息都"借用"于荷兰海图。

Augustine）、伊斯帕尼奥拉岛上的圣多明各和哥伦比亚的卡塔赫纳。然而，这次航行并没有带来丰厚的利润，而且在长达十年的时间里，由于西班牙入侵英国的风险不断加剧，下一次探险迟迟没有下文。

1587 年对西班牙海岸的劫掠未能阻挡 1588 年西班牙无敌舰队出航的脚步，但后来英国舰队全面挫败了强大的西班牙军队。德雷克是这些行动的开路先锋，因其行动享誉全国。1595 年，他与霍金斯共同指挥 27 艘船只，再次返回西班牙大陆美洲。这次探险的目的是夺取巴拿马，但机缘巧合下，德雷克偏离了原路线，因此他先袭击了加那利群岛上的拉斯帕尔马斯（Las Palmas），然后又向波多黎各（Puerto Rico）发起冲锋，但在这两个地区均遭遇失败。对圣胡安港发动的几次袭击都被击退，德雷克被迫撤退。他还与霍金斯发生了争执，后者不久后离世。

　　德雷克沿委内瑞拉海岸线行驶，占领了许多小城镇，但并未取得丰厚的战利品。最后在 8 月时，他攻占了加勒比海上的迪奥斯港，并跨越地峡前往太平洋海岸和巴拿马。不过西班牙人再次为他的到来做好了准备，在途中就拦截了英国人前进的步伐。德雷克被迫撤离，之前他将迪奥斯港付之一炬。当舰队驶向拜尔罗港时，德雷克高烧不退，命悬一线。唯恐大限已至，他于 1596 年 1 月 27 日立下遗嘱，将他的几个庄园和德文郡、普利茅斯周围的土地中的一大部分都赠予了他的兄弟。第二天他在海上过世，1 月 29 日人们将他海葬于拜尔罗港附近。弗朗西斯·德雷克爵士是一位民族英雄，是人们用心缅怀的、英国最伟大的船长之一，然而对于西班牙人来说，他却永远是一条凶狠的龙。

德雷克的旗舰"金鹿"号精确的全尺寸复制船。

第六章

分一杯羹

来自全欧洲的海盗瓜分西班牙大陆

93 页图：霍华德·派尔（Howard Pyle）绘制的油画《袭击西班牙帆船的海盗》（*Buccaneer attack on a Spanish Galleon*）。早期的海盗几乎没有大型船只，他们只能使用小帆船或单桅帆船在伊斯帕尼奥拉岛（Hispaniola）附近袭击西班牙人的船只。

16 世纪末，从伊斯帕尼奥拉岛（现代海地和多米尼加共和国）的西北边缘起，一些零星的法国人开始在那里为非作歹，后来他们逐渐构成了对西班牙垄断其美洲殖民地的严重威胁。通过亚历山大·奥利维尔·艾斯克默林（Alexander Olivier Exquemelin，约 1645—1707 年）的描述，我们了解到众多海盗的生活及其多彩的探险活动。在他的《美洲海盗的历史》（*History of the Bucaniers of America*）一书中，他生动地还原了他们的真实生活，而他本人也是其中的一名海盗。

艾斯克默林生于法国的哈弗勒尔（Harfleur）或翁弗勒尔（Honfleur），这两地都邻近勒阿弗尔（Le Havre），其父母可能是胡格诺派教徒。1666 年，他与法国西印度公司（French West India Company）签订契约，乘船驶往西班牙大陆美洲。在殖民地当了大约三年悲惨的契约劳工后，他重获自由并成为一名私掠船船员，后在托尔图加岛（Tortuga）应征成为海盗。据他自己的记载，他参加了 1669 年亨利·摩根爵士劫掠马拉开波（Maracaibo）和 1671 年袭击巴拿马的行动。次年，艾斯克默林弃盗从商，曾几次随西班牙和荷兰舰队到美洲大陆探险，充当理发师和外科医生。当他返回欧洲时来到阿姆斯特丹——荷兰以宽容胡格诺派教徒而闻名，而事实上他当时遭到法国的流放——1678 年出版了《美洲海盗的历史》。

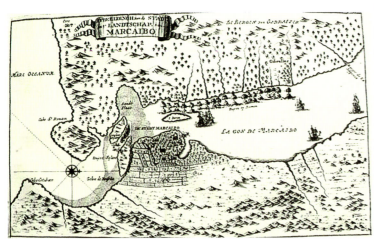

一幅委内瑞拉马拉开波湖（Lake Maracaibo）的地图，上面显示了马拉开波（Maracaibo）（A）和直布罗陀（Gibraltar）（B），该地图出自 1678 年艾斯克默林（Exquemelin）关于海盗的书的荷兰版本。这位法国作家掌握了亨利·摩根爵士在 1668 年海盗袭击中对沿海城镇造成大混乱的第一手资料。

这本书立刻炙手可热，十分畅销，因为其出版商简·腾·霍恩（Jan ten Hoorn）信马由缰地对内容进行了改写，不但增添了一些趣闻轶事，甚至还杜撰了整个章节，使读者读起来心潮澎湃，惊心动魄。当这本书传至法国、德国、西班牙，并于 1684 年进入英国时，其原作的意图进一步被削弱，每一次的改编都要迎合当地市场对于冒险和暴行的口味需求。在该书的荷兰版本出版的 10 年后，人们在巴黎找到艾斯克默林时，他的生平事迹才为人们所知。而当时，他正在为法国海军书写他在巴拿马查格雷斯河上的经历。17 世纪末，这位前海盗搬到了北美的法国殖民地。由于经过多次改写，所以艾斯克默林的书的可信性令人质疑；不过当然，他仍是开创以浪漫主义传统对海盗进行写作的第一人，

路易斯安那

比洛克西

新奥尔良

圣奥古斯丁

佛罗里达

圣安东尼奥

墨西哥湾

佛罗里达群岛

佛罗里达海峡

蒙特雷

哈瓦那

马坦萨斯

萨卡特卡斯

马坦萨斯

梅里达

科祖梅尔岛

开曼群岛
1655 年后属英

新

圣布拉斯特区

西

坎佩切（圣佛朗西斯科）

坎佩切湾

尤卡坦半岛

哥

墨西哥城

洪都拉斯湾

墨西哥

韦拉克鲁斯

维尔赫摩萨

科尔特斯港

圣佩德罗

莫斯基托海岸

危地马拉

尼加拉瓜河

太平洋

马那瓜

格拉纳达

尼加拉瓜

图里亚尔瓦

卡塔戈

利蒙港

哥斯达黎加

韦拉克鲁斯

北海峡

韦拉克鲁斯

北要塞

落潮时的沙洲

布里奇

德乌卢阿堡

海关

墨西哥公路

南海峡

韦拉克鲁斯

"新西班牙总督辖区的韦拉克鲁斯"——17 世纪末期城镇的荷兰版地图

94

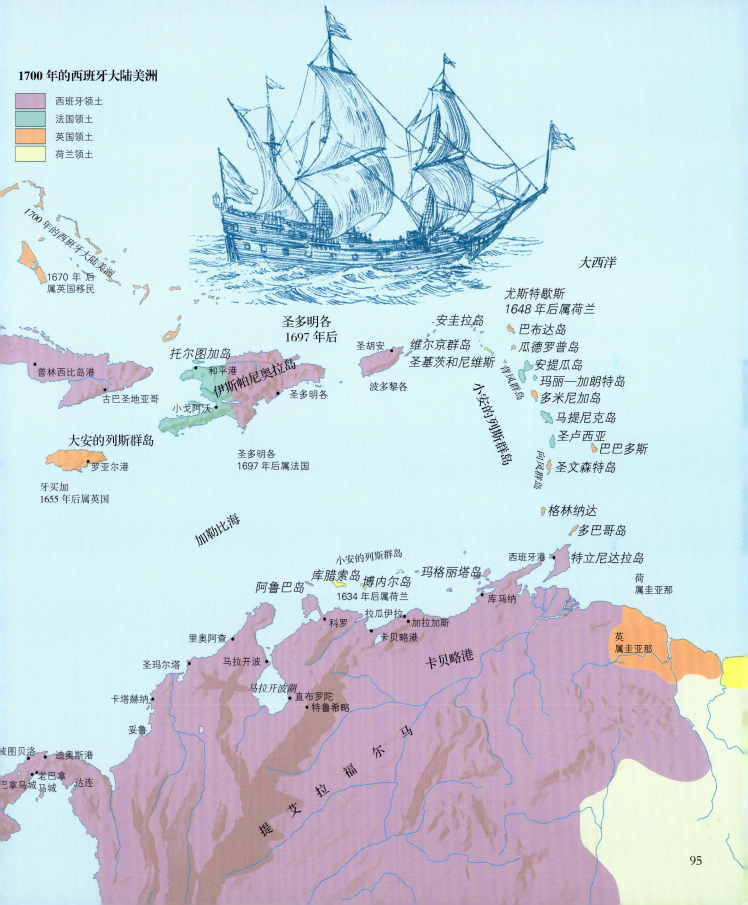

1700 年的西班牙大陆美洲

- 西班牙领土
- 法国领土
- 英国领土
- 荷兰领土

1700 年的西班牙大陆美洲

1670 年后
属英国移民

大西洋

尤斯特歇斯
1648 年后属荷兰

圣多明各
1697 年后

安圭拉岛

巴布达岛

托尔图加岛

圣胡安

维尔京群岛

瓜德罗普岛

和平港

圣基茨和尼维斯

安提瓜岛

普林西比岛港

伊斯帕尼奥拉岛

玛丽—加朗特岛

古巴圣地亚哥

波多黎各

多米尼加岛

小戈阿沃

圣多明各

背风群岛

马提尼克岛

大安的列斯群岛

圣卢西亚

巴巴多斯

罗亚尔港

圣多明各
1697 年后属法国

向风群岛

圣文森特岛

牙买加
1655 年后属英国

格林纳达

多巴哥岛

加勒比海

小安的列斯群岛

西班牙港

特立尼达拉岛

库腊索岛

玛格丽塔岛

荷
属圭亚那

阿鲁巴岛

博内尔岛

1634 年后属荷兰

里奥阿查

科罗

拉瓜伊拉

加拉加斯

库马纳

英
属圭亚那

圣玛尔塔

马拉开波

卡贝略港

卡塔赫纳

马拉开波湖

直布罗陀

卡贝略港

妥鲁

特鲁希略

波图贝洛

迪奥斯港

老巴拿马城

巴拿马城

达连

提艾拉福尔马

95

并从那时起就一直为他人所模仿。

西印度海盗的发源

在艾斯克默林那个时代以前，1565年佩德罗·梅内德·阿维尔（Pedro de Menendez de Aville）对佛罗里达海岸上卡罗琳堡中法国胡格诺派教徒的残害就种下了海盗的种子，这一点在前一章已有叙述。一些胡格诺派教徒被赶出佛罗里达后迁往伊斯帕尼奥拉岛，他们在那个远离西班牙人的地方过着原始的生活，

在海盗盛行的时代，海地现在的首都太子港（Port-au-Prince）并不存在，但当时托尔图加岛上却很快住满了人。18世纪初，法国政府从小戈阿沃（Petit-Goave）迁至海地角（Cap-Franqais），后又于1770年移至太子港。

1697年，西班牙正式将伊斯帕尼奥拉岛的西部三分之一割让给法国。早在1650年西班牙的势力范围并没有跨越这道边界，圣多明各的法国非正式殖民地处于由小安的列斯群岛（Lesser Antilles）上的法国政府委任的"总督"管辖下，后该地的总督来自巴黎。在一次清除胡格诺派海盗和法国海盗的行动中，西班牙军队寡不敌众，一败涂地。一段短暂的"英国统治期"过后，该殖民地仍归属当地的法国政府统治。

大部分时间都待在托尔图加岛上。佛罗里达大屠杀进一步恶化了法国人日益增多的新教徒和罗马天主教徒之间的关系。更多的胡格诺派教徒选择自愿流亡到新世界，也不愿待在一个由强大的天主教神职人员掌控的法国，去面对捉摸不定的未来。但在这些移民中，很多人发现在美洲这片原始的土地上，做海盗远比务农更加痛快。

因此，他们听信了谣言，与那些从西班牙人的统治下逃出来的法国人混在一起，跑到了伊斯帕尼奥拉岛和托尔图加岛那茂密的森林中。

17世纪前，他们并不是海盗，而只是一些不法之徒，一些通常三三两两在岛上游荡、靠捕食野生动物为食的乞丐，与岛上为数不多的原住民并无区别。"西印度海盗"（buccaneer）这个名称来自阿拉瓦克印第安语中的"*buccan*"——一种为熏肉而特别生起的火，从而使肉类得以保存。这些早期的西印度海盗是一群身着粗糙生牛皮的不屈不挠的拓荒者。刀是他们最常见的武器，多数人配

备捕猎用步枪，很少人佩剑。随着人数不断增多，他们开始寻找更轻松的生活方式，西印度海盗开始从西班牙人的庄园中偷牛。不久，这种行为就对当地的和平造成了严重的威胁。17世纪初，圣多明各政府立志要将这些害群之马赶出伊斯帕尼奥拉岛。虽然这次行动就其主要目的来看取得了成功，但在另一方面却一败涂地。这些西印度海盗偷到了一些小船——许多人将注意力放在了可以更容易成卫的托尔图加岛上——从而从捕杀野生动物转为袭击船只。

伊斯帕尼奥拉岛的北部海岸线蜿蜒曲折、错综复杂，这使得西班牙人想要根除这些法国海盗异常艰难。到17世纪20年代，这些海盗将新仇旧恨一股脑儿地发泄到过往的西班牙船只上，并大获成功。此时，他们的服饰已经有了常见海盗的特色——粗糙的衬衫、羊毛马裤和可以遮挡烈日的帽子或头巾——他们的小帆船或小桨船（即轻型帆船或快速平底船）舰队从红树林的小溪中偷偷溜出来，在夜幕的掩护下，神不知鬼不觉地出现在大型西班牙船只的后方，在对方还来不及拉起警报时就登船入室。枪手负责击毙舵手和指挥官，另一些海盗则会楔住船舵，防止其脱逃，然后大量海盗再从船侧登船。如果出现一丁点儿的反抗迹象，这些法国海盗就会结果了这些阶下囚的性命，而西班牙船员对他们的凶残成性也早有耳闻，因此通常不发一弹就会束手就擒。这里有一个极其恐怖的例子，艾斯克默林在自己的书中生动地对法国海盗洛约纳（L'Ollonais）进行了描绘，说他在审问俘虏时"残暴易怒"。有人这样描述洛约纳，说他"拔出弯刀，划开那些可怜的西班牙人的胸腔，然后用他那遭天谴的双手摘出他们的心脏，放在嘴里大快朵颐，他的牙像贪婪的恶狗一样锋利，咯吱咯吱地咀嚼着他的猎物"。恐惧是一种利器，这种残忍的记述让人们放弃了抵抗，海盗的生活也因此变得更加轻松。

一个17世纪早期伊斯帕尼奥拉岛上的胡格诺派"海盗"，该图出自艾斯克默林的《美洲海盗的历史》。下面的三幅图是他在捕猎和在阴燃的火上烤制食物的场景。

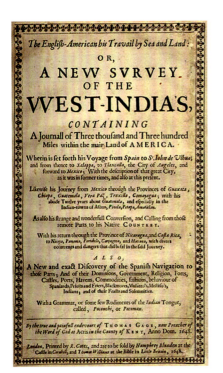

17 世纪的人们尽管对物质财富眼热心跳，但也并未完全丧失 16 世纪的探险精神，这一点在托马斯·盖奇（Thomas Gage，约 1603—1656 年）的经历中有所体现，他于 1648 年出版了自己的航海日志《西印度群岛新观察》（*A New Survey of the West-India's*）。盖奇的日志记载了他"从西班牙到圣伦乌拉（St. Iohn de Ulhua），然后再从那里到艾克萨拉帕（Xalappa）、特拉克斯卡拉（Tlaxcalla）、安吉利斯城（City of Angeles），然后再前往墨西哥"的 4828 公里航程。他将那里描述成"伟大的城市，过去是，现在仍然是"，他还游历了新西班牙的多个行省，到访过危地马拉（Guatemala），然后前往尼加拉瓜（Nicaragua）、哥斯达黎加（Costa Rica）、巴拿马和卡塔赫纳。他返程时经过多个加勒比海上的岛屿，然后停留在哈瓦那。他仔细地观察了西班牙行省中的风俗习惯、民兵队伍、城堡、防御工事和港湾，为法国和英国海盗提供了有关这个共同的敌人的许多有价值的情报。

海盗大获成功的消息很快不胫而走，传到了国外，大多数欧洲国家（特别是英国）逃跑的奴隶、流亡海外者、流离失所者、悲惨可怜者和一些不法之徒都蜂拥而至，壮大了海盗的群体。到 17 世纪 40 年代，海盗力量已足够强大，他们将剩余的西班牙移民赶出托尔图加岛，并建起坚实的堡垒，成为收容各国逃亡者的天堂。海盗的人数继续攀升。1655 年，当英国人将西班牙人逐出牙买加时，一个完全没有恶敌的地方就是对英国海盗最大的吸引力。然而他们发现在托尔图加岛上，海盗们就像沙丁鱼一样拥挤，因此很多人搬到了牙买加的首都——罗亚尔港（Port Royal）。

托尔蒂岛和牙买加的海盗自称为"海岸同盟"，他们建立起高度组织化的社会和一种军事组织形式，在很多情况下，他们都由来自英国的军官指挥。尽管这些海盗目无法纪，但就像身居山林的樵夫在恶劣的野外环需要也境彼此支持一样，他们也以最早期的经验建立起一套行为准则，因此他们常两人合作，一起寻找猎物，也共同作战。当他们在罗亚尔港时，这种伙伴关系仍在继续，而两个男人共同拥有一个同居妻子的情况也司空见惯。这种亲密的海盗伙伴关系在作战时特别有用，一个人可为另一个人瞭望放哨。牙买加的海盗在劫掠过程中通常都会全副武装，他们也蒙恩于几任总督，因为总督们不仅鼓励、有时甚至还出资赞助海盗们袭击西班牙人的船只。17 世纪 60 年代，在政府委任的指挥官克里斯多夫·曼格斯（Christopher Myngs）的鼓励下，"海岸同盟"开始抢劫西班牙人的城镇。曼格斯指挥了多次袭击，其中还包括对古巴的圣地亚哥城（Santiago de Cuba）的突袭。

海盗袭击的破坏力很强，他们通常都会遵循突击队式的进攻模式，即一队人上岸，从目标地继续沿海岸前进，以便当海盗船从海上开火时，敌人还会遭到来自陆上的第二次突袭，这常常使他们大惊失色。17 世纪 60 和 70 年代，亨利·摩根进一步完善了这种进攻方式（见 103—104 页），1668 年洗劫拜尔罗港（Porto Bello）就是一个典型的例子。由于这些海盗原来都是些猎人和樵夫，因此他们可以熟练使用刀和步枪并不足为奇，但即使是在正常情况下，他们通常表现得也与训练有素的部队类似。1671 年，在巴拿马城外的面对面陆战中，他们击败了西班牙的常规部队，而西班牙的骑兵受过训练，也能够像普通战士那样连续开火。对摩根在军事方面产生重要影响的人物就是曼格斯，他是加勒比地区非正规军的专业军官之一。他将海盗用于"进攻性"防御，这是一种相当明智的策略，它保证了英国在西班牙大陆美洲的根据地的安全性。

英联邦的海盗

一位英国海军军官克里斯多夫·曼格斯（Christopher Myngs）将自己下达

的命令与奥利弗·克伦威尔（Oliver Cromwell）的建议结合起来，把意外得来的牙买加作为英国的殖民地，伺机袭击西班牙人。他派遣海盗攻击西班牙人的定居点，混淆了海盗与国家行为的界限。1625 年，曼格斯生于英国东部的诺福克（Norfolk）。英国内战（1641—1652 年）的前一两年，年轻的曼格斯参加了皇家海军，在船上做侍者。内战的双方是英国国王查理一世（Charles I）与议会，曼格斯支持议会——胜利方——很快脱颖而出，他由于忠于奥利弗·克伦威尔而被晋升为海军将官。1656 年，曼格斯受命前往加勒比海，收拾前一年维纳布尔斯将军（General Venables）留下的烂摊了。

克伦威尔是英国及其英联邦的护国公，他所奉行的清教统治使罗马天主教徒成了他的天敌。1655 年，克伦威尔派维纳布尔斯将军率领一支两栖部队去袭击西班牙大陆美洲，特别是要占领一些要塞，如圣多米诺（Santo Domino）、哈瓦那、韦拉克鲁斯（Vera Cruz）或卡塔赫纳等。维纳布尔斯选了最近的目标——伊斯帕尼奥拉岛，但第一次针对其首都圣多明各行动却遭遇惨败。西班牙人早已洞悉克伦威尔的计划，他们为维纳布尔斯的到来做好了充足的准备，英国人被赶回大海，伤亡惨重。

英国的散兵游勇驾船向西行驶，最后来到了牙买加。尽管西班牙占据着这座岛屿，但塞维利亚并不像加勒比海上的其他根据地那么重要，因此防御松懈。维纳布尔斯率领的七八千人轻而易举地夺取了岛上唯一的城镇圣地亚哥德拉维加（Santiago de la Vega），该地后更名为罗亚尔港。不过，虽然征服的过程并不艰难，但英国军队却饱受疾病的折磨，不得不对付西班牙人断断续续的反扑，应对逃亡黑奴的劫掠，这些奴隶总是趁乱逃跑。黑奴们没有理由去信任这些新来的白人，因为他们的西班牙主人对他们就不怎么样，不过后来他们中的一些人还是加入了海盗组织，成了海匪。此时，由于没有夺下像哈瓦那这样的重要地点，而只得了这么个不痛不痒的小岛，维纳布尔斯被召回英国，投进了伦敦塔，他的指挥权也移交给了他的手下。

这就是当时克里斯多夫·曼格斯继任时的情况，1656 年 1 月，他乘坐 44 炮的海军三帆快速战舰"马斯顿·摩

彼得·莱利爵士（Sir Peter Leley）绘制的克里斯多夫·曼格斯爵士。当时曼格斯成了英国海军的将军，是一位经验老到的海盗首领。

尔"号（Marston Moor）抵达罗亚尔港，此前他以铁腕镇压了船上的叛乱船员。他很快意识到，牙买加四面被西班牙人包围，要想做好防御工作，最好的方法就是进攻。他还总结到，维纳布尔斯留下的军队缺兵少将、士气低落，在未来的两栖袭击中百无一用，因此他就将目光投向了罗亚尔港的天然资源——海盗。5月，他率众劫掠了委内瑞拉的圣玛尔塔（Santa Marta），这次行动证明了海盗在他的全盘策略中起到了至关重要的作用。

到 1657 年 1 月，他已被授予英联邦海军牙买加舰队的指挥权，"马斯顿·摩根"号是他的旗舰。

1658 年 10 月，曼格斯的舰队埋伏在拜尔罗港附近的海岸，但差点错过了几艘珍宝舰队中的西班牙船只。因为当西班牙大帆船到来时，大多数英国船只都去取淡水了。"马斯顿·摩根"号和另一艘船从这 29 艘西班牙船只中穿过，并紧随其后欲图冲散舰队，但没有成功。后来英国舰队火烧妥鲁（Tolu，现在的哥伦比亚），在海湾俘获两艘大船，并再次劫掠了圣玛尔塔，这一做法更主要的原因可能是出于复仇。然而，他们所获得的战利品却微乎其微，因为舰队的规模十分庞大，相当于已经事先对沿岸居民进行了预警，他们早已携金裹银地跑到内陆地区去了。后来，曼格斯改变了策略。他将舰队进行了拆分，希望出其不意地出现在目的地。"马斯顿·摩根"号和另两艘英国船只袭击了库马纳（Cumana）、卡贝略港（Puerto Cabello）和委内瑞拉海岸线上的科罗（Coro），它们的到来完全出乎当地人的意料。曼格斯还让手下深入内地进行劫掠，追捕任何逃跑的人，这一策略在科罗取得了相当不错的效果，他们在那里截获了属于西班牙皇室的大量白银。全部战利品的总价超过 25 万英镑（约 220 万人民币），这大大超出了所有人的预想。此时，英国海军军官游走于私掠与海盗的边缘，常常偷偷越界行事。

按照规定，战利品应归议会和英联邦所有，但曼格斯却提出他接到的是海上任务，而劫掠是在陆地上完成的。他指出其命令的条款与执行的任务毫不相干，所以并没有将截获的财物分出一份上交牙买加总督和英国财务部，而是与手下平分了这些战利品。

结果，当他返回罗亚尔港时，等待着他的是一纸拘捕令，他被遣送回英国接受海军部的审判，但在整个事件中他很幸运。当时是 1660 年，每个英国人关心的唯一事件就是恢复君主制。在英国国王查理二世（Charles Ⅱ）复辟上台的一片混乱中，曼格斯的案件被抛在了脑后。1662 年，他重返牙买加，在新组建的皇家海军中指挥 12 年船龄的 34 炮皇家海军舰艇"百夫长"号（Centurion）。虽然当时西班牙和英国处于和平期，但牙买加政府却继续侵扰西班牙人的财产。

1662 年 10 月，曼格斯带领他的海军与海盗联合部队对岛上的第二大城市——古巴的圣地亚哥——发起猛攻。海盗们夺取了几艘船和一些珍宝，在离开前忽略了这座港口的防御。1663 年 2 月，曼格斯率领由 1 500 多名包括法国和荷兰海盗在内的海盗部队乘十几艘船挺进墨西哥湾。在一场艰苦的鏖战后，这些海盗们占领了坎佩切湾。他们从这个城镇中掠夺了 150 000 个西班牙古银币；曼格斯还在港湾中俘获了停泊在那里的 14 艘西班牙船只。

西班牙国王对发生在圣地亚哥和坎佩切的袭击事件相当震怒，他罗列出曼格斯和他的"海盗们"所犯罪行的确凿证据，英国国王也不得不予以追究。查理二世下令禁止针对西班牙的进一步海上行动。然而，这种暴怒并没有对曼格斯的事业产生什么不利的影响。1665 年他返回英国，并被晋升为海军中将。他参加了第二次英荷战争（1665—1667 年），并因在洛斯托夫特海战（the Battle of Lowestoft，1665 年）中表现卓越而被封爵。在这次战役中，荷兰人一败涂地。在史上历时最长的海上战斗之一——四天海战（the Four Days Battle，1666 年 6 月 11—14 日）中，荷兰旗舰上的狙击手射出的两颗火枪子弹击中了克里斯多夫·曼格斯爵士，子弹先穿过他的面颊，又打进他的左肩。这位海军准将立即被送往陆上医治，并返回伦敦。8 月初，曼格斯因伤口恶化，不治身亡。

曼格斯是独特的海军军官，也是一位英雄，不过当他身处牙买加时，还是一位技术娴熟的海盗。他帮助牙买加实施的防御使罗亚尔港成为了下一代海盗

一门锈迹斑斑的加农炮俯瞰着古巴圣地亚哥的海湾入口，它提醒着参观者这个港口那段充满暴力和血腥的过去。尽管守卫森严，但 17 世纪，这座古巴的第二大城市仍多次遭受海盗袭击。1662 年，这个堡垒——莫罗城堡（Castillo del Morro）——遭到克里斯多夫·曼格斯和年轻的亨利·摩根的舰炮攻击。

艾斯克默林所著《美洲海盗的历史》英国版的卷首插画——亨利·摩根。在此书中，我们得知摩根船长告诉他的手下，他想要在此次探险中"劫掠拜尔罗港……对整座城市来个大洗劫。此外，为了激励他的船长们，他又说道：'这个艰难的计划不会失败，因为他从来没有向任何人透露过这个秘密；因此他们不可能注意到他的到来。'对于这一点，有人做出了回答：'他们没有足够的人手去进攻守卫这么森严的伟大城市。'不过摩根船长回答说：'我们人虽少，但却拥有坚强的心。我们的人越少，我们就越团结，最终分得的战利品就越多。'随即，在巨大财富的刺激下，他们向自己承诺会大获全胜，他们全体一致通过按照这个计划冒一把险"。

的避难天堂。最为重要的是，他鼓励了亨利·摩根，后者在每一个层面上都对西班牙大陆美洲进行了摧毁，从而延续了曼格斯成卫牙买加的政策。

摩根，一位成功的海盗

亨利·摩根爵士做了约十年的私掠船长，然而在这段相对较短的时间中，他却成了成功海盗的典型。与许多人不同，他是靠劫掠不义之财为生。也有人称摩根根本不是海盗——他所进行的抢劫属于私掠船长的职权，另外他也取得了劫掠特许证，作为英国政府的代言人在那些很难为官方的海军或军事力量补给的地区活动。不过，这些对他有利的言论并没有考虑到如下这一点：摩根的行为远超他的良师益友克里斯多夫·曼格斯，绝对够得上海盗的称谓，而不是一位私掠船船长。

有了亚历山大·艾斯克默林的描述，摩根可能成为了最知名的海盗。

这位作者曾跟随摩根两次探险，他对这些袭击的第一手经历进行了生动的描述。然而，艾斯克默林并不喜欢摩根，但他仍尊重后者所取得的成就；说句公平话，摩根对艾斯克默林并没有特别的喜恶。1684年《美洲海盗的历史》的英文版本出版后，它的出版商却没能以一种取悦这位英国爵士的方式宣传一下"亨利·摩根爵士无与伦比的探险"，且艾斯克默林指责摩根对西班牙人倒行逆施。摩根对此提出控诉，艾斯克默林在后来的版本中进行了修改，还特意写下了充满歉意的序文。不过使摩根失望的却似乎不仅仅是对他辣手无情的指责——他对于发生在17世纪的冲突并不陌生——艾斯克默林最先对摩根是怎样来到西印度群岛进行了描述。有人称摩根抵达巴巴多斯（Barbados）时只是一个包身工，比强征来的奴隶也强不了多少，这种说法对他来说简直是一种无法容忍的侮辱。这也在艾斯克默林畅销书的再版序言中得到了验证，它尽心指出，摩根是蒙默思郡（Monmouth）一位绅士的儿子，品质优秀，终生从未为仆，尽忠女王陛下。

摩根对其早年生活三缄其口。约1635年，他出生于威尔士的一个农民家庭，他的两个叔叔是陆军军官，分属英国内战的对立两派。托马斯（Thomas）是保皇党，官至陆军上校，而他的兄弟爱德华（Edward）则是议会党人，奥利弗·克伦威尔（Oliver Cromwell）任命他为少将。1655年，当克伦威尔派维纳布尔斯将军（General Venables）前往加勒比海，袭击那里的西班牙人时，20岁的摩根在他的部队中担任下级军官。至少，他所坚称的这个版本与艾斯克默林的描述并不一致。就像我们所知道的那样，袭击圣多明各一败涂地，维纳布尔斯没能通过出其不意地占领"微不足道的"牙买加来使事情有任何改善。阿米巴痢疾、黄热病和疟疾等热带疾病进一步蚕食剩余的英国军队，亨利·摩根就在这样恶劣的环境下幸存下来。

克里斯多夫·曼格斯的到来标志着牙买加状况的改善，虽然没有明确的记录，但摩根很可能在海军准将的指挥下参与了1558至1560年的劫掠活动，并发挥了作用。他在行动中一

如今，大部分建筑已经过重建，一座堡垒从德尔莫罗城堡的城墙伸出，守卫着古巴的圣地亚哥湾。

夕阳映出圣米格尔堡（Fort of San Miguel）一个角楼的轮廓，这个角楼是防御工事的一部分，用来保护尤卡坦半岛西海岸上的坎佩切港。

艾斯克默林《美洲海盗的历史》中的法国海盗让·里奥洛奈斯（Jean L'Olonnais）。

定拔群出萃，所以在返回加勒比海的时候，曼格斯任命摩根为一艘船的船长，参与1662年袭击古巴的圣地亚哥。在这次行动中，守卫古巴圣地亚哥湾的德尔莫罗城堡（Castillo del Morro）被海盗们的火炮摧毁。

1663年，摩根还指挥自己的海盗船，跟随曼格斯进入坎佩切，在曼格斯返回英国时，他已确立了自己的地位。1664年初，摩根率领一支小舰队驶往中美洲。在这史诗般的两年航程中，海盗们在一次惨无人道的战役中洗劫了三座主要城市，这再一次激起了西班牙国内反对摩根暴行的强烈抗议。

摩根返回罗亚尔港时已腰缠万贯，他留在牙买加，投资了一个种植园，并与总督托马斯·蒙德福德（Thomas Modyford）结交。他还娶了他叔叔——陆军上校爱德华·摩根爵士（Sir Edward Morgan）——的女儿玛丽·伊丽莎白（Mary Elizabeth）。当时，他的叔叔刚刚抵达牙买加不久。不过爱德华在这里逗留的时间不长：第二次英荷战争爆发后，他应召回国，后在袭击小安的列斯群岛（Lesser Antilles）中的圣尤斯泰希厄斯岛［St. Eustatius，斯塔蒂亚岛（Statia）］时牺牲。1666年，亨利·摩根成为亚罗尔港民兵组织的上校，他曾在这支防御部队中服役多年。该组织的前领导人，荷兰海盗爱德华·曼斯维尔特（Edward Mansvelt）去世后，托尔蒂岛和罗亚尔港的海盗们推举摩根成为他们的"将军"。

1659 年，经验丰富的水手曼斯菲尔德（Mansfield）——他的名字已英国化——抵达罗亚尔港，授命于托马斯·蒙德福德进行劫掠。

曼斯菲尔德率几艘海盗船劫掠了西班牙人的港口和小岛，他表现突出，1666 年 1 月被手下选为"舰队司令"。曼斯菲尔德指挥着一支由 10 艘船组成的舰队，拥有兵力 500 人，他计划夺取中美洲的几个主要岛屿城镇之一——卡塔戈（Cartago）。在图里亚尔瓦（Turrialba）这个小定居点，西班牙人固若金汤的防守阻碍了他前进的道路，他的部队被击退。由于进攻受挫，几名船长离他而去，返回了托尔蒂岛。不久之后，曼斯菲尔德辞世，一种说法是他身染沉疴，而另一种说法则称他由于罪孽深重而被西班牙人处死。无论怎样，摩根都成了他的受益者。

西班牙大陆美洲最残暴的海盗

摩根不是唯一针对西班牙人实施暴行的海盗领袖。在这一点上，他还大大逊色于他同时代的危险分子让·里奥洛奈斯（Jean L'Olonnais）——"来自奥洛纳（Olonne）的人"。这位法国海盗被公认为那个时代最残暴的人。他是一个任凭杀戮欲驱使的凶手，他对马拉开波（Maracaibo）的袭击成了激励包括亨利·摩根在内的其他海盗的绝佳范例。

让·大卫·诺（Jean David Nau）出生于法国西部的莱萨布勒多洛纳（Les Sables d'Olonne），由于他对西班牙人倒行逆施，也被称为西班牙人的枷锁。1650 年，里奥洛奈斯像当时的许多欧洲人一样被带到伊斯帕尼奥拉岛上做契约佣工。连续三年的艰辛工作后，他逃出来，在伊斯帕尼奥拉岛上成了一名捕牛猎手，后又前往托尔蒂岛的海盗庇护所当上了海盗。他最开始劫掠西班牙船只时获利丰厚，不过很快，再想掠夺战利品变得越来越难，因为大家都已得知了他对待囚犯那种变态的残虐。就像艾斯克默林所说的那样，商船的船员不愿投降，他们会"战斗到最后一刻，因为他对待西班牙人毫无怜悯"。在一次航行中，里奥洛奈斯的船在坎佩切海岸失事，西班牙人杀了他的大部分手下。他将自己全身涂满鲜血，藏在死尸下面才逃过一劫。他偷了一只独木舟，几经磨难才重返托尔蒂岛。此次事件后不久，里奥洛奈斯洗劫了古巴北部的一个小港口，他的手下在港湾抢了一艘战船，里奥洛奈斯处决了船上除一人之外的全部船员。这个幸运的人负责给哈瓦那总督捎去一封书信。信中写道，自此以后，里奥洛奈斯将不会放过他俘获的任何一个西班牙人。

这些暴行发生在和平时期，而当 1667 年西班牙与法国爆发了绵延一年之久的战争时，里奥洛奈斯实施暴行就有了更好的借口。他策划了一次更大规模的、针对西班牙人的袭击活动，目标是委内瑞拉，特别是马拉开波，因此 7 月时，他调集了 8 艘小船和 660 人从托尔蒂岛起航。这次行动似乎受到了幸运女神的垂青，当时在伊斯帕尼奥拉岛东部，这些海上劫掠者遇到了一艘独自航行的西班牙珍宝船。他们夺下这艘船，得到了满满一船的宝石、可可豆（在欧洲市场可以卖个大价钱）和 40 000 枚西班牙古银币。

海盗们朝着马拉开波湖（Lake Maracaibo）继续前进，马拉开波镇就位于湖口处。隘口修有一座堡垒，不过海盗们悄悄登陆，从无人防守的陆侧对坚不可摧的城墙发起攻击，而城头上的 16 门火炮均朝向大海，根本无法掉头炮击海盗。

海盗们轻而易举地夺取了马拉开波这座富庶的城镇，不过大多数居民都已带着财物逃到了森林里。

任何不幸落入里奥洛奈斯魔爪的人都将痛苦地死去。在这幅插图中，里奥洛奈斯拉过两名囚犯，威胁他们指出安全路线。

这些入侵者俘虏了守护 20 000 枚西班牙古银币的 20 名西班牙人，对他们进行严刑拷打，逼迫他们说出其他钱币的下落。里奥洛奈斯还拔出弯刀将其中一人乱刀砍死。

两周后，里奥洛奈斯前往直布罗陀（Gibraltar），那是一个由 500 人守卫的小镇，是可可豆交易至关重要的中心地。大多数人在血腥的战斗中遭到杀戮，该城镇的建筑也遭到严重破坏，不到两年就被遗弃了。里奥洛奈斯在那里逗留了一个月，收罗了一些宝石、黄金、银器和奴隶，然后又返回马拉开波寻找那 20 000 枚西班牙古银币的下落。这些海盗瓜分的钱财和珠宝总共价值 260 000 枚西班牙古银币。一般来说，这些海盗一旦重返托尔蒂岛，很快就会千金散尽，就像艾斯克默林所描述的那样，"客栈酒馆的老板赚走了他们的一部分钱财，妓女则拿走了剩余的那部分。"

次年，他们的行动并不那么成功。里奥洛奈斯率 6 艘船和约 700 人驶往尼加拉瓜（Nicaragua），但他的舰队因无风而不能前进，故而漂流到了洪都拉斯湾（Gulf of Honduras）。海盗们抢劫了沿途资源匮乏的印第安人村庄，最后抵达一贫如洗的卡贝略港（Puerto Caballos）。这次洗劫的战利品很少，因为大部分居民早已闻讯而逃，海盗们几乎没什么东西可偷。按照惯例，他们拷打因犯，希望从他们的嘴里获得信息。艾斯克默林写道："当里奥洛奈斯将因犯放上刑架，如果这个可怜虫不立刻回答他的问题，他就会拔出弯刀将因犯剁碎，然后再用舌头舔掉刀刃上的血，真希望这是世界上最后一个被他残杀的西班牙人。"

有人说服两名俘虏充当向导，然后将这群海盗带到了附近的圣佩德罗镇（San Pedro），那里靠近一个重要的金矿，他们希望能够大发不义之财。不过海盗们沿途遭遇西班牙人的伏击，九死一生，最终才侥幸脱逃。打败西班牙人后，里奥洛奈斯拉过两名因犯，"用弯刀划开了其中一人的胸膛，从他的尸体中掏出仍在跳动的心脏……"另一名俘虏很快就指出了一条不会遇上西班牙军队的路线。

马拉开波湖

海盗们劫掠了马拉开波湖旁的城镇，使这一地区赤贫如洗。由于该湖是巨大的委内瑞拉油田的中心所在，如今这里再次成为最富庶的地区。

事实证明，圣佩德罗镇的战利品和卡贝略港一样寥寥无几，因此他们将这个城镇付之一炬。看到里奥洛奈斯时运不济，对取得的战利品也大失所望，他的船长们驾上小船离他而去。这个法国人只能率领自己船上的船员驶往尼加拉瓜，不过他们中途搁浅，许多海盗士气低沉，驾着船上的救生艇踏上归途。里奥洛奈斯继续驶往达连湾（Gulf of Darien），不过沿途食人印第安人袭击了最后这一小撮残兵游勇。印第安人捉住里奥洛奈斯，"活生生地将他撕成碎片，又将他的尸身一块一块扔进火里，他的骨灰散到了空中。"这个杀人不眨眼的海盗可能就这样被吃掉了；这也是这样一个恶人应有的下场。

摩根袭击拜尔罗港

里奥洛奈斯的例子在其他海盗身上并不少见。虽然 1667 年西班牙与英国签订了互不侵犯条约，但总督曼迪福德（Modyford）仍坚持认为西班牙人预谋入侵牙买加，因此 1668 年 1 月他命令亨利·摩根"集结英国的私掠船，带上西班牙的囚犯，以获得有关敌人的情报"。摩根可以俘获西班牙人的船只，但不能用船夺取西班牙人的城市。这一点也解释了摩根越来越喜欢派手下发动登陆袭

巴拿马拜尔罗港的废墟。法国分遣队在洗劫普林西比岛港时败逃，摩根率领的英国海盗小队在一次夜袭中占领了这个要塞。

击而不进行海上炮击的原因：根据英国法律，如果他在海上取得战利品，其中的一半要归属英国王室。由于一时疏忽——其实更可能是故意为之——曼迪福德没有在摩根的委任状中提及陆上行动，这也就意味着摩根和他的手下可以效仿曼格斯的例子，自己享有全部的战利品。而曼迪福德确信，最后分赃时自己一定会有丰厚的回报。从严格意义上说，劫掠城市属于非法的海盗行为，但无疑这会给他们带来高额的利润。

摩根集结了自己的船只和500名手下，然后驶向古巴的南海岸，在那里他与来自托尔蒂岛的法国海盗会合。这群海盗认为，如果袭击哈瓦那，他们实在是势单力孤，因此把目标转向了普林西比岛港（Puerto del Principe），虽然该城镇以港命名，但事实上它距离大海却有48公里的距离。西班牙人得知了海盗突袭的信息，于是做好了伏击的准备，但海盗们一一击溃了他们。根据艾斯克默林的说法，富庶的普林西比岛港居民都被锁在一个教堂中，这些可怜的囚犯们"受尽了难以言说的酷刑折磨"。虽然普林西比岛港上的人们饱受摧残，但他们仅交出了50 000枚西班牙古银币，所以即使海盗们还得到了一些"牛"，但由于战利品少得可怜，他们的怒火难以平息，因此摩根又策划抢劫拜尔罗港。驶往西班牙的珍宝船都从这个港口出发，而且他们认为这是个比哈瓦那更容易得手的目标。三座巨大的堡垒守卫着这个港湾，但摩根的情报人员报告说那里的卫戍部队人手不足，武器装备也很差。几个船长出言反对这次冒险，但摩根对此置之不理，继续执行自己的计划。

海盗们将船停在距离该城市几公里的一个避风港中，然后划着独木舟抵达拜尔罗港的外围，登陆后重新集结，然后发动袭击。经过几轮激烈的交锋，海盗们于1668年7月11至12日夺下拜尔罗港及其堡垒。他们采用的战略毫无魅力可言，但颇具海盗之风，女人、修女和老人迫于刀尖的淫威不得不搬运云梯，同时在进攻该城的圣尊鲁林玛城堡（San Geronimo Castle）时充当人肉盾牌。

如果这场战役是以国王的名义进行的合法战争，所抢夺财产的分配比例就应该清晰明了，但摩根和他的海盗们却拿走了尽可能多的赃物。拜尔罗港陷落后，海盗们买醉狂欢，城市里还能听到市民们撕心裂肺的尖叫声，那是海盗们为了让他们交出隐匿的个人财产而对其进行拷打。在摩根提出350 000枚西班牙古银币的赎金条件后，巴拿马总督派出了一支约由3000人组成的军事力量，试图重新夺回这个港口城市。这个数额简直高得离谱，西班牙人开始磨刀霍霍了。经过短暂的小规模冲突和进一步谈判，他们最终以100 000枚古银币的价格成交，海盗们回到自己的船上，绝尘而去。8月中旬，摩根带着掠夺来的250 000枚西班牙古银币返回牙买加，他受到了人们的热烈欢迎。

摩根被困在马拉开波湖狭窄的入口处,他使用火船攻击埃斯皮诺萨将军(Admiral Espinosa)的西班牙大帆船。

从理论上讲,劫掠拜尔罗港超出了摩根的任务范畴,也违反了与西班牙签订的互不侵犯条约,但许多英国人赞成这样的探险活动,最终摩根和曼迪福德躲过了海军部的责难。事实确实如此,1669年3月,海事法院裁定拜尔罗港的战利品合法,而其原因竟是由于前一年海盗们已经在拜尔罗港的一场不停歇的醉酒狂欢中挥霍掉了他们应得的那份钱财。摩根则拿着他的那一份钱财购买了一些种植园。

马拉开波再次罹难

1668年10月,摩根与来自托尔蒂岛的法国海盗约定在伊斯帕尼奥拉岛会合,共同洗劫卡塔赫纳。曼迪福德总督将一艘英国军舰"牛津"号(Oxford)借给摩根,但船上的火药库意外爆炸,船上200名船员丧生,这次意外使海盗的战斗力缩减了三分之一,摩根也没能夺取这座守卫森严的西班牙城市。

一位刚刚加盟摩根队伍不久的水手建议说,他们应该再次效仿前一年的法国人，前往比较容易得手的马拉开波和直布罗陀。就这样，在摩根和他的手下到来时，这两座城镇沮丧无助的市民再一次四散奔逃，躲进了丛林。那些被捉住的人则受到严刑拷打。摩根沿湖岸航行一周后，确信里奥洛奈斯已经将直布罗陀搜刮殆尽，于是 1669 年 4 月，他驾船驶往马拉开波湖的出口。在那里，他遇到了由海军中将阿隆索·德尔·卡姆博伊·埃斯皮诺萨（Alonso del Campo y Espinosa）率领的三艘西班牙封锁舰。摩根手下的 12 名海盗驾驶一艘火船冲向埃斯皮诺萨将军的 48 炮旗舰"马达兰"号（Magdalen），两船均被炸毁。接着，海盗们俘获了第二艘大帆船，第三艘被凿沉，根据一些材料的记述，它也可能逃离了现场。

艾斯克默林的《美洲海盗的历史》（History of the Bucaniers of America）中的插图描绘了摩根及其手下拷问西班牙囚犯的情形。作者在马拉开波和 1670 年洗劫巴拿马的陆地战斗中都曾目睹这样的情景。

　　埃斯皮诺萨和他的几名船员设法从燃烧的船上脱逃，并安全上岸，他们迅速占领了堡垒，但事实证明这并不能阻挡里奥洛奈斯。不过摩根的状况则完全不同，因为堡垒中的火炮正俯瞰海峡。现在他得玩点花招，他在光天化日之下派队伍登岸，绕到了堡垒的背后。

　　登陆到堡垒看不到的地方后，两名桨手将船划回来，其他人则平躺在甲板上。来来回回几次后，埃斯皮诺萨认为主力部队正在他的背后集结。这位将军回想起里奥洛奈斯正是采用这样的方式才夺取了马拉开波，于是他下令掉转炮口，对准陆地方向，以击溃摩根的陆地进攻。可就在炮口后转的一瞬间，摩根发出信号，海盗们随着退潮之势驾船而来，轻而易举地通过了无人盯防的海峡。

　　在紧要关头，机智拯救了摩根，但事实上，这也没什么值得庆贺的。里奥洛奈斯早已掠夺了马拉开波的大部分钱财，摩根和他那些欣喜若狂的手下几乎没什么便宜可占了。不过港口腹地的财富并没有完全枯竭，他们还是从西班牙人的舰队中获得了 20 000 枚西班牙古银币，陆地掠夺时又挤出 10 000 枚。1669 年 5 月，这些海盗抵达罗亚尔港，大多数人再一次在那里的酒馆中散尽钱财，而摩根则又投资了一个种植园。

当摩根正在掠夺马拉开波时，英国于 1669 年 6 月 14 日再次与西班牙签订了和平协议，曼迪福德总督宣布这个消息时，勉强之情溢于言表。然而，不久之后西班牙人的几次报复性袭击给他打了强心剂。次年 8 月，他再次向摩根下达两栖进攻的命令，允许他"进行一切将会维护牙买加安宁的探险活动"。这位海盗可以委任船长，这些入侵者可以"根据他们的惯例"分赃，不过这具体是谁的惯例则不那么明确。关于曼迪福德值得赞扬的一点是，他建议摩根不要虐打囚犯，因为这样的行为会使他在任期内背负恶名。摩根开始召集志愿者，几乎加勒

卡米诺·德·克鲁塞斯（Camino de Cruces）的遗迹，这条西班牙人修建的古老小路将查格雷斯河与巴拿马老城和后来的新巴拿马城连接在一起。

比海上的每一个海盗——消息传开，还有一些海盗从远方应召而来——都予以了积极回应。战利品数额巨大，西班牙人则损失惨重。接下来，摩根又酝酿夺取西班牙大陆美洲最富庶的地区——巴拿马。

巴拿马大洗劫

1670 年 12 月，摩根率领几乎由各个国籍组成的海盗乘坐 33 艘帆船驶向巴拿马地峡。先遣队由 500 人组成，摩根任副总指挥，约瑟夫·布拉德利（Joseph Bradley）被派往查格雷斯河（Chagres River）河口，攻占圣洛伦索堡（fortress of San Lorenzo）。这条河占据了通往目的地的半条路径，但布拉德利的部分任务是迷惑西班牙人，从而隐藏摩根的真实意图，不让敌人知晓部队的真实规模。1 月中旬，海盗们划独木舟沿查格雷斯河而上，然后向卡米诺里尔的克鲁塞斯

小路进发。他们对巴拿马的守卫者——1200 名步兵和 400 名骑兵——发起攻击。当海盗们用步枪射杀了一部分西班牙骑兵和步兵后，守城者放弃守卫，向城内逃去。海盗们一路追击，杀掉了约 500 名西班牙士兵。当摩根的手下进入巴拿马城时，守城的民兵将城市付之一炬，大部分建筑物被毁，然后他们就逃进了丛林。

　　海盗们在烟尘围绕的废墟中搜寻了近四个星期，却几乎颗粒无收，因为城中的大部分财富都已通过船只运往了南方更加安全的厄瓜多尔。由于战利品少得可怜，海盗一边寻找着隐蔽的财宝，一边愤恨地将剩余的建筑物夷为平地，并施虐拷打囚犯。

　　1671 年 2 月，海盗们离开巴拿马，返回圣洛伦索分赃。看到每个人分到手的财物寥寥可数，许多气愤的海盗指责说摩根骗了他们。摩根并不理会他们，径自带上自己的船只和船员去劫掠中美洲的海岸城镇。西班牙人遗弃并捣毁了

这幅当代雕刻品的标题是《巴拿马城前西班牙人与海盗的战役》(*The battel Between the Spaniards and the gyrates or Buccaneers before the city of PANAMA*)。这一标题显示出画家并不确定亨利·摩根所率领部队的法律地位。这是 18 世纪前发生在美洲的最大规模战役。在"受惊的牛群"的协助下，摩根率领的海盗在巴拿马城前大败西班牙守卫者。在图片前景中，我们可以看到狂奔的牛群。

巴拿马老城，而在 10 公里以外、守卫更加森严的港口建起了一座巴拿马新城（即现在的巴拿马城）。

在摩根离开牙买加之前，英国与西班牙已经于 1670 年 7 月签订了《马德里条约》（*Treaty of Madrid*），其中规定西班牙承认英国在加勒比海上所拥有的财产，且两国均同意停止针对对方的海盗活动。不过摩根对这一切并不知晓。在这样一个具有讽刺意味的时间点，摩根作为获得了国王特许的私掠船长开展他的抢劫活动，但却作为海盗摧毁了巴拿马城。同样是这个糟糕的时间点使曼迪福德总督也成了罪人，因为是他下达命令让摩根发动袭击，并将其任命为海军上将，而这超越了他的职权。1671 年 8 月，新任总督托马斯·林奇爵士（Sir Thomas Lynch）逮捕了曼迪福德，并将其遣送回英国，后者在伦敦塔内度过了两年。至于摩根，他也遭到了逮捕，以平息西班牙人的愤怒之情。1672 年 4 月，他郁郁地驶回英国，但他并未被囚禁。由于他个人拥有着巨额财富，所以很快就结交上了很有影响力的政治伙伴。

1674 年林奇被赶下台，而摩根则获封爵士并作为副总督重返牙买加，在那里他的老朋友曼迪福德出任最高法官，两人很快又携手合作了。

到 1675 年，40 岁的摩根已家赀巨万，同时还坐拥几个牙买加种植园，财富不断增值。1682 年是摩根任期内的最后一年，他摇身一变，从偷猎者成为猎场看守，他派出海盗捕手彼得·海伍德（Peter Haywood）乘坐他的英国皇家海军战舰"诺里奇"号（Norwich）追捕劳伦斯·德·格拉夫（Laurens de Graaf）。这位荷兰海盗当时已是西班牙大陆美洲最令人闻风丧胆的恶魔之一，同时也是最狡猾的海盗之一；他轻而易举地就从英国人的眼皮底下溜走了。在另一次政治大逆转事件中，林奇于 1682 年回来出任总督，将摩根赶下了台。六年后摩根去世，他是 17 世纪晚期最成功的海盗。如果他再残忍一点，他的行为肯定会为英国在加勒比海上的探险做出更多的贡献。

残忍而不幸的海盗们

并不是每一个加勒比海上的海盗都像亨利·摩根爵士一样成功。葡萄牙水手巴尔托洛梅奥（Bartolomeo）和荷兰水手罗克（Rock）有着两个共同点：他们同时在同一片海域活动，同样时运不济，命运多舛。当罗克取得一些成功时，巴尔托洛梅奥却因为遭遇了一连串的厄运而声名远播。1655 年，在英国人占领牙买加后不久，他就来到了罗亚尔港。巴尔托

在艾斯克默林的《美洲海盗的历史》中对葡萄牙海盗巴尔托洛梅奥（下图）和荷兰海盗罗克·布拉兹连诺有所记载。巴尔托洛梅奥的活动简直是一部灾难片，而论起对待受害者的残忍程度，布拉兹连诺则可以与里奥洛奈斯（L'Olonnais）相提并论了。

洛梅奥参与了在坎佩切附近洗劫墨西哥海岸的一些活动，后来他开始在牙买加和古巴南部海岸之间逡巡，船上载着30名手下和4门火炮，开始单打独斗的生涯。他向一艘较大的西班牙船只发起攻击，但被击溃，不过在第二次突袭中，他俘获了该船，但却在战斗中损失了一半的人员。船上的战利品中包括装有约70 000枚西班牙古钱币箱子，另有成袋的珍贵可可豆若干。他抛弃了自己的小船，但因为逆风，他无法驶回牙买加，所以他只能沿着古巴南海岸向西前进。

在古巴南部尖端处，他遇到了三艘颇具威力的西班牙战舰，它们正要驶向哈瓦那。这几艘帆船一路追赶，不久就赶上了巴尔托洛梅奥的船，夺回了被抢的船只和战利品。巴尔托洛梅奥和他的船员被戴上镣铐押送回坎佩切，他们在船上时，西班牙人在高潮水位线上竖起了绞刑架，不过后来他们侥幸逃脱并游到岸上。这些逃亡者抄近路穿过尤卡坦半岛（Yucatan Peninsula），向东海岸前进，他们在那里发现了一条海盗船，最终才将他们带回到罗亚尔港。巴尔托洛梅奥下决心要予以报复，他带着20个人和一艘远洋独木舟重返坎佩切。

抵达之后，他"斩断"了那艘俘获他的船，船上仍然装载着货物，他偷走了这艘船。他从港口逃跑，径直穿过墨西哥湾（Gulf of Mexico），然而等待着他的仍然是一场厄运。船在古巴南部的伊斯拉蒂（Isla de Pinos）[松树岛（the Isle of Pines）]搁浅，海盗们被迫放弃了船和货物，乘小船逃到牙买加。

巴尔托洛梅奥确实是我们曾经见过的、最糟糕的海盗之一。很显然，此后他又多次对西班牙人展开袭击，因为艾斯克默林曾指出他"多次暴力袭击西班牙人，但所劫掠的战利品不多，因为我亲眼所见他在世上最悲惨境遇中苟延过活"。

罗克·布拉兹连诺（Rock Braziliano）是荷兰人，他在荷兰控制巴西的巴伊亚（Bahia）那段短暂的时间中来到美洲。1654年，葡萄牙人赶走了荷兰人，布拉兹连诺搬到罗亚尔港成了一名水手。有一次，他与船长发生了激烈争吵后，他和其他一些人乘着该船的小艇逃跑，开始了海盗生涯。他们成功俘获了一艘满载金银的西班牙船只，并将其顺利地带至罗亚尔港。

布拉兹连诺作为船长的航行次数未知，但他曾一度被西班牙人俘获，并被关押在坎佩切的监狱中。他设法伪造了一封好像来自外面朋友写给西班牙总督的信，威胁称如果布拉兹连诺被处死，他的海盗同伙们就要洗劫该城镇，杀死他们遇到的每一个西班牙人，并称放掉他才是最好的选择。西班牙人可能把这种空洞的威胁当了真，但它并未起到理想的效果，因为不久之后他们就用船将戴着锁链的布拉兹连诺运往了西班牙。在陆地上的细节不详，但很显然他逃跑了，因为他最终重返罗亚尔港。

1669 年，布拉兹连诺带上一艘小船和一些船员驶往坎佩切，但船在途中搁浅。船员们被迫弃船，从尤卡坦半岛的丛林中穿行前进，朝着东海岸一个知名的海盗集结地进发。靠近目的地时，一队西班牙骑兵看到了这群海盗，他们被火枪困在海湾，布拉兹连诺及其船员设法乘独木舟逃跑。接着，他们又俘获了一艘当地的小船，并用它夺取了一艘满载珍贵货物的西班牙商船。布拉兹连诺带着这些战利品返回了罗亚尔港，至少他比巴尔托洛梅奥幸运一些。没有记录显示有关他最后的命运，但他可能死于罗亚尔港，因为他在那里由于残忍和放纵的行为而声名狼藉。就像艾斯克默林写的那样："他像个疯子一样在城镇中闲逛。他遇到一个人，就砍下了他的胳膊或腿，任何胆敢阻止他的人也不能幸免，因为他活像个疯子。他可能对西班牙人犯下了最残忍的暴行。他把一些西班牙人绑在或穿在木桩上，架在两堆火上活活烤熟；就像是在烤一只猪。"

位于小戈阿沃的堡垒

约 1670 年后位于小戈阿沃的法国胡格诺派定居点地图

波因特佩尔西

南部海峡

罗基波因特

沙洲

小岛

主要定居点

民兵队

堡垒

小教堂

总督的住所

凯尔特河

摧毁西班牙大陆美洲的骑士

17 世纪 70 年代，一个法国人在托尔蒂岛和伊斯帕尼奥拉岛的海盗群体中脱颖而出。米歇尔·德格拉蒙（Michel de Grammont）的出身不详。他生于巴黎，曾在法国海军服役。他一度获得一艘私掠船的指挥权并驶入加勒比海，在那里，他发现伊斯帕尼奥拉岛正处于动荡之中。17 世纪中期，大量法国人来到这里，该岛的西侧俨然成了法国人的定居点，而且他们并不服从西班牙政府的管辖。这些法国海盗将这个岛他们所在的一端称为圣多明各（现在的海地）。

尽管这里已在事实上成为法国人的属地，但西班牙拒绝接受这个现实，而只是在 1697 年通过《里斯维克和约》（Treaty of Ryswick）将伊斯帕尼奥拉岛的西三分之一割让给法国，同时该条约也结束了双方长达 9 年的冲突，即我们所熟知的大同盟战争（War of the League of Augsburg）（见 120 页）。西班牙人控制的伊斯帕尼奥拉岛成了圣多明各，即今天的多米尼加共和国。不过当格拉蒙最初抵达伊斯帕尼奥拉岛时，那里已经有了一位自称圣多明各总督的官员，他管理着来自小戈阿沃（Petit-Goave）定居点的法国人的各种事务。格拉蒙同时带来了暴力：他在海岸附近抢了一艘荷兰船只。

这次非法行为使他和政府起了冲突，他无法返回法国，所以选择留在了圣多明各。在他的性格中一定有着某些超强的魅力令人们尊敬他，景仰他，因为在很短的时间内，小戈阿沃和托尔蒂岛上的海盗就推举他为"将军"，不过他更喜欢他那个盗用的"爵士"头衔，在法语中称为"骑士"。大多数海盗的历史都围绕着或好或差的时机展开。

米歇尔·德格拉蒙骑士可能是加勒比海上的第一位"绅士"海盗，他因服饰华丽而闻名，其优雅的容貌掩饰了他残忍凶恶的气质。

假如格拉蒙晚一两年再取得荷兰人的战利品，那他的行为就是合法的了，因为法国与荷兰在 1678 年宣战。一夜之间，所有荷兰人的财产都成了可以公开掠夺的对象，格拉蒙欣然加入了其他海盗组织，参加了洗劫委内瑞拉海岸附近荷兰人占据的库腊索岛（island of Curacao）的活动。1678年 5 月，这些海盗们与一支法国海军小舰队一起从小戈阿沃出发，总兵力超过1 200 人。然而，加勒比海上的天气变幻莫测，一场狂风恶浪冲散了这些船只，几艘船撞上了小安的列斯群岛（Lesser Antilles）西部艾维斯群岛（Aves Islands）的礁石，发生了沉船。天刚一放晴，海军船只立即返回圣多明各，只剩下海盗们在打捞沉船中的遗物。这是个生财的机会，就像艾斯克默林说的那样，这些救难船的"篷中从不缺少两三桶红酒或白兰地，还有几桶牛肉和猪肉"。

据称库腊索岛的防御坚不可摧，剩余的武装力量无法攻陷委内瑞拉海岸并

一艘停泊在加勒比海上的海盗船；该水彩画出自《彼得·潘图画书》（*Peter Pan Picture Book*），作者为爱丽丝·B·伍德沃德（Alice B Woodward）。

发动袭击，因此这些海盗们又向着更容易的目标进发。1678 年 6 月，格拉蒙率 700 人登上 6 艘船，驶入了马拉开波湖。这次探险见证了另一位海盗的横空出世——荷兰人劳伦斯·德·格拉夫（Laurens de Graaf）。在接下来的行动中，格拉蒙与他一起联手协作。马拉开波湖沿岸仍然可见里奥洛奈斯（L'Olonnais）和亨利·摩根在 17 世纪 60 年代洗劫该地所留下的凄凉景象——的确，曾经充满生机的可可交易中心直布罗陀现在已成了鬼城。这一切都解释了战利品如此稀少的缘由。然而，他们也并非一无所获。从前的海盗袭击从未深入遥远的内陆地区，他们还从胆战心寒的居民那里得来信息，繁荣昌盛的特鲁希略尚未受到滋扰。1678 年 9 月，格拉蒙骑着掠夺而来的马匹，率领手下奔赴内地，深入委内瑞拉沿岸地区，洗劫了特鲁希略。到 12 月末，这些海盗们满载大量掠夺物资返回圣多明各。

这位骑士的下一次探险虽然在钱财方面无法与洗劫特鲁希略媲美，但也是自摩根夺取巴拿马以来最为惊人的劫掠之一。1680 年 5 月，他作为海盗武装的头目重返委内瑞拉，掠夺了拉瓜伊拉（La Guaira）。拉瓜伊拉为该地区的西班牙首府加拉加斯服务的港口城市。海盗们冒险夜袭了这座海港，一支小型突击部队做先锋，占领了两个守卫港口入口的堡垒，接着就洞穿了城镇的大门。不过次日清晨，加拉加斯的西班牙政府发动反击，派出 2 000 名常规部队戍守城墙，海盗们发现自己被包围了。在接下来的艰苦鏖战中，西班牙人发动的连续进攻被击退，格拉蒙的喉咙也被火枪子弹击中。

不过他的伤势不重，仅仅是擦伤而已，他还能组织手下撤退。海盗们逃回海上，但却没有时间往自己的船上装载什么战利品，他们几乎空着手回到了圣多明各。在战斗中，一些重要的西班牙人质落入这些掠夺者的手中，他们可以断断续续地收到一些赎金，总算为他们挽回了最后一丝颜面。

荷兰海盗与法国海盗联手

三年后的 1683 年 5 月，德格拉蒙再次与劳伦斯·德·格拉夫联手袭击委内瑞拉。德·格拉夫生于荷兰的洛朗巴尔达朗（Laurens Baldran），他在荷兰摆脱西班牙统治的独立战争中被俘，可能作为俘虏被船运至西班牙大陆美洲。17 世纪 70 年代早期，德·格拉夫逃跑重获自由，成为海盗，指挥自己的小船展开行动。1672 年 3 月，他参与了对坎佩切的成功洗劫，掠夺了大量白银和其他珍贵的战利品，从此开始走上海盗之路，后曾在米歇尔·德·格拉蒙领导的袭击马拉开波中效力。1679 年，他俘获了 24 炮西班牙战舰"虎"号（Tigre）。拥有这样的火力使德·格拉夫成为了中美洲沿岸最令人胆寒的海盗之一。1682 年他的所作所为传至亨利·摩根爵士的耳中，摩根称之为"伟大而顽皮的海盗"。德·格拉夫试图躲避派来追捕他的海盗猎手彼得·海伍德（Peter Haywood），结果却遇上了火力与"虎"号势均力敌的西班牙战舰"公主"号（Princesa），而且该战舰上满载着士兵。在随后的枪战中，德·格拉夫智胜一筹，打败了敌人。最后，"公主"号投降，德·格拉夫将西班牙人赶上岸，然后带着战利品和120 000枚西班牙古银币扬长而去。这笔钱足够支付圣多明各戍卫部队一年的工资，他大大地扬眉吐气了一次。

　　同年，他又在卡塔赫纳附近劫掠过往船只，但这座城市守卫森严，德·格拉夫并没有打它的主意，不过他却发现了自己的另一位竞争对手——一个臭名昭著的荷兰海盗。在追捕两艘可能成为猎物的船只时，德·格拉夫被突然出现的尼古拉斯·范·霍恩（Nickolaas van Hoorn）的船只击溃。仓促间，范·霍恩的手下没能识别这些西班牙帆船在水中的高度——它们并未载货，根本不值什么钱。在来加勒比海探险之前，范·霍恩一直在欧洲和非洲海域逡巡，他提议与劳伦斯·德·格拉夫兵合一处，共同作战，但后者断然拒绝了他，这一点并不令人感到意外。然而在第二年，德·格拉夫的态度缓和，这两个荷兰人与当时正准备率法国分遣队进攻韦拉克鲁斯的米歇尔·德·格拉蒙骑士签订了协议。

　　就在1683年5月17日的黎明之前，海盗舰队抵达墨西哥海岸附近。哨兵们受到蒙骗，以为正驶入视野的是西班牙船只，因为这些海盗们用两艘西班牙大帆船作为开路先锋。这一骗术居然瞒天过海，一队荷兰海盗顺利登陆。在劳伦斯·德·格拉夫和另一名荷兰人扬·"扬基"·威廉斯（Jan "Yankey" Willems）的率领下，他们抓获了大部分正在打瞌睡的西班牙士兵，因此很快就解除了敌人的防御。

　　然后，法国与荷兰联军洗劫了该城镇。第三天或第四天，大西班牙舰队出现在海平面上，匆匆进行着撤退的准备。海盗们带着珍贵的劫掠品、近千名奴隶和几十个用来获取赎金的当地名人撤退到附近一个防御森严的小岛上——洛斯萨克里菲西奥斯岛（Los Sacrificios）——等待谈判。此时，劳伦斯·德·格拉夫和尼古拉斯·范·霍恩就如何瓜分未来巨额的战利品发生了分歧；一份当代文献称，每个普通海盗所得的赃款都能买下自己的船并将船只装备齐全。这两个荷兰人进行了一场决斗，范·霍恩的胳膊受伤，后来肌肉腐烂，几天后不治身亡。在就赎金达成一致并获得钱款后，这些海盗们大摇大摆地从这些西班牙舰船旁驶过，扬长而去。返回圣多明各后，米歇尔·德·格拉蒙因海盗行为遭到指控，因为在他发动袭击时，法国与西班牙正处于和平期，不过小戈阿沃的法国政府对此事睁一只眼闭一只眼，法国海事法庭也未对他提起检控。

　　两年后，德·格拉蒙和德·格拉夫再度联手洗劫坎佩切。在经历了旷日持

一幅未标明日期的钢笔画，描绘了加勒比海上的一群海盗正从自己的小船登上一艘西班牙大帆船。

久的战斗后，他们成功赶走了西班牙人的军队，并在那个夏天占领该城市及其附近的农村地区长达三个月之久。不过绵延的战斗为居民们将大部分财产安全转移赢得了时间，这些入侵者根本就没什么可抢得了。因此，海盗们将有些价值的俘虏聚集在一起，想用他们来换取赎金。不过新西班牙的总督拒绝谈判，也不为其居民支付赎金，所以海盗们将该地的建筑物付之一炬，并开始屠杀手中的囚犯。德·格拉蒙和德·格拉夫出面制止了这样的暴行，他们跟手下说，这些俘虏活着比死了更有价值，西班牙人最后会为他们付钱。就这样，坎佩切的这些名人活了下来，1685 年 9 月，他们和海盗一起离开了这座火光冲天的城市。

第二年德·格拉蒙计划再次袭击墨西哥。到 1686 年 4 月，他一直在尤卡坦半岛活动，但暴风雨迫使他不得不向东北方撤退。后来，他率众洗劫了西班牙人占领的佛罗里达，但却与自己舰队中的其他船只失散。从此，再也没有人见过米歇尔·德·格拉蒙骑士和他的船。

劳伦斯·德·格拉夫一度继续做着他的私掠船船长，接着又成了海盗，接连袭击了在古巴的西班牙人和在牙买加的英国人。1695 年 5 月，英国海军攻击

1689 年围困卡塔赫纳。一阵猛烈轰炸过后，海盗与法国常规部队的联合力量攻陷了这座西班牙人驻守的伟大城市。城墙的缺口打开后，大劫掠就开始了。

了他位于伊斯帕尼奥拉岛上的基地和平港（Port-de-Paix），洗劫了该城镇，并将德·格拉夫的妻子和两个女儿扣为人质。德·格拉夫从未被任何政府逮捕，有关他的最后一条消息是他曾率人进行了一次探险，在密西西比的比洛克西（Biloxi）附近的墨西哥湾北岸建立了一个法国殖民地，人们认为他在这一过程中去世。

国家武器——海盗——洗劫卡塔赫纳

这个时代后来的海盗每当看到卡塔赫纳时总是泪眼蒙眬，并不禁由衷发出深深的叹息。多么丰厚的战利品啊！自从老巴拿马城被摧毁后，加勒比海上的法国殖民者以袭击敌人殖民地的方式来帮助自己的祖国，圣多明各的法国总督让·杜·卡斯（Jean du Casse）从他的小戈阿沃办公室中颁发了大量拿捕许可证。当欧洲战事行将结束之时，法国的军事家们开始寻找机会发动对某个西班牙人占领的城市来一次大洗劫，最后他们将目标锁定为卡塔赫纳。

法国人将这次进攻组织成了一次由政府赞助的商业冒险活动，他们广招投资商并雇佣了海盗。1689年3月，法国海军上将巴龙·让·德·普安蒂（Baron

就像亨利·邦纳特（Henri Bonnart）所描绘的那样，让·伯纳德·代让·德·普安蒂（Jean Bernard Desjean Baron de Pointis）是法国太阳王路易十四的宫廷官员。德·普安蒂授命率联合部队进攻卡塔赫纳，但他花花公子般的装扮和不可一世的态度惹恼了这些强横的海盗。战役结束后，海盗们认为德·普安蒂欺骗了他们，因为他们没有得到公平的战利品份额。

Jean de Pointis）亲赴圣多明各领导这次探险，同时他还带上了一支由 10 艘法国战舰组成的小舰队。

守城人击退了杜·卡斯指挥的一次海盗袭击，因此炮击仍在进行，但很明显时机有利于进攻者。由于继续守城无望，1689 年 5 月 6 日西班牙总督投降。法国军队兴高采烈地入城，满心欢喜地期待来一次大洗劫，不过德·普安蒂拒绝了这些人的要求。经过与卡塔赫纳民政部门的正式磋商，他同意劫掠半个城市及其居民的财产。杜·卡斯出言反对这种悲悯之情，而这在某种程度上代表了海盗的利益，不过德·普安蒂不为所动。这对于卡塔赫纳的居民来说也算得上是部分的安慰了，不过海盗们却被激怒了，他们声称德·普安蒂在耍他们。5 月 29 日，当海盗们准备离开之时，德·普安蒂仅给了他们约定的战利品份额中的一小部分。

当法国海军扬帆起航，这些海盗们则踌躇不前，他们决定自己动手拿回属于他们的那一部分。他们 6 月 1 日重返卡塔赫纳，对居民实施监禁和拷打，以获得一切可能的财富。海盗们平分了战利品，然后驶回圣多明各。在海盗船行驶之时，一支英国战舰小舰队发现了这支法国舰队，并一路追赶他们。这些法国人很幸运，一阵狂风助他们摆脱了英国舰队。然而英国舰队返回时又遇上了这些折返的海盗，他们立即猛扑过去，截获了几艘法国船只和大部分在卡塔赫纳搜刮来的战利品。许多海盗被控犯有海盗行为而被处于绞刑。德·普安蒂返回法国时为法国国王带回了大量的战利品，当然他也给自己留足了财富。为了犒赏海盗们的功劳，路易十四为幸存的海盗开出了现金奖赏，以弥补他们的损失。不过，这次行动的真正赢家还是"太阳王"——那位海军上将和那些法国投资者们。

洗劫卡塔赫纳是西印度海盗在加勒比海上所犯下的最后罪行之一。1697 年,《里斯维克和约》为欧洲交战各国带来了和平，并解决了许多的领土争端，在加勒比地区尤其如此。随着短暂的和平降临新世界，许多西印度海盗放下屠刀，转而从事农耕，但其他海盗——尤其是英国海盗——则前往小安的列斯群岛或定居在几乎荒无人烟的巴哈马群岛上，展开了大规模的海盗活动。这一时期被委婉而颇有讽刺意味地称为海盗的"黄金时代"。

卡斯蒂略·德·圣菲利佩·德·巴拉哈斯（Castillo de San Felipe de Barajas）处的卡塔赫纳的城墙。该城墙始建于 1536 年，1657 年前不断扩建并加以时兴武器。然而 1689 年，它们却无力抵挡那些贪婪的法国入侵者。

霍华德·派尔所绘的《洗劫卡塔赫纳》（ *The Sack of Cartagena* ）向我们展示了法国分遣队离开后的某一时刻。这些海盗认为自己受到了德·普安蒂的欺骗，没有得到公平的战利品份额，他们怒气冲冲地返回卡塔赫纳，想从那些在第一次洗劫中幸免的居民身上榨些油水出来。

第七章   臭名昭著的海盗

印度洋上海盗的"黄金时代"

在查尔斯·约翰逊船长（Captain Charles Johnson）关于"海盗"的畅销书中，被妖魔化的黑胡子是最能体现海盗"黄金时代"的人物。黑胡子绝不是那个时代最恶贯满盈的海盗，但他的经历却一定是最多彩的。

好莱坞牛仔电影中的神话让我们觉得这段被称为"狂野西部"惊心动魄的年代持续了很久，但事实上它大约只有40年时间。同样，这座浮华城中另一个讨喜的题材——总是恃强凌弱的海盗的故事——也是如此。它们如此引人注目并非因为历时长久，而是由于其间发生的故事实在精彩绝伦——多种多样的人类活动、层出不穷的冒险奇遇都引发人们的无限遐想。在1690至1730年间这些当了海盗的水手总是与作恶多端的当地政府公开作对，是他们使这段时期成为了海盗的"黄金时代"。在这短短的40年间，爆发了航海史上最集中的海盗行为。最深受其害的地区就是西印度群岛和美洲的大西洋海岸，但海盗的影响范围远不止于此，西非海岸和印度洋也是重灾区。定期往返于欧洲和美洲殖民地的商船常常是他们的猎物；那些从西非向加勒比海运输奴隶之后再装满朗姆酒和糖，返回欧洲的船只也不能幸免。此外，满载印度和远东奇珍异宝的船只也使他们垂涎三尺。在小说和大银幕上，常常把海盗描绘得和他们的祖先一样，轻易就能掠金得银，但真正的海盗并不期待会得到珠宝，他们抢的只是一些美洲殖民地上的日常生活之物。

如果不那么严格精确地划分，我们可以出于方便的目的将这段"黄金时代"在地理上分为两个部分：一部分是包括印度洋和阿拉伯海（Arabian Sea），另一部分则是北大西洋和西印度群岛。印度洋上的欧洲海盗行为从17世纪90年代持续到1721至1722年，而沿美洲海岸则大多集中在1714至1722年这9年间，罗伯特·路易斯·史蒂文森（Robert Louis Stevenson）和J.M. 巴里（J.M. Barrie）等小说家和霍华德·派尔等画家都曾对这段时间进行过描绘。然而，这种划分却忽略了那些曾劫掠两个半球的海盗和那些在西非几内亚海岸（Guinea Coast）——冈比亚（Gambia）和加蓬（Gabon）之间的那一带——活动的海盗。

海盗活动是怎样发生的呢？纵观历史，大多数人成为海盗均是环境所迫，而并非一种职业选择，这一点在18世纪20年代亦是如此。乍看起来，这些带有自发性质的海盗行为的爆发是由许多社会因素促成的。加勒比海上海盗时代的结束——17世纪80年代，英国和法国均鼓励自己的国人劫掠西班牙在美洲的殖民地以获取利益——迫使这些前海盗们不得不另觅其他生存之处。

在牙买加和后来的巴哈马群岛，一种新的殖民地乐观主义情绪开始蔓延开

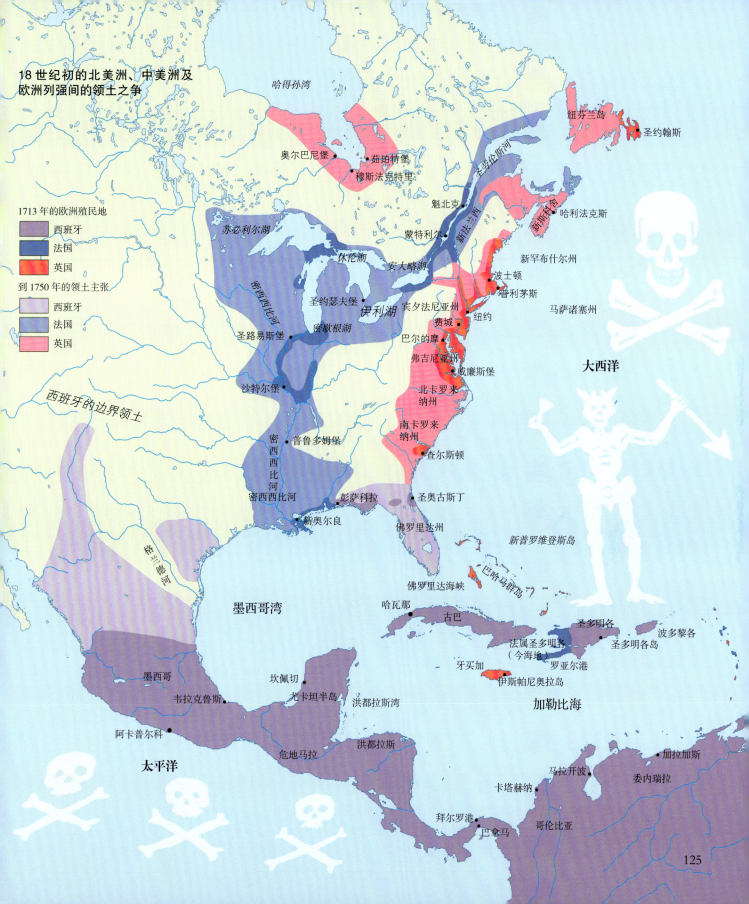

18 世纪初的北美洲、中美洲及
欧洲列强间的领土之争

1713 年的欧洲殖民地
西班牙
法国
英国

到 1750 年的领土主张
西班牙
法国
英国

哈得孙湾

纽芬兰岛
圣约翰斯

奥尔巴尼堡
茹珀特堡
穆斯法克特里

魁北克

新斯科舍
哈利法克斯

苏必尔湖

休伦湖

安大略湖

蒙特利尔

新罕布什尔州

密西西比河

圣约瑟夫堡

伊利湖

密歇根湖

波士顿

普利茅斯

马萨诸塞州

圣路易斯堡

宾夕法尼亚州
费城
纽约

巴尔的摩

沙特尔堡

弗吉尼亚州
威廉斯堡

西班牙的边界领土

密西西比河

普鲁多姆堡

北卡罗来
纳州

南卡罗来
纳州

大西洋

密西西比河

彭萨科拉

查尔斯顿

格兰德河

新奥尔良

圣奥古斯丁

佛罗里达州

新普罗维登斯岛

巴哈马群岛

墨西哥湾

佛罗里达海峡

哈瓦那

古巴

圣多明各

波多黎各

法属圣多明各
（今海地）

圣多明各岛

墨西哥

坎佩切

尤卡坦半岛

洪都拉斯湾

牙买加
伊斯帕尼奥拉岛

罗亚尔港

加勒比海

韦拉克鲁斯

阿卡普尔科

洪都拉斯

危地马拉

太平洋

马拉开波

加拉加斯

委内瑞拉

卡塔赫纳

拜尔罗港
巴拿马

哥伦比亚

125

来，随着殖民地总督采取了一种更加负责的态度，越来越严格的反海盗政策使许多从前的海盗开始在美洲的大西洋沿岸和加勒比海与西印度群岛的外围重操旧业。首批离开西班牙大陆美洲的海盗横渡大西洋，沿西非海岸掠夺船只，不久后他们又深入印度洋寻找目标。在几个月内，其他人就找到了曲折难寻的小岛和通往美洲海岸理想避难所的入口。17世纪末，加勒比海上的海盗行为逐渐销声匿迹，不过欧洲却即将再次爆发全面战争。

西班牙国王查理二世（Charles Ⅱ）死后无嗣，西班牙王位继承战争（War of the Spanish Succession）（1701—1713年）由此爆发。奥地利哈布斯堡王朝和法国波旁王朝都宣称自己有权继承西班牙王位，因而产生冲突。查理将其所有的领土都留给了法国路易十四的孙子，后者成了西班牙国王腓力五世，庞大的西班牙帝国因此并入了法国版图。哈布斯堡王朝的神圣罗马帝国皇帝利奥波德一世（Leopold Ⅰ）声称王位应由自己继承，所以向法国宣战，与波旁王朝为敌。英国（在战争过程中于1707年成立了大不列颠联合王国，其成员包括英格兰、苏格兰和威尔士）则成了利奥波德的同盟。荷兰共和国亦是如此，因为它和英国一样，对法国的扩张野心存有忌惮。此外，英荷两国还希望西班牙国王继承新教。战争不仅在欧洲展开，同时也蔓延到北美洲和加勒比海。英国殖民者后来将这场冲突称为"安妮女王之战"（Queen Anne's War），但事实上，这场战争是在安妮的前任威廉三世（William Ⅲ of Orange）在位时开始的。在签订了《乌得勒支和约》和《拉什塔特和约》（1714年）之后，西班牙王位继承战争终于落下帷幕，腓力五世保有西班牙王位，但他和他的后代永远不能继承法国王位，奥地利哈布斯堡王朝将西班牙在低地国家和意大利的大部分领土并入自己的版图。

即将成为西班牙和法国国王的这个幸运儿是法国国王之孙，他继承了西班牙王位，成了腓力五世。他曾两次挑起欧洲战争，因此间接成为几千艘私掠船的雇佣者。上图为亚森特·里戈（Hyacinthe Rigaud）为腓力五世绘制油画后所制的版画。

和平引发失业

在此期间，战争为欧洲和美洲的私掠船长提供了许多工作机会，他们可以与参战的多个国家签订利润丰厚的合同。然而对于英国私掠船长来说，和平最重要的结果就是，作为和约的一部分，西班牙赋予英国特权，可以在西班牙大陆美洲从事为期 30 年的奴隶贸易。不过从另一个角度来看，战争的结束也摧毁了美洲的海上机制。1714 年的和平使原先数以千计的私掠船船长和船员失去生计，他们只能在海岸上做廉价的苦役、在军舰和商船上拿点微薄的工资，或继续做海盗。这些出路并不理想，所以大多数人重操旧业去掳获商船，但许多船长都刻意回避，不会去袭击自己国家的船只。

随着战争的进行，北美洲不明朗的政治局势也助长了海盗行为的盛行。由于缺乏强有力的政府的管制，大西洋沿海地区成了海盗的天然狩猎地，而且就像在牙买加和圣多明各一样，殖民地的总督乐于接纳这些海盗为他们港口带来的非法货物。这些非法贸易给当地经济带来的益处足以抵消海盗对商船的破坏和保险价格上升的损失。这样的状况持续了至少十年，但随着海上贸易在和平时期稳步上升，殖民地政府也开始打压美洲海域上的海盗。司法与海军联手，终结了这种暴力和偷盗的行为。

到 1730 年，最猖獗的海盗活动已经终止。尽管后来也时有海盗出没，但这短暂的 40 年就是流行文化和浪漫文化中所说的海盗的"黄金时代"。查尔斯·约翰逊船长（Captain Charles Johnson）等这样的当代作家首创了这个浪漫的别称。约翰逊所著的《最臭名昭著的海盗之抢劫杀人通史》（*A General History of the Robberies and Murders of the Most Notorious Pyrates*）出版于 1724 年，是一本比艾斯克默林的《海盗史》更受欢迎的畅销书。约翰逊的真实身份无人知晓，不过最近一段时间，人们确定他的真实姓名为丹尼尔·笛福（Daniel Defoe），许多图书馆也将笛福列为该书的作者。不过，这种断言未经证实，因此遭到其他名人的大力反对。

此书即是人们非常熟悉的《海盗通史》（*A General History of Pyrates*），约翰逊在其中叙述的有关"黑胡子"、巴塞洛缪·罗伯茨和亨利·埃弗里（Henry Every）等人的传说令人瞠目，在社会上引起强烈轰动，使他们成为了那个时代的传奇人物。此外，他所展现的邦妮和里德等女海盗的生活也使人们震惊不已。海盗是 18 世纪初人们逃避现实生活的流行素材，在当时的报纸上，人们对其活动的报道常常完全是虚构的。他们的流行形象间接地反映了许多海盗的残暴无情，但却没有描绘他们在生活中的悲惨、不幸甚至是悲剧——他们常常身经百战，被政府抓获后要被处死，壮年早逝早已司空见惯。另外，对于那些海盗的受难者来说，这个时代一点儿也不"黄金"。

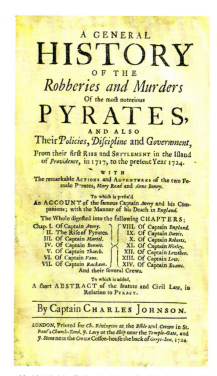

约翰逊的《海盗通史》的扉页，说明此书涉及有关海盗"从第一次崛起和 1717 年在普罗维登斯岛（the Islandlof Providence）定居到 1724 年间的政策、纪律和组织"以及"两位女海盗玛丽·里德和安妮·邦妮的重要活动与冒险。"

最早有记载的黑色海盗旗：伊曼纽尔·韦恩（Emanuel Wynne）的海盗旗上的头骨、交叉的骨头和沙漏。

爱德华·英格兰（Edward England）的海盗旗上的经典头骨与交叉的骨头。

克里斯多夫·康德恩特（Christopher Condent）的海盗旗上的三个无颌头骨和交叉的骨头。佛得角群岛（Cape Verde Islands）和巴西海岸附近的受害者很容易就能识别这样的图案。

悬挂海盗旗

许多关于"黄金时代"的海盗的说法都是谬误，但海盗旗却是如假包换。据说水手们只要一见到"黑胡子"就心惊胆寒，从而不战而降。然而，真正望一下大海你就会知道，这根本就是谬传。即使你拿着望远镜，也无法辨认迎面驶来的船上的船长容貌。"黄金时代"真正令人们产生恐惧的就是主桅杆上飘扬的海盗旗，它明确地彰显着船主人的身份。海盗旗（Jolly Roger）源于法语的"红色"，是一种对上一代海盗的暗讽。

在 17 世纪，私掠船作为合法的海军的一部分、打着自己国家的国旗作战曾是一种惯例，同时他们也会升起一面红色旗帜。红色旗帜的起源不明，但该颜色被视为危险信号，因此我们有理由推测红色旗帜是为了警告敌人，战斗中没有同情和宽恕，他们会血战到底。如上一章所述，掠夺者常会越界成为海盗，因此他的旗帜就逐渐演化成为一种震慑受害者的图形标志。这面旗帜有效地发出声明："不想死，投降是唯一的出路。"

18 世纪初，黑色成为海盗旗首选底色的原因无人知晓，但黑色使人联想到恐惧和死亡大概就是最好的答案。有人也曾指出，与红色截然相反的黑色是在告诫人们，这艘船已不再是私掠船，而是一艘海盗船。然而，这个理由似乎不太可能，因为私掠船可以悬挂黑色和红色旗帜，"黄金时代"的海盗船也使用这两个颜色。黑色海盗旗的最早记录出现在 1700 年，当时法国私掠船长伊曼纽尔·韦恩（Emanuel Wynne）化身海盗，他的旗帜上装饰着一个头骨、交叉的骨头和一个沙漏。到 1714 年，黑色旗帜已成为明显的象征。有时准备不足的掠夺者不得不用其他物品临时凑合一下，比如当豪厄尔·戴维斯（Howell Davis）最初转做海盗时，就命令他的手下升起"一块肮脏的柏油帆布来当作黑色旗帜，因为他们别无其他合适的东西"。那些法国受害者显然明白了这种改旗易帜的含义，于是纷纷逃跑了。

与 17 世纪后半叶的西印度海盗类似，18 世纪的海盗有时也会同时悬挂国旗和自己的海盗旗。查尔斯·文（Charles Vane）就是在一根桅杆上挂英国国旗，在另一根桅杆上升起黑色的海盗旗，而爱德华·英格兰在袭击英国东印度公司的船只时，主桅上飘扬着黑色旗帜，前桅上使用红色旗帜，而船尾旗杆则悬挂英国国旗。在获得捕拿特许证后，合法的私掠船可能会悬挂国旗，但海盗们使用国旗的更迫切原因则是蒙蔽对方。

由于人们认为私掠船只会劫掠敌人的船只，所以海盗就可以把自己的船装扮成私掠船，悄悄接近那些毫无防备的船只，再对它们进行突然袭击。对于小

128

型的单桅海盗船来说，这种诡计在劫掠体形更大、装备更强的船只时十分有利。爱德华·英格兰和豪厄尔·戴维斯都是伪装大师。

由于旗帜说明不了什么，所以在敌方水域上悬挂多国国旗来免受攻击或迷惑、欺骗敌人就成了一种惯例。甚至海军的军舰也会在火炮的射程内悬挂外国国旗和信号旗来引诱敌船。如今有一条不成文的规则：只要在开火前将"诱骗的"旗帜换成正确的国旗，这种"战争的诡计"就是合法的。当然，海盗不理会这样的行为准则，他们只会随心所欲地悬挂任何旗帜。这种政策的自然结果——在战时或在海盗横行的水域行驶时——就是在得到证明之前，要将所有船只假定为敌船，然后在看见海平面出现船帆时尽快逃跑。

当伊曼纽尔·韦恩迎风展开他的船帆时，人们看到了黑色背景上的白色头骨、交叉的骨头和一个沙漏，这种特别的旗帜设计有助于辨认某个特别的海盗，因此他的受害者也会知晓他们的敌人是谁。海盗旗的功能非常实际，那就是恐吓受害者，让他们不战而降。这样，海盗们不仅省了气力，还能完好无损地得到船只，从而使那些珍贵的战利品免遭炮火的破坏。那些不幸看到海盗旗帜的商船也会联想起巴塞洛缪·罗伯茨或"黑胡子"等海盗，从而立即缴船投降。当然有时候，只要如此恶贯满盈的海盗的旗帜一出现，也会激励船员们血战到底，因为他们知道即使投降，海盗们也不会施予他们任何怜悯，上个世纪的里奥洛奈斯就是如此。

旗帜上的图形因主人不同而各异，但其主题大致相同。其绘画大胆、简单、从远处易于辨认，因此我们看到了很多来自日常生活的形象：坟墓和陵墓、寓意画和教堂雕刻画上的形象……甚至还有商人的符号。到目前为止，最流行的图案就是咧嘴而笑的头骨或骷髅，对于所有敌人来说，这显然是明显的死亡象征。 头骨下交叉的骨头也可能换成交叉的刀剑——显然意味着一场血腥的战斗就在眼前。这两种象征物都是17和18世纪墓碑上的流行形象。最不易引起注意的象征物是沙漏，在那个手表还未出现的年代，它明确地告知人们：属于你

沃尔特·肯尼迪（Walter Kennedy）是巴塞洛缪·罗伯茨的副指挥，他的海盗旗上使用混合形象，其中包括一把剑和沙漏。

斯蒂德·博内（Stede Bonnet）是非常特别的海盗，他的旗帜上综合了几样难以辨认的元素：战斗用的匕首、心脏、头骨等。

克里斯多夫·穆迪（Christopher Moody）的海盗旗（左下图）和亨利·埃弗里（Henry Every）（右下图）的海盗旗：穆迪曾与巴塞洛缪·罗伯茨并肩战斗——他与罗伯茨的其他船员同时在海岸角城堡（Cape Coast Castle）被绞死。他的旗帜是所有海盗旗中色彩最丰富的，仍保留着西印度海盗所使用的红色为底色。沙漏上有翼（表示时间飞逝）。亨利·埃弗里的海盗旗上的头骨经过精心描绘，以侧影呈现，这一点很不同寻常。他曾在黑色和红色的底色上使用过同样的图案。

"棉布"杰克·雷克汉姆（Jack Rackham）对交叉的弯刀情有独钟。

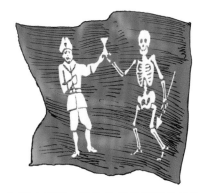

与死亡博弈；巴塞洛缪早期的海盗旗被右侧的海盗旗所取代，用以表达他对巴巴多斯和马提尼克的憎恨。

理查德·沃利（Richard Worley）简单的头骨和交叉的骨头对于一个转行的二流海盗来说很是恰当；他于 1719 年 2 月 17 日被绞死。

的时间正在流逝。

　　一些海盗旗上还会出现文字信息，它通常都是针对特别人群的特殊威胁。巴塞洛缪·罗伯茨对巴巴多斯岛（Barbados）和马提尼克岛（Martinique）的人们心存怨恨（见 174 页），因此当他 1720 年夏末在水域上巡航时，就设计了一些用来恐吓岛民的旗帜。其中一面海盗旗是代表罗伯茨本人的海盗踩着两个头骨。一个头骨下面的字母 ABH 意为"一个巴巴多斯人的脑袋"，而另一个头骨下的 AMH 意为"一个马提尼克人的脑袋。"这种威胁的效果是显而易见的，因为这两个岛屿的水手们知道，如果他们被俘就绝不会得到任何怜悯。

　　头骨显然与即将到来的死亡有关，而海盗旗上的骷髅则显得有些复杂。一些有关海盗旗的记录向我们展示了一起跳舞的骷髅或是与人跳舞的骷髅；这象

征着与死亡共舞或与死亡博弈的海盗；换句话说，他们把死神玩弄在股掌之间，而毫不在乎命运的安排。偶尔，海盗们还会使用几种不同的象征物，比如巴塞洛缪·罗伯茨的海盗旗上就有一个举起的沙漏和一个持长矛的骷髅，"黑胡子"的旗帜上则展示了一个一手拿沙漏、另一手持长矛的骷髅，这个骷髅正用长矛刺向一颗滴血的心脏。所有这些海盗旗展现的都是恐怖的形象，而且都在宣称反抗是徒劳的，其结局就是死路一条。

荷兰与英国商人瓜分东方

　　在 1697—1701 年这段短暂的和平时期之前，一些更为大胆的西印度海盗会横渡大西洋前往非洲的几内亚海岸劫掠，然后还会进一步远航，绕过好望角，深入印度洋。根据《托德西利亚斯条约》（Treaty of Tordesillas），这里是葡萄牙的势力范围，在哥伦布之前不久，英勇无畏的水手就绘制出了非洲西海岸的航行路线图。

　　当西班牙人在征服、殖民和掠夺美洲之时，葡萄牙人也循着 15 世纪末瓦斯科·达·伽马（Vasco da Gama）从印度返回的路线，在印度尼西亚和欧洲之间开辟了一条新的海上路线。16 世纪，当欧洲人将商业影响扩大到印度洋上，阿拉伯人陆地商队的垄断地位遭到了速度更快、成本更低的海上贸易的挑战。

　　在 16 世纪末至 17 世纪初，葡萄牙人统治着这些海上路线。但到了 17 世纪中期，荷兰人、法国人和英国人也开始定期航行。这与经济和商业中心从地中海盆地转向北欧的时间不谋而合，商人们出口布匹、制造业产品和珍贵的金属，

然后再换回丝绸、香料、茶叶、瓷器和鸦片。就这样，葡萄牙人失去了垄断地位，并很快发现自己的作用仅局限在非洲和东方，而英国和荷兰的贸易公司则蓬勃发展起来。到 17 世纪的最后 25 年，东印度公司（East India Company）——也被称为约翰公司——在印度设立，其荷兰的竞争对手荷兰东印度公司（V.O.C.）则通过在印度尼西亚设立贸易区而控制了远东地区的商业。在 1660 年英国王权复辟之后的几十年间，查理二世（Charles Ⅱ）授予了东印度公司一些特权。它可以修建和驻防堡垒，募集、训练及装备军队，获取（也就是吞并）土地、结盟、宣战及达成和平协议。还有一些诸如铸币及在任何"获得"领土上实施民事管辖和刑事管辖等权力使东印度公司成了真正的自治王国，其荷兰的竞争对手也大抵相同。

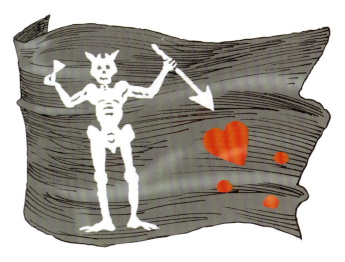

"黑胡子"的恶魔骷髅正拿着长矛刺向一颗滴血的心脏。

到 1689 年，该公司的众多"工厂"已遍布印度次大陆，还独立管理着孟加拉国（Bengal）和马德拉斯（Madras）的广大区域及孟买（Bombay）地区。东印度公司不断侵蚀着荷兰对印度尼西亚保有地的香料的垄断地位，这导致了对于海盗行为的指控，并最终成为引发一系列英荷战争的一个导火索，当然非洲问题也是原因之一。由于要应对贸易对手、其他的帝国主义列强和充满敌意的土著首领，东印度公司急需自己的武装力量，因此它在 17 世纪 80 年代在当地人中招募了军队。此时，东印度公司所缺乏的就是一支与之相呼应的、强有力的海军。一般说来，东印度公司可通过建造航速最快的船只来避免海盗的袭击，正因为此，全副武装的军舰也追不上这些船，因此在远离印度港口之外的地区，重型军舰几乎没有用武之地。此外，英国还沿航线配备了海军分遣队，最终减少了海盗对商船的威胁。

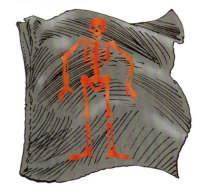

在爱德华·洛（Edward Low）的海盗旗上，红色有着另一种应用：恰如其分的血红色骷髅。

奴隶贸易的早期发展

加勒比海上西印度海盗活动的终结使海盗们纷纷另寻他处捞取丰厚的战利品。其中一个地区就是西非，在那里奴隶贸易正处于鼎盛时期。到 1690 年，葡萄牙在奴隶海岸沿线的垄断已被打破，英国、法国和荷兰等国的奴隶商人大量涌入。英国甚至打着皇家非洲公司（Royal African Company）（R. A. C.）的旗号从事奴隶贸易。该公司原名皇家非洲冒险家贸易公司（Company of Royal Adventurers Trading to Africa），在 1660 年查理二世复辟后由国王颁发皇家特许证，垄断了英国的奴隶贸易。事实上，该公司最尊贵的成员就是国王的弟弟詹姆斯，即约克公爵（Duke of York）。由于是皇家垄断，该公司可以获得皇家海军的保护。皇家海军可以截获与之竞争的英国贩奴船，也可以驱逐外国贩奴商

托马斯·图（Thomas Tew）的海盗旗可能是最不同寻常的，上面的图案是正在挥动弯刀的手臂。

人——实际上就是法国人、葡萄牙人和荷兰人，不过此时荷兰人已基本将葡萄牙人驱赶殆尽。

因此冲突不可避免，1667年第二次英荷战争时达到白热化，在这场战争中克里斯多夫·曼格斯爵士（Sir Christopher Myngs）身亡。

皇家非洲公司的代理人将所俘获的奴隶销往美洲，他们将奴隶聚集在几内亚海岸的交易站，然后打上 D.Y.（意为约克公爵）或 R.A.C. 的烙印。到17世纪80年代初，该公司每年约贩卖5000名奴隶，这个数字到1689年翻了一番，不过此时皇家非洲公司已丧失了垄断地位，而像布里斯托尔（Bristol）这样的其他英国港口城市则大大受益。

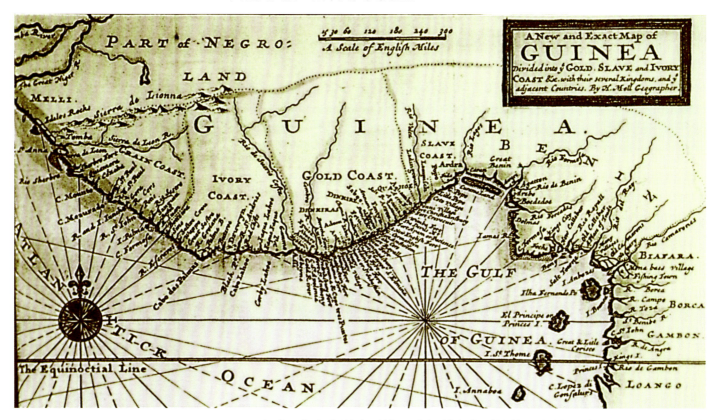

西非的几内亚海岸从西部的冈比亚（Gambia）一直延伸到东部的加蓬，其中包括谷物海岸（Grain Coast）、象牙海岸（Ivory Coast）、黄金海岸（Gold Coast）、尼日利亚（Nigeria）和贝宁（Benin）。在17世纪末和整个18世纪，这里都盛产奴隶。

此时，皇家非洲公司转而进行利润丰厚的黄金贸易，并获得了另一项为英国提供薄荷的特权，这为加纳（Ghana）的几内亚湾赢得了"黄金海岸"的别称，并创造了一个绰号为"基尼"（译者注：英国旧时的金币名）的地域。

因此，尽管有海军在海上巡逻，陆军部队也修建了防御工事——比如黄金海岸上海岸角城堡（Cape Coast Castle）这样的贸易站——海盗却成为了西非海岸沿线越来越普遍的威胁，这一点也不足为奇。现在，那些来自美洲和欧洲的海盗绕过好望角（Cape of Good Hope），深入印度洋那温暖的水域活动只是时间问题了，而他们早在 17 世纪的最后几十年就曾经这样做过，并发现那里是个完美的狩猎场。沿印度洋的北岸，在阿拉伯海上，行驶着满载大量财富的印度船只和阿拉伯船只，它们都可能是海盗劫掠的对象。不过无论在哪里，海面上最富诱惑力的还是那些将东方的财富运往欧洲的荷兰或英国东印度商船。在长达 30 年的时间里，印度洋一直是海盗活动的温床，在这片广袤的水域上流传出了最经久不衰的海盗传说。

海盗在这里并不是什么新鲜事物，早在欧洲与印度签署第一份合同之前很久，海盗在印度洋上的很多地区就已司空见惯。海盗在印度西海岸及阿拉伯和波斯沿岸活动。虽然印度莫卧儿王朝（Indian Moghul Empire）派出了全副武装的战舰在印度洋北部巡查，阿拉伯君主也差遣自己的海军进行巡逻，但由于这片海域实在过于广袤，这样的措施并不足以平息频繁的海盗活动。欧洲和美洲海盗的到来只会使状况变得更加糟糕。

到 1690 年，伟大的莫卧儿王朝——受内讧、内战和让位于东印度公司所累——失去了对这一区域海上航线的控制权。尽管印度和阿拉伯的海上贸易方兴未艾，但其保护航运的能力却下降了。这就是最早绕过好望角的西方海盗所面临的状况，他们将之看作是千载难逢的好机会。亨利·埃弗里（Henry Every）和托马斯·图（Thomas Tew）这样的海盗在劫掠船只时大获成功，在约 20 年的时间里，欧洲海盗控制了印度洋水域。庞大的马达加斯加岛（Madagascar）傲踞在富庶的贸易航线上，因此成为理想的海盗基地。威廉·基德和爱德华·英格兰（Edward England）等海盗对东印度公司商船的袭击在伦敦引起了强烈抗议，政府不得不采用海上护航和增加海军巡逻的方式来保护航运。

到 1720 年，来自欧洲和美洲的海盗威胁刚刚过去，另一件更棘手的麻烦就接踵而至。中央集权的莫卧儿王朝的倒台在印度引起了政治动乱，这使得一些探险家跑到沿海封地上去为自己开疆拓土。不可避免地，这些小君主们就变成了海盗，并把掠夺来的财富作为主要的经济来源。18 世纪前半叶，像安格利亚王朝（Angria Dynasty）这样的印度西海岸海盗不断袭击当地和东印度公司的船只，却可以不受任何惩罚，而且坚固的堡垒和一支训练有素的海盗舰队又可以保护他们免遭报复。

藏宝是"黄金时代"海盗传说中的主题，不过古西班牙金币、古西班牙银币和珠宝越来越罕见，而其他诸如糖、可可豆、特别是奴隶等货物也同样珍贵。

**18 世纪初的印度
和欧洲人的工厂**

阿拉伯海

印度河

特达

阿杰梅尔

焦特布尔

阿格拉

阿格拉

亚穆纳河

恒河

瓦拉纳西

安拉阿巴德

巴特那
卡西姆巴扎尔
比哈尔　巴哈拉姆普尔
胡格利－钦苏拉
查丹那加
加尔各答

达卡

古吉拉特邦

阿默达巴德

马尔瓦

纳默达河

马哈纳迪河

冈瓦那大陆

巴勒谢瓦

德干高原

孟加拉湾

苏拉特

第乌

达曼

瓦塞

孟买

焦尔

戈达瓦里河

戈尔康达

克里希纳河

戈尔康达

比姆利伯德姆
维沙卡帕特南

卡基纳达

帕拉科鲁

默苏利珀德姆

**花钱购买官方私掠证
的海盗**

托马斯·图是一位合法的美洲船
长，他是第一批在印度洋上活动的西方
海盗之一。与同时代的一些人不同，托马
斯·图并不是一个备受委屈的水手，而是
罗得岛纽波特（Newport）一个尊贵、体面又
富裕的家族的后裔。由于英法交战，他于 1690
年南迁至百慕大群岛（Bermuda）并当上了私掠
船船长，因劫掠前往加拿大的法国船只而获取了
丰厚的利润。在岛上定居后，由于他的资金充裕，
所以加入了一个财团，购买了单桅帆船"阿米蒂"号
（Amity）的部分股份，该船可以用来私掠巡航。这个财
团任命托马斯·图为船长和百慕大的总督，一位名为罗伯
特·罗宾逊（Robert Robinson）的皇家海军军官还向他授予
了官方私掠证。有了它，托马斯·图就可以在公海上劫掠法
国船只，并能够在非洲海岸袭击法国人的奴隶基地。

1691 年，"阿米蒂"号与另一艘当地的私掠船"乔治·德鲁"号
（George Drew）一起拔锚起航，驶往西非。它们的目标是与皇家非洲公司一起
袭击法国人的殖民地戈雷（即塞内加尔的达喀尔）。在一场暴风雨中，"乔治·德
鲁"号的桅杆丢失，两艘船失散。独自前行之际，托马斯·图召集他的船员，
建议他们转做海盗。他预言，他们劫掠法国工厂不会有什么收获，因为皇家非
洲公司将会侵吞所有的战利品。据说他还声称，与其为政府卖命倒不如自己干
上几票。船员听从了他的意见，"阿米蒂"号驶向好望角，然后进入了印度洋。
托马斯·图在马达加斯加岛短暂停留后向北行驶，进入红海。他在贝贝尔曼德

文格乌
尔拉
果阿邦

安吉迪
瓦群岛

加尔瓦尔

贡达布尔

芒格洛尔

坎努尔

代利杰里

卡利卡特

克兰甘努尔
里普拉姆
波拉卡德

科钦

奎隆

安杰哥

玛纳帕杜

毗奢耶那伽罗

班加尔

马拉巴尔海岸

卡宴库拉姆

杜蒂戈林

卡亚帕特纳姆

布利格德
马德拉斯
萨德拉斯

本地治里
圣大卫堡

波多诺伏

纳格伯蒂讷姆

贾夫纳

马纳尔湾
亭可马里
拜蒂克洛

普塔勒姆

内贡博
科伦坡

加勒

马塔拉

1707 年 奥朗则布统治的莫卧儿王朝的领土

1707 年 马拉地邦联

欧洲人的贸易基地（工厂）

● 英国人（东印度公司）

● 荷兰人（荷兰东印度公司）

● 葡萄牙人

● 法国人

博海峡（Straits of Bebelmandeb）遇到了一艘阿拉伯商船并将其俘获，同时没有任何人员伤亡。这次行动的战利品十分惊人，足以保证每个人分到3000英镑，而托马斯·图和他的百慕大赞助者们则会大发一笔横财。

根据《海盗通史》的记载，1693年末，"阿米蒂"号再次在马达加斯加岛停留，托马斯·图遇到了法国海盗米松（Misson），后者建立了一个"自由"殖民地（Libertatia），即一种海盗乌托邦的形式。约翰逊将那里描述成一个经过防御的港湾，还建有市场、房屋和码头。"自由"殖民地是一个平等社会，所有人共享平等的权利，即使是黑人奴隶也能够从贩奴船上获得自由。不过很显然，没有任何证据表明米松或"自由"殖民地一个真实存在，它只是约翰逊的一种想象，作者的写作目的是强调海盗社会的平等性，而这正是贯穿全书的一个主题。

我们所知道的是，1694年4月托马斯·图返回罗得岛（Rhode Island）的纽波特，他付清船员和财团股东们应得的款项，卖掉了"阿米蒂"号，然后回到陆地生活，这就是殖民地社会精英阶层中贵族和广受敬仰的人的生活画卷。当他在新英格兰逗留期间，托马斯·图到访纽约并遇到了英国总督本杰明·弗莱彻（Benjamin Fletcher）。后来弗莱彻回忆说，托马斯·图是一个和蔼可亲、彬彬有礼的人。几个月后，在船员的催促下，托马斯·图决定重返大海。

由于从其他殖民地总督那里获得官方私掠证有点困难，1694年10月托马斯·图径直来到纽约向弗莱彻提出他的请求，弗莱彻表示愿意为他提供一份官方私掠许可证，用以袭击前往加拿大的法国船只，但托马斯·图需要缴纳300英镑。由于托马斯·图并非特别小心谨慎的人，所以弗莱彻不可能会对图的真实动机有所误解。两份当时资料明确显示，所有波士顿人都知道图正在罗得岛装备"三艘小船、一艘单桅帆船、一艘双桅帆船和一艘三桅帆船"，准备驶向印度洋和红海。弗莱彻的继任者贝拉蒙特伯爵（the Earl of Bellamont）称，托马斯·图的真实目的纽约城中人尽皆知。

1694年11月，托马斯·图出发了，他驾驶的是仍被命名为"阿米蒂"号的新单桅帆船，随行的是两名由私掠船员转做海盗的托马斯·韦克（Thomas Wake）和威廉·旺特（William Want）。旺特在上一次航行时也追随着托马斯·图，

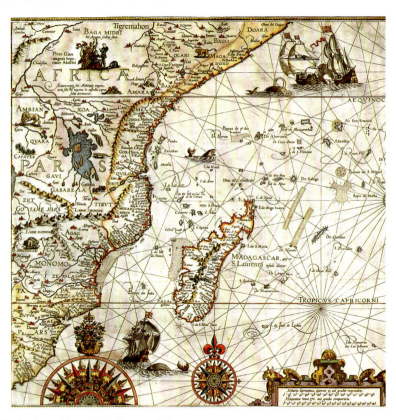

一幅18世纪初的印度洋西部地图向我们展现了马达加斯加岛。该岛为海盗们提供了完美的基地，当行驶于印度和欧洲之间的船只经过马达加斯加岛和东非海岸的海峡时，他们可以从这里袭击它们。

135

从霍华德·派尔的画中，我们可以看到托马斯·图——手持陶土烟斗——正在拜访纽约总督本杰明·弗莱彻，并向他提出获得官方私掠证的请求；弗莱彻谈起这位和蔼可亲的海盗时说，"他就是那种令人愉悦的人。"

是一位可以信赖的伙伴。这支小舰队再次在马达加斯加岛停留，在接下来的几季，托马斯·图或与他那两位新英格兰追随者一起单独巡航，或作为海盗分舰队的一部分出航。就最后这次航行来说，根据约翰逊的说法，参与其中的还有另一位著名的海盗——亨利·埃弗里。到1696年，托马斯·图已经成为了威胁皇权的心腹大患，同年1月，威廉三世（King William Ⅲ，1672—1702年在位）为纽约的威廉·基德船长（Captain William Kidd）颁发了一张特许证。托马斯·图被列为海盗，而海盗猎手威廉·基德的任务就是把他缉拿归案。

人们对托马斯·图在那段时间的活动不甚了解，但他可能在1695年6月进入红海寻找目标，在那里他袭击了一艘西班牙船只。与以往不同，这次劫掠遭到了对方的抵抗，一颗炮弹炸开了托马斯·图的腹部，其伤致命。约翰逊还对此进行了生动的描述，托马斯·图"双手紧紧捧着他的肠子；当他把它们摔到地上时，对方船上的人大惊失色，乖乖束手就擒，完全没有反抗"。没有人知晓他们的命运，但可以肯定的是，胜利者一定要了他们的命。托马斯·图是一位颇具浪漫主义色彩的海盗：胆大如斗、一度颇为成功、战斗中死里逃生等。与他同时代的亨利·埃弗里类似，托马斯·图的传奇故事鼓励了其他人走上海盗之路。

然而，本杰明·弗莱彻并没有欺诈托马斯·图的赞助款。美国沿海地区有关他贪污的传言使国王对他心生厌恶，他命令商业及种植业委员会（Council of Trade and Plantations）进行调查。1697年2月，委员会给弗莱彻写信，通知他"近期在审判几个亨利·埃弗里的船员时获悉，阁下的政府为此等恶棍提供了庇护，您对于托马斯·图船长的支持就是一个例证"。弗莱彻为自己辩解称："托马斯·图船长像其他来到本省的外地人一样前来拜访我。他告诉我他拥有一艘全副武装的单桅帆船，并保证在加拿大河（圣劳伦斯河）上与法国人作战，因此我发给他一张特许证。"

第二年，贝拉蒙特伯爵（Earl of Bellamont）理查德·库特（Richard Coote）

取代了弗莱彻，并开始对这一指控进行调查。1698 年他向商业及种植业委员会报告称，这些海盗"已给东印度群岛和红海造成了极坏的影响，已从纽约或罗得岛整装待发，并在纽约装配好了武器"。他的矛头直指他的前任，称弗莱彻总督在托马斯·图和其他海盗"在弗莱彻的政府中不拥有船只的情况下"就向他们颁发了特许证，然而他们有了特许证就可以在纽约招募人手，从而前往红海从事海盗活动。"托马斯·图是一个最臭名昭著的海盗，"贝拉蒙特继续道，"曾遭到东印度公司的指控……他小气悭吝而又声名狼藉，而弗莱彻却接纳了他，并对他爱护有加，常常与他共进晚餐……他们时常互换金表之类的贵重礼物。"

弗莱彻因此被召回，他颜面扫地，还要去面对商业及种植业委员会的满腔怒火，因为委员会认为在他向托马斯·图颁发特许证的环境和时机"极有可能不会无条件地对他下发许可"。殖民地总督以国王名义下发捕拿特许证的权力不应用来获取个人私利。卸任前夕，本杰明·弗莱彻说起托马斯·图时称：他"不仅勇气可嘉、行动力强，而且是我曾见过的、最有方向感、记忆力最强的水手。他也是那种最令人愉悦的人……"

最不幸的海盗

从威廉三世（William Ⅲ）那里取得特许证缉拿托马斯·图的人最终也得到了一个不光彩的头衔——由当时的流行刊物所发起——英国最臭名昭著的海盗之一。不过基德船长却因为从未犯过的罪行而遭到了严厉的指责，事实上这对于海盗来说是一种相当大的失败。他仅进行了一次私掠巡航，只拿到区区一件战利品，而这足以把他拘捕起来并判处终身监禁。

威廉·基德 1645 年生于苏格兰，出生地可能是格陵诺克（Greenock），但也有人称是敦提（Dundee）。当他还是个孩子时，他父亲的死使这个原本备受尊重的家庭家道中落，像许多他之前的苏格兰男孩一样，年轻的威廉当上了水手。他做水手的前 20 年经历无人知晓，有关他的第一条记录出现在 1689 年。那一年，他在加勒比海上的一艘私掠船上参与英法交战，基德带领强行登船队截获了一艘法国船只，掠夺了船上的战利品后将其驶往尼维斯（Nevis）。大家推举基德当这艘船的船长，他将该船重命名为"幸运威廉"号（Blessed William），以纪念信奉新教的英国国王。该事件发生后不久，基德就再次遭受了侮辱——在水手罗伯特·库利福德（Robert

哈罗德·派尔所创作的"基德船长"肖像。这位受命前去缉拿托马斯·图的船长与唯一已知的同时代私掠船长（画像见下页）很相似，但这位海盗艺术家却使他的长相看起来十分小气猥琐。

Culliford）的挑唆下，他的船员坚持要转做海盗，并在基德拒绝他们的要求时抛弃了他。

到 1691 年，他已经抵达纽约，他在那里娶了一位两度守寡的女人，其年龄只有他的一半，这个女人为他带来了从前两次婚姻中继承的大量殖民地财产。他们随后生下两个女儿，威廉·基德成了当地有头有脸的人物，他也因从事合法私掠活动而被尊为诚实、勤奋的船长。不过这时发生了一件意外事件。1695 年，他驾船驶往英格兰，希望可以获得利润更为丰厚的私掠合同，他在伦敦塔遇见了贝拉蒙特伯爵理查德·库特（Richard Coote）。这位伯爵当时正在向国王和商业委员会表示诚意，以使自己能够取代本杰明·弗莱彻，成为纽约和马萨诸塞州的总督。他的计划是打击他所遭遇的一切海盗行为，并尽可能损害法国人的利益。由于从多处听闻了对托马斯·图的海盗行为的控诉，威廉三世很乐于给贝拉蒙特的被保护人颁发一张皇家特许证。基德自己的船"安提瓜"号（Antigua）被卖掉以筹集资金，但因为有了皇室的赞助，他和贝拉蒙特能够从包括一些伯爵和男爵在内的其他投资者手中获得资金，这笔钱足够他们建造一艘新的私掠船并招募船员。

重 300 吨且装有 34 炮的"加利探险"号（Adventure Galley）下水服役，它装有船桨和船帆。选择这艘船就意味着威廉·基德要么是掌握了地中海上的航海技术，要么就是他很容易听信别人的建议，并进行大胆的尝试。因为海盗经常会遭遇河口的浅滩和岛屿附近的沙洲，因此船桨就有了优势，从而增加了桨帆船在避风条件下的灵活性。国王签署了捕拿特许证，允许基德在印度洋上对遇到的海盗和任何法国人进行袭击。语言表述的含糊不清，其含义就是如果该行为会带来利益，投资者也会对偶尔的劫掠行为睁一只眼闭一只眼，但由于合同上对战利品分配进行了限制，这也就意味着基德和他的船员几乎捞不到什么油水。尽管利润空间很小，这些约束性的条款仍对基德未来的行为产生了深刻的影响，并使他陷入了与船员的持续冲突中。

1696 年 5 月"加利探险"号从纽约出发，船上雇用了约 150 名有经验的私掠船船员。

基德对于每个船员进行了精挑细选，不过他的小心谨慎到底还是徒劳无功。9 月，皇家海军将其一半船员征到了皇家海军舰船"公爵夫人"号（Duchess）上，而该船船长在附近又为他提供了一批作为交换的船员，其中许多都是冷酷无情的海盗和被判了刑的罪犯。终于，"加利探险"号扬帆起航了，她横渡大西洋，绕过好望角，进入了印度洋。1697 年 4 月，基德的船停在马达加斯加岛。直到此时，他还没有遇到海盗，顶着来自大多数船员的压力，他仍然不去触碰那些非法的战利品。不过此时"加利探险"号渗水严重，他手下的船员也越来

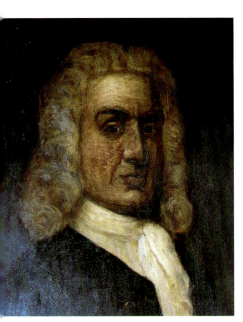

复辟时期一位成功的私掠船长的肖像。威廉·基德最终被定性为海盗，而这与他的行为并不相符，最终，一根绳子了结了他的性命。

17 和 18 世纪印度洋上的主要贸易路线

霍尔木兹 亚 洲
波斯湾
红海 马斯喀特
麦加 加尔各答 广州
吉达 阿拉伯半岛 孟买 海南岛
萨瓦金 阿拉伯海 孟加拉湾
亚丁 文格乌尔拉 默苏利珀德姆
索科特拉岛 果阿邦 安达曼群岛 吞武里
马德拉斯 安达曼海 暹罗湾
摩加迪休 科伦坡 尼科巴群岛 中国南海
巴拉维 苏门答腊群岛
帕泰 新加坡 婆罗洲
维多利亚湖 拉穆 印度洋 香料群岛
马林迪 塞舌尔群岛 巴邻旁 爪哇海
蒙巴萨 荷属印度尼西亚 巴达维亚
坦噶尼喀湖 桑给巴尔 爪哇
基尔瓦基斯瓦尼
马拉维湖 伊博
莫桑比克 科摩罗群岛
克利马内 马达加斯加岛
毛里求斯
伊尼扬巴内 留尼旺岛
德拉瓜湾 多凡堡 大
洋
开普敦 洲
好望角

非 洲

东印度商船的主要航线
印度商船

欧洲人的路线
阿拉伯人 - 印度人的路线

伊博 奴隶交易站

越难以制伏，很显然，他们的冒险失败了。8 月，基德在红海上袭击了一艘东印度公司的商船，但遭到驱赶。另一次与葡萄牙战船的小规模冲突也遭遇失败，船员们士气全无，在抢下一艘英印船只的小额战利品后，基德撤退到拉克代夫群岛（Laccadive Islands）修理船只。

1697 年 11 月他重回海上，但回避了与另一艘东印度商船的遭遇。而又一次的回避行为引起了基德与炮手威廉·莫尔（William Moore）的冲突。基德责骂莫尔是"一只令人作呕的狗"。莫尔则反唇相讥："那也是拜你所赐，是你毁了我和那么多的人。"

基德因此恼羞成怒，他操起一个大桶照着这个炮手的脑袋砸去，结果了他的性命。1698 年 1 月，基德在印度海岸劫掠了三艘小船后，用这些令人垂涎三尺的货物来诱捕"奎达商人"号（Queddah Merchant）。他这么做也是奉命而行，因为"奎达商人"号悬挂的是法国国旗。然而，这艘船的船长是一名英国人，当基德由于这一原因提出放弃劫掠这艘船时，船上反叛的船员迫使他继续追击。在听说这一事件后，东印度公司借政府之手将基德归为海盗，无论他怎样祈求宽恕也无济于事。

在又一次徒劳无功的航行后，基德于 1698 年 4 月抵达马达加斯加岛，在那里他遭遇了他追捕海盗航程上唯一的一位海盗，驾乘摩卡三桅帆船（Mocha

"加利探险"号于1695年建于伦敦的德特福德造船厂（Deptford shipyards），是一艘装有34门火炮的三桅横帆远洋船。如剖面图所示，该船仓促建成、木材易腐，因此适航性差始终是她的一个大问题。

Frigate）航行的罗伯特·库利福德（Robert Culliford）。不过他连一个俘虏也没捉住，同样的历史又一次上演了。

基德的船员纷纷叛离，他们投靠了库利福德后扬长而去，留给这位海盗猎手的只有那艘破烂不堪的"加利探险"号和13名仍然忠心于他的船员。在对这艘严重腐烂的桨帆船进行了最后的抢修之后，他们最终放弃了她，登上了"奎达商人"号，基德将后者更名为"冒险战利品"号（Adventure Prize）。他们离开马达加斯加岛后，放弃了前往印度洋的航行计划，转而驶向波士顿，基德希望在那里能够获得纽约和马萨诸塞州总督，也就是贝拉蒙特伯爵理查德·库特（Richard Coote）的宽恕。然而，贝拉蒙特伯爵不但没有宽恕他，反而将他逮捕起来押解回伦敦受审。有关基德在前往波士顿前将赃物埋在长岛（Long Island）的传言可能是真的，而贝拉蒙特伯爵很可能在逮捕基德后挖出了那些宝物。

18 世纪初，基德被关进伦敦的监狱。在这样不利的状况下，基德那些尊贵的投资人们纷纷与他撇开干系，极尽所能地散布虚假消息以坐实他的恶名。因此就有了大量有关他的残酷无情的故事，不过即使这些暴行属实，那也一定是他手下那些不守规矩的船员所为。虽然保守党试图让基德说出他的政治靠山的名字，但这些来自辉格党（Whig party）的、惊恐的支持者们却"弄丢了"这些秘密文件，从而阻止了一场政治丑闻。更要命的是，用来证明他所劫掠的那两艘船是合法的法国战利品的文件也不见了，而这份文件恰好可以用来驳回东印度公司关于其海盗行为的指控。20 世纪初，人们最终在伦敦落满灰尘的其他遗物中找到了这些文件。为了使国王和贵族们摆脱进一步的尴尬境地，基德仓促受审，因谋杀威廉·莫尔而被定罪。1701 年 5 月 23 日，他在伦敦沃平（Wapping）的处决码头（Execution Dock）被处以绞刑。之后，他的尸体在泰晤士河两岸示众，用来警示其他海盗。基德船长是误算与阴谋的牺牲品，是那个时代最不幸的海盗之一。

懂得适时收手的海盗

有人认为亨利·埃弗里 [或称约翰·埃弗里（John Avery）]，有时也称本杰明·布里奇曼（Benjamin Bridgeman）是最成功的海盗：他劫掠到了那个时代最丰厚的战利品，躲避了政府的追捕，并幸存下来讲述其传奇的一生。他是查尔斯·约翰逊（Charles Johnson）所著戏剧《成功的海盗》（Successful Pyrate，1712 年）的主题，为许多以探险和掠夺为生的人提供了灵感。最重要的是，与托马斯·图和其他同时代海盗不同的是，亨利·埃弗里懂得适时收手。他的早年生活无人知晓，但他很可能是在皇家海军的舰船上习惯了颠簸的生活。一份记录表明，他曾在 1671 年参与炮击阿尔及尔港（Algiers），另一份报告则称一位加勒比海盗是他的后台，人们将他描述为 17 世纪 90 年代初没有执照的贩奴船长。到 90 年代末，皇家非洲公司垄断了这项利润丰厚的贸易，但那些涉险违反奴隶交易法的无执照者仍能赚得盆满钵满。

很显然，到 1694 年埃弗里已经不再从事奴隶贸易——不过这种说法并没有事实依据——到了 6 月，他在"查尔斯"号（Charles）上任大副，该船当时停泊在西班牙西北部的拉科鲁尼亚（La Coruna），得到西班牙政府的特许，可以对西印度群岛上法属马提尼克的航运进行袭击。然而，埃弗里和"查尔斯"号都没能到达西班牙大陆美洲。一天晚上，在醉鬼船长喝多了酒不省人事之际，埃弗里率人发动叛乱，船员们接管了这艘船，并将其重命名为"幻想"号，埃弗里被推举为新船长。"幻想"号是一艘理想的海盗船，她是一

约翰逊的《海盗通史》插图描绘了一位黑奴在热带的阳光下为亨利·埃弗里撑伞的情景。在背景中，这位海盗的交叉人骨旗就飘扬在掠夺而来的贸易工厂上空。

艘快速私掠船，装配了46门火炮。船员们驾船南行，在前往好望角的途中，在佛得角群岛附近截获了四艘船。其中一艘是法国海盗船，另三艘是英国船，埃弗里写下一封令人震惊的信，把它交给一艘即将驶往伦敦的船，后来报纸刊登了这封信的内容，信中所署日期为1695年2月18日。在信中，他声称自己对英国和荷兰船只没有敌意，但"我的手下饥饿难耐、坚决果敢，如果他们逆了我的意，我也无能为力"。显然，如果他被俘获，这就是可以讨价还价的东西。最后他在信的末尾写道"英国人的朋友——亨利·埃弗里"。他还补写了附言，告知了自己的位置就在科摩罗（Comoros）的约翰娜岛（Johanna Island），并警告说："这里有160名零星的法国武装分子伺机劫持船只，请保重。"

1695年晚些时候，埃弗里进入了印度洋，沿着非洲东海岸向北行驶，深入红海。他在那里遇到了许多海盗，其中一些来自美洲殖民地。埃弗里与他们结盟，并将他们编成一支强大的小舰队，使其可以拦截行驶于印度和中东之间的、全副武装的莫卧尔王朝珍宝船。这些海盗们做好埋伏，等待着一年一度从阿拉伯半岛返回印度的珍宝舰队，那些船上满载着此前用东方的丝绸和香料换来的金银珠宝。

分散行驶的印度船只发现了海盗，他们在夜幕的掩护下逃脱了，不过幸运女神最终还是垂青了埃弗里，破晓之时，两艘印度船只进入了他们的领地。较小的"法塔赫穆罕默德"号（Fateh Mohammed）很快被俘，而较大的"甘吉撒瓦"号则经过激烈的战斗才最终就范。海盗们为了追查珍宝的藏匿之所而严刑拷打幸存者，最后将他们屠杀，妇女们则遭到强奸，这是一场由海盗与印度人之间的宗教和种族差异而引发的暴行。

在约翰逊的作品中，海盗与女人的命运对比并非那么恐怖，而是一场滑稽的闹剧。在《成功的海盗》中，"甘吉撒瓦"号载着两名欧洲血统的女人，她们与海盗们嬉笑怒骂，以此来娱乐观众。

埃弗里发现他们竟然俘获了一艘大莫卧儿王朝奥朗则布（Aurengzeb）的重要珍宝船，上面装载着价值超过600 000英镑的金银珠宝和各种奢侈品，这样的收获出乎埃弗里的意料，也令船员们大喜过望。舰队中的每一个海盗都分到了1000多英镑，这在那个时代简直是一笔令人咋舌的财富，而更多的钱财则流入了埃弗里和"幻想"号船员的腰包。海盗联合舰队解散后，"幻想"号驶往加

在战斗中，"幻想"号（Fancy）与莫卧儿王朝的珍宝船"甘吉撒瓦"号（Gang-i-sawai）锁在一起，以此为背景，埃弗里在海岸上摆好姿势，看起看就像一位备受尊敬的英国绅士。这艘印度珍宝船上满载着贵重物品和钱币。

勒比海，因为与返回英国相比，在那里成功的私掠船长会受到更加热烈的欢迎。因此埃弗里和他的船员去了巴哈马群岛，在那里人们对英国的令状不以为意，岛上的海盗团体会庇护他们。船员们拿到酬金后便各自散去。

　　不幸的是，对于这些一夜乍富的人来说，奥朗则布切掉了与东印度公司的所有贸易往来，并悬赏缉拿海盗的人头。一些人重返英国，结果可想而知，几个海盗被抓获后处以绞刑，但埃弗里驶往了爱尔兰，从此消失得无影无踪。他后来的命运无人知晓，但人们觉得他应该是腰缠万贯地隐退江湖了。埃弗里是唯一依靠不义之财过活的海盗，同样，他也是最成功的海盗之一。继查尔斯·约翰逊（Charles Johnson）之后，他也声名大噪，成为众多海盗争相效仿的完美典范。

爱德华·英格兰——头硬心软

　　残酷无情几乎是每一个海盗的标签，而对于那些渴望天降横财的水手来说，摊上一个怀有同情心的船长真是太不幸了。爱德华·英格兰就属于这一类型。他航海技术娴熟、作战勇猛，但他对俘虏的宅心仁厚与他这个职业的凶残标准背道而驰。最终，他的船员弃他而去，爱德华饿死在了马达加斯加岛上的贫民窟中。

　　英格兰可能生于爱尔兰，原名爱德华·西格（Edward Seegar）。做水手时，他曾在以牙买加为基地的一艘单桅贸易船上工作，从事合法的水手职业。而这一切在1717年终结了，当时他的船被克里斯多夫·温特（Christopher Winter）俘获，这是一个活动在巴哈马群岛之外的海盗，否则也定会在历史上留下一笔。海盗们带着战利品返回巴哈马群岛，西格选择入伙，并将名字改为英格兰，以隐匿真实身份。他一直在温特手下效力，直到1718年，一个人来到了新普罗维登斯岛（New Providence），打算做出一番惊天动地的大事业来终结海盗的黄金时代。伍登·罗杰斯总督（Governor Wooden Rogers）大刀阔斧地采取行动，力图肃清巴哈马群岛的海盗（见152—154页）。

　　英格兰和几个声名狼藉的家伙乘着一艘偷来的单桅帆船逃掉了，他们带着一队新船员横渡大西洋，决意委身成匪。

　　他沿着西非海岸从亚速尔群岛（Azores）航行至佛得角群岛，掠夺了一些战利品。其中一艘被俘获的船只就是双桅帆船"卡多根"号（Cadogan）。这是一艘来自布里斯托尔和斯金纳（Skinner）的贩奴船，其船长因过往的残酷行为而著称。海盗们将这位船长虐打至死，之后又开始屠杀贩奴船上的船员。不过英格兰阻止了他们，那些愿意加入他们的人都获得了赦免。其中一

这幅木版画上的爱德华·英格兰正是约翰逊的《海盗通史》中的形象。由于他对待俘虏过于仁慈，他的船员抛弃了他。

个叫作豪厄尔·戴维斯的人很快就成了令人闻风丧胆的海盗（见170～172页），他成了"卡多根"号的船长。另外一艘战利船是较大的"珍珠"号（Pearl），英格兰把它作为自己的旗舰，而原来的单桅帆船则成了辅助船。海盗们继续在几内亚海岸附近航行，又陆续俘获了几十艘船只。英格兰将单桅帆船"胜利"号（Victory）给了他最信任的一个船员约翰·泰勒（John Taylor）。

海盗们继续向南航行，绕过好望角，进入了印度洋，希望能遇上一些正要返回欧洲的英国和荷兰东印度公司的商船。他们在马达加斯加岛稍做停留，将船拖上岸进行修理，在此期间，他们逍遥自在地过了几个星期，与非洲女人尽情地调笑作乐。英格兰和泰勒继续结伴在印度西北海岸附近航行。英格兰再一次搬进了他新俘获的船只——一艘34炮的横帆船。他效仿亨利·埃弗里，将这艘船重命名为"幻想"号。之后，他们重返大西洋，1719年抵达冈比亚河（Gambia River）和海岸角（Cape Coast）之间的海岸附近。这次的猎捕成果十分丰厚，有十艘船落入了他的手中。英格兰劫掠了船只，然后放走了三艘船及其船员，另两艘被作为战利品带走，其余的被付之一炬。两艘战利船"水星"号（Mercury）和"伊丽莎白"号（Elizabeth）经过整修后有了新的名称："安妮女王复仇"号（Anne's Revenge）和"天王"号（Flying King）。英格兰随后将这两艘船交给了他信任的副官莱恩船长（Captain Lane）和罗伯特·桑普尔（Robert Sample），这两人从加勒比海起航，开始了自己的海盗生涯。不久之后，英格兰和泰勒再次俘获两艘船，他们放走一艘，留下另一艘，并将其命名为"胜利二"号（Victory Ⅱ），该船成了泰勒的新旗舰。

英格兰和泰勒经由马达加斯加岛西北部的约翰娜岛（现在科摩罗群岛中的昂儒昂岛）返回马达加斯加，由于这里位于印度和好望角的航线中心，因此是一个很受欢迎的海盗集结地。

1720年8月27日，英格兰在靠近一个小岛时发现了停靠在港湾的三艘东印度商船，其中一艘属荷兰，另两艘是英国船只"卡珊德拉"号（Cassandra）和"格林威治"号（Greenwich）。两艘稍小的船拔锚逃脱，由苏格兰人詹姆斯·麦克雷（James Macrae）船长指挥的"卡珊德拉"号全副武装，向"幻想"号开火，为另两艘船赢得了时间。约翰·泰勒驾驶"胜利"号追击逃跑的

在当代出版物中，很流行以战船为背景来描绘海盗。在这幅图中，驾乘"幻想"号的爱德华·英格兰正与东印度商船"马达加斯加"号交战。

约翰娜岛，东印度商船航线上的海盗藏匿所

印度洋

非洲

马拉维湖

伊博
奔巴岛
纳卡拉
莫桑比克

大科摩罗岛
莫埃利岛
约翰娜岛
马约特岛
科摩罗群岛

来自印度

马达加斯加

克利马内

莫桑比克海峡

贝拉
索法拉

东印度商船的主要航线
前往好望角

马达加斯加岛

商船，"幻想"号则与"卡珊德拉"号展开了残酷的海战。麦克雷和英格兰的战斗持续了几个小时，他们都在近距离向对方开炮。相比之下，"幻想"号的武装更强，因此尽管双方的船长和船员都果敢坚毅、作战勇猛，但海盗们明显占据上风，麦克雷乘着千疮百孔的船驶向海滩，率领幸存的船员逃上了岸。

海盗们派出一艘船去追赶"卡珊德拉"号，据说在船上找到了价值 75 000 英镑的货物。麦克雷和他的船员在岸上躲藏了 10 天，后来由于缺粮缺水而被迫投降。这是一场赌博，尽管"卡珊德拉"号上有 37 人丧生，但英格兰手下的海盗也有 90 多人战死，因此为他们死去的伙伴复仇就成了屠杀的动机。英格兰和约翰·泰勒（因让猎物从手中逃脱而暴怒）经过旷日持久的争论后，这位船长天生的仁慈心最终获胜，他放走了麦克雷和"卡珊德拉"号上的船员。当英格兰的海盗舰队集结之时，泰勒煽动船员起义，将大部分船员招至自己的麾下，并发起叛乱。英格兰无力应对这种局面，只得卸任。1721 年初，他被流放到马达加斯加岛附近的一个小岛上，跟随他的仅有三名忠诚的手下。他们扎了一个木筏，最终抵达马达加斯加，在那里英格兰沦落街头、行乞要饭，不久就饿死了。

抛弃了从前的船长后，约翰·泰勒驾驶"胜利"号继续向东朝着马拉巴尔海岸（Malabar Coast）前进，"幻想"号随行，但他却遭遇了大麻烦。在东印度公司孟买主基地附近的两个小岛上，一支负责驱逐海盗的英国战舰中队没能完成任务，正在撤退，该舰队对泰勒发起了进攻。由于敌众我寡，泰勒仓皇逃窜，向非洲东海岸的更安全水域逃去，在那里他与奥利维尔·拉·布什（Olivier Ia Bouche）会合。这位法国海盗刚从加勒比海和大西洋上来到这里，1716 年他与萨姆·贝拉米（Sam Bellamy）合作，两年后又和豪厄尔·戴维斯共谋。在截获了一艘葡萄牙船只并分赃之后，这两个海盗分道扬镳，拉·布什去了马达加斯加，而泰勒则驶往西印度群岛，后来又前往巴

霍华德·派尔的油画《孤立无援》（Marooned）是"黄金时代"的经典海盗形象。在南美洲和非洲南部海岸沿线，大量荒无人烟的岛屿成了那些与船长作对的人的天然监狱，同样，这里也囚禁着一些惹恼船员、引发叛乱的倒霉船长。

拿马。拜尔罗港的总督赦免了他，约翰·泰勒后来成为巴拿马海岸警备队的一位船长。

非裔印度海盗王

在离开温暖的印度洋驶向更凉爽的北美沿岸以前，本地海盗及欧洲和美洲殖民地海盗对荷兰东印度公司和东印度公司造成了同样严重的损失。迫于国内政治压力和国外军事压力，印度莫卧儿帝国在 18 世纪初四分五裂，不久从前的附属国纷纷开始乘虚而入。在这些附属国中，最强大的是马拉塔帝国（Maratha），它很快就在印度中心地区建立了一个王朝。在它向外扩张的最初阶段，一些外国人为其提供了军事和海军事务的专业知识。海军军官通常都是波斯人、阿拉伯人（阿曼人和也门人）和非洲的穆斯林。其中的一名军官是非洲穆斯林——坎霍基（或坎那基）·安格利亚 [Kanhoji (or Conajee) Angria]，他平步青云，1698 年就当上了舰队指挥官。事实上，马拉塔王公的舰队只是一个海盗组织，他们控制着印度西海岸从孟买到文格乌尔拉（Vengurla）这 386 公里的海域。

一艘荷兰东印度商船正在海盗横行的水域行驶。有时，那些驶往印度和香料群岛（Spice Islands）的船只更具价值，因为他们常常满载着购买货物的白银。

当东印度公司对他的劫掠提出抗议，并要求马拉塔王公命令安格利亚停止侵害行为时，这位实际上一直独立活动的海盗竟然倨傲地答复：只要遇到一艘他们的船就劫一艘。安格利亚（Angria）的海上封地吸引了来自印度和欧洲的探险者们，到 18 世纪 20 年代，在这一地区活动的、全副武装的海盗船就有几百艘之多——其中一些装有 40 门火炮——其船长们都效忠于安格利亚家族（Angria Family）。安格利亚从海岸堡垒和近海小岛派出大批舰队袭击近海船只，并在可能的地点劫掠东印度商船。他藐视英国，其扣留英国人质索要赎金的行为令英国人愤慨至极，因为在得到赎金之前，他不仅不为人质提供基本的生存条件，还将他们作为奴隶使用。

1710 年，他对公然挑衅英国，占领了孟买附近的卡拉加岛（Karanja）和科拉巴岛（Colaba）——东印度公司的总部——并在此后数年间袭击利用该港口的印度和英国船只。他的下一步措施是强征保护费，甚至东印度公司的船长都要被迫向海盗缴纳一定的费用才能安全抵达孟买。1712年英国人遭受了一次奇耻大辱，安格利亚的海盗船劫持了东印度公司驻孟买总督的私人快艇。但不幸中的万幸是总督的赎金很高，几乎可达4000英镑，但安格利亚需要接受停止袭击东印度公司商船的条件，在接下来的四年间他必须限制对印度船只的掠夺。虽然对于东印度公司来说这是一个喘息之机，但在其他印度当权者的眼中，安格利亚及其海盗的行为给英国人造成了极大的难堪，因此当1716年1月新总督上任时，英国的政策发生了改变。查尔斯·布恩（Charles Boone）下令集结海上力量对海盗的老巢发动袭击，而作为报复，安格利亚开始再度侵扰东印度商船。东印度公司对安格利亚在科拉巴岛上的大本营发起两次袭击，但都无功而返。1716年底，安格利亚甚至再次封锁了该港口，迫使布恩不得不又一次支付了蒙羞的款项才得以进入港湾。

1717年末，英国人对安格利亚的海岸大本营发动袭击，但被海盗的舰炮击退。对战双方僵持不下，1721年英国发起的又一次进攻也未能改变这种状况。

海盗坎霍基·安格利亚对东印度公司恨之入骨，他对那些勒索不出赎金的英国俘虏毫无怜悯之情。在英国，报纸对下图这种情形的描述总是令读者不寒而栗：安格利亚的海盗将俘获船只的船长放在大烤板上炙烤。

　　然而在这一过程中，英国人还是取得了一点小小的成绩，当他们返回孟买时，小舰队中的几艘船遇上了约翰·泰勒，其结局前文已有提及。1721 年，一支由托马斯·马修斯司令（Commodore Thomas Matthews）率领 6000 名士兵组成的皇家海军舰队乘四艘船协同一支葡萄牙陆军对安格利亚发动袭击。不过这次进攻同样徒劳无获，布恩被召回英国。一年后，马修斯司令由于受到贪污指控和进攻卡拉加岛和科拉巴岛失败而返回英国，最终他因与印度海盗勾结、有辱使命而被定罪。

　　1729 年坎霍基·安格利亚去世时，人们认为他的海盗王国——当时已成为一个独立的国家——牢不可破，是个完美的海盗藏匿地。他的两个儿子继承了他的地位，但萨姆哈基（Sumbhaji）和玛纳基（Mannaji）的观点总是背道而驰。他们分割了父亲的领土，萨姆哈基坐拥北部靠近孟买的岛屿大本营，而玛纳基分到了更南部地区的大片土地。权力之争开始上演。玛纳基被迫步步退让，到 1735 年，萨姆哈基几乎控制了全部领土，只留下一小块海岸地区给他的兄弟掌管。当萨姆哈基·安格利亚完成领地的合并，东印度公司也愈发强大起来，一批新式快速战帆船常常为他们的商船护航。不过萨姆哈基仍在继续其父的政策，在孟买附近袭击商船。1736 年，他命令他的船从东印度商船"德比"号（Derby）的船尾抄上来，这样该船的火炮就没法派上用场，于是，他劫持了这艘船。这艘满载黄金的"德比"号是海盗们掠夺的、最具价值的印度商船。

　　1743 年萨姆哈基死后，他同父异母的兄弟图拉基·安格利亚（Toolaji Angria）继承了统治权，他是一个更加心狠手辣的海盗。他袭击东印度商船的护航队，驱赶或劫持护航战舰。在一个对大英帝国如此重要的地区，英国政府再也不能任由如此的动荡局面继续下去了。18 世纪 50 年代，在与马拉塔帝国（Maratha Confederacy）结盟之后，他们开始以压倒之势对安格利亚的大本营发动地面和海上袭击。印英部队或皇家海军的火炮一个个地攻下这些堡垒，到 1756 年 2 月，安格利亚只有位于维杰耶杜尔格（Vijayadurg）的主堡垒仍然存在，然而在一阵猛烈的炮火袭击下，它也灰飞烟灭了。英国人活捉了图拉基·安格利亚后把他囚禁在地牢中，瓦解了他的海盗舰队，并将他的巨额财富运往孟买。

　　如今，在印度有许多人对安格利亚家族心怀敬意，认为他们是激起人们对于随后到来的英帝国主义仇恨的民族英雄。此外，安格利亚家族也是 17 和 18 世纪最成功的海盗团伙。在半个多世纪的时间里，他们踞守着一个安全的海盗藏匿所，屡次羞辱了据称无所不能的东印度公司，并在这一过程中减缓了英国控制印度的速度。

18 世纪初的孟买

孟买岛

印度洋

孟买

东印度公司的主要区域

马拉巴尔海岬
贝克湾

浅滩

孟买湾

老妇人岛

浅滩

科拉巴岛

卡拉加岛

帕塔尔冈伽河

被安格利亚的部队占领，以封锁孟买湾

如今，一条经过老妇人岛的宽阔堤道将科拉巴岛和孟买城连在一起，图中所示的浅滩也或多或少起到了一些作用。

第八章

更多臭名昭著的海盗

大西洋上的海盗"黄金时代"

伍兹·罗杰斯，英国政府选中他掌管巴哈马群岛并肃清海盗；此图为威廉·贺加斯（William Hogarth）的作品。

如上一章所述，对于新普罗维登斯岛这个舒适而隐蔽的海盗隐匿地来说，伍兹·罗杰斯（Woodes Rogers）抵达巴哈马群岛就是一个刺激因素。结果就是海盗们几乎立刻如鸟兽散，从这个群岛撤离到更安全的狩猎场，一些像爱德华·英格兰这样的海盗前往非洲和印度洋，而其他如查尔斯·文这样的海匪则去了卡罗来纳（Carolinas）。一个人能对这么多冷酷无情的人产生如此之大的影响实在是非同凡响，但罗杰斯也绝不是一个普通的水手或总督。

大概在 1679 年，伍兹·罗杰斯出生在英格兰南海岸普尔城的多塞特港。在他出生后不久，他的父亲——一位商人和船主——就将全家搬到了商业欣欣向荣的布里斯托尔，在那里，这个年轻的男孩嗅着海盐和来自世界各地的麻袋与货物的味道成长起来。当他成年后，罗杰斯娶了一位海军军官的女儿，并适时地接手了他父亲的家族生意。除了货船之外，公司还拥有一些私掠船，用来在英吉利海峡和远离加勒比海的水域掠夺法国船只。随着猎物越来越难寻，罗杰斯开始将目光投向别处以获取利润。

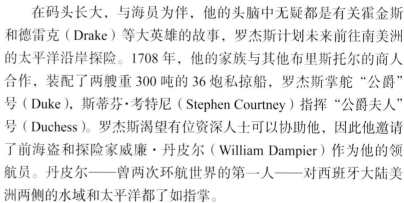

在码头长大，与海员为伴，他的头脑中无疑都是有关霍金斯和德雷克（Drake）等大英雄的故事，罗杰斯计划未来前往南美洲的太平洋沿岸探险。1708 年，他的家族与其他布里斯托尔的商人合作，装配了两艘重 300 吨的 36 炮私掠船，罗杰斯掌舵"公爵"号（Duke），斯蒂芬·考特尼（Stephen Courtney）指挥"公爵夫人"号（Duchess）。罗杰斯渴望有位资深人士可以协助他，因此他邀请了前海盗和探险家威廉·丹皮尔（William Dampier）作为他的领航员。丹皮尔——曾两次环航世界的第一人——对西班牙大陆美洲两侧的水域和太平洋都了如指掌。

17 世纪 70 年代，丹皮尔和其他海盗一起在中美洲附近做船员，曾两次到访坎佩切，然后穿过巴拿马地峡沿太平洋海岸劫掠西班牙船只，并袭击秘鲁的定居点。

1683 年，他在私掠船长库克（Cook）手下工作，绕过合恩角回到太平洋。他们突袭了秘鲁的西班牙人定居点、加拉巴哥群岛（Galapagos Islands）和墨西哥。由于其他海盗的加入，他们的队伍不断壮大，1686 年探险队扬帆起航，横渡太平洋，前往东印度群

岛搜寻猎物，途中他们曾在菲律宾、中国、香料群岛 [印度尼西亚和西里伯斯岛（Celebes）] 和新荷兰（New Holland，澳大利亚）停留。1691 年，丹皮尔经由南非返回英格兰。六年后，一本刊登他探险经历的杂志受到人们的追捧，海军部获悉后邀请他率领探险队于 1699 年 1 月前往澳大利亚探险，他们先前往南美，后绕过合恩角。

　　这次探险十分成功，但 1701 年初，丹皮尔的船——皇家海军舰船"罗巴克"号（Roebuck）——在阿森松岛（Ascension Island）附近遭遇暴风雨沉没，船员们颠沛流离几个星期后才被一艘路过的东印度商船救起。由于西班牙王位继承战争（War of the Spanish Succession）的爆发，丹皮尔申请了一张私掠船特许证，获得了 26 炮的"圣乔治"号（St. George）和 120 名船员。此外，他还负责指挥 16 炮 63 人的"五港同盟"号（Cinque Ports）。他们于 1703 年 4 月出发，在驶往南美洲的途中与一艘法国战船交战，并在太平洋上俘获了 4 艘西班牙船只。当这两艘船在距离智利（Chile）海岸约 644 公里的胡安·费尔南德斯群岛（Juan Fernandez Islands）中的一个无人岛进行补给时，"五港同盟"号的领航员亚历山大·塞尔扣克（Alexander Selkirk）认为他的船不适于继续航行，因此与丹皮尔发生争执，然后选择留在那里。1707 年，丹皮尔在完成第二次世界环航后只带着"圣乔治"号返回英格兰。事实证明，被流放的塞尔扣克的担忧是对的，在离开胡安·费尔南德斯群岛后，"五港同盟"号沉没，所有人员丧生。

　　威廉·丹皮尔十分渴望接受伍兹·罗杰斯为他提供的领航员一职，因为这次探险将带他进行第三次环航世界。人们可能更多认为伍兹·罗杰斯是个有钱人，而非船长，但事实证明他是一名杰出的指挥官和技术娴熟的海员，他的船员都对他心怀敬意。1709 年 1 月，"公爵"号和"公爵夫人"号绕过合恩角，2 月在胡安·费尔南德斯群岛停泊，其间救起了被抛弃的亚历山大·塞尔扣克，此时他已经在那里游荡了 4 年零 4 个月之久。当他返回英国，他的经历为丹尼尔·笛福（Daniel Defoe）的《鲁滨孙漂流记》（*Robinson Crusoe*）提供了创作灵感。

　　私掠船逐渐远离陆地，沿着南美洲海岸前进，在向北行驶的途中，它们俘获了几艘西班牙船只。同年 5 月，罗杰斯将目光投向了厄瓜多尔（Equador）的瓜亚基尔城（Guayaquil），他占领了那里以索取赎金。之后私掠船一路北行，来到加利福尼亚海岸，等待伏击每年往返于菲律宾和墨西哥阿卡普尔科（Acapulco）之间的马尼拉邮船。1710 年 1 月，他们袭击了两艘西班牙大帆船，并俘获了其中的一艘"圣母玛利亚的化身"号（Nuestra Señora de la Incarnation），该船的船长是"一个英勇的法国人"让·皮切博迪（Jean Pichberty），但后来第二艘较大的帆船击退了他们。罗杰斯的小型船队和战利船继续向西行驶，1711 年 10 月返回布里斯托尔，受到了公众的热烈欢迎。

威廉·丹皮尔，两次环航世界的第一人，后又进行了第三次；此图为托马斯·默里（Thomas Murray）的作品。

（150 页下图）18 世纪英国第二大港口城市布里斯托尔，与伦敦在海上贸易和探险支持等方面进行竞争。如今，旧时的船只永久地停靠在这些码头。

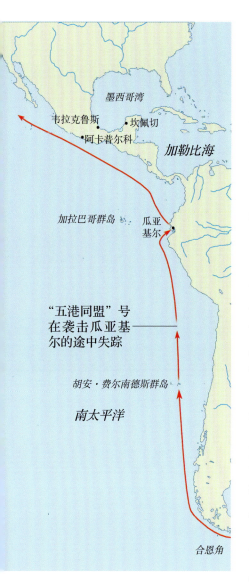

墨西哥湾

韦拉克鲁斯
坎佩切
阿卡普尔科

加勒比海

加拉巴哥群岛

瓜亚基尔

"五港同盟"号
在袭击瓜亚基——
尔的途中失踪

胡安·费尔南德斯群岛

南太平洋

合恩角

然而，与海军部的纠纷冲淡了他胜利的喜悦。人们后来得知东印度公司早已对他多有抱怨，指控他破坏了该公司在印度洋上的贸易垄断。罗杰斯则通过他的贵族股东发声反对约翰公司（John Company，即英国东印度公司）的强权。不过，后者却得到了海军部的支持。最后，布里斯托尔的商人仅拿到了本应取得款项的三分之一。此外，当罗杰斯不在国内的这段期间，家族生意由于财务管理不善，也很快申请破产。从1713年起，他开始掌管一艘在印度尼西亚和非洲之间运营的贩奴船。

其实，无论海军部在罗杰斯与东印度公司的纠纷中持何立场，伍兹·罗杰斯所采用的探险方式都会得到政府的高度认可。当时，巴哈马群岛上的矛盾正在不断酝酿，殖民者和土地所有者对群岛这种无法无天的状态都已忍无可忍，他们都在催促伦敦采取行动。罗杰斯似乎是完成这一任务的最佳人选，因此1717年底，他被任命为巴哈马群岛的第一位皇家总督。当时，人们急需在新普罗维登斯岛上建立一种巴哈马群岛那样的权威模式，因此管理委员会就由像本杰明·霍尼戈（Benjamin Hornigold）、查尔斯·文、亨利·詹宁斯（Henry Jennings）、萨姆·贝拉米和"黑胡子"爱德华·蒂奇（"Blackbeard" Edward Teach）这样的海盗来执掌。

罗杰斯对治理群岛并不心存幻想。他知道这个群岛上的人目无法纪、难以驾驭，无论对于他本人还是他的钱财来说，在这里建立任何一种权威模式都将是一项危险重重的任务。在18世纪初，政府只负责任命高级官员，而与这个职位有关的一切花费却要由被任命者自己开销，这是当时的惯例。因此，殖民地总督要自己垫付费用，然后再通过对这一地区成功的——事实上也是利润丰厚的——管理来收回成本。然而，这自然也就对各种权力的滥用大开了方便之门——纽约总督本杰明·弗莱彻就是一个例证——总督们可能会盗用公款，也可能公然盗窃，收受贿赂在殖民地更是司空见惯。所幸对于伍兹·罗杰斯来说，他的声名犹在，再加上许多人相信巴哈马群岛一定会给他们带来丰厚的回报，这才使众多投资者蜂拥而至。另外，除了海军部出资的一支小型护航舰队（在他抵达新普罗维登斯岛后不久便离开了）。以外，罗杰斯和他的赞助人是自己掏腰包完成了这次探险。

1718年8月，这位新总督在三艘皇家海军战舰——一艘护卫舰、两艘单桅帆船——的护卫下抵达目的地。他给海盗们带来了英国国王的特赦令，声言只要他们愿意放弃罪恶的生活，就会获得宽恕。在接下来的几天中，罪大恶极的海盗或离岛而去或销声匿迹了。只有查尔斯·文进行了抵抗，他在逃跑时派出一艘火船进攻中型快速帆船并纵火烧船。急于撇清与文这一行为关系的其他海盗承诺，如果能够获得宽恕就不会再做海盗，他们甚至还在罗杰斯登岸时为他

欢呼。就这样，600余名海盗获得了赦免，其中也包括霍尼戈和詹宁斯，一些人甚至还成立了自卫队和反海盗舰队，来帮助罗杰斯保卫岛屿不受西班牙人或海盗的袭击。

罗杰斯很快巩固了自己的权力，并在德高望重的殖民者、悔过自新的海盗和自己的自卫队成员中选拔人员，成立了管理委员会。当海军舰队离开时，许多的前海盗也悄悄溜走并重操旧业。不过1718年12月，他们对变节的前海盗实施了大规模绞首，第二年还击退了西班牙人的进攻，这些行动使这片新殖民地重新团结在一起。

但不幸的是，这次探险并没有收到立竿见影的回报——罗杰斯的诚实本性不允许他去从事那些卑劣的交易——因此在1721年，由于得不到英国的后续支援，罗杰斯及其家人返回了伦敦，而他被投入监牢。历经漫长的上诉后他重获自由，有人为他提供赞助，罗杰斯重返新普罗维登斯岛开始了第二次任期。他在岛上进行农业生产的尝试最终以失败告终，1732年他客死新普罗维登斯岛。

有记述称，1710年伍兹·罗杰斯曾在瓜亚基尔（Guayaquil）的一次私掠船抢劫中命令船员对西班牙妇女进行搜身，以获取她们的珠宝。这种亵渎她们尊严的举动使这些女人们大惊失色。

对页：1733 年 爱 德 华 · 摩 斯 利
（Edward Moseley）的地图中北卡罗
来纳（North Carolina）的欧奎考克岛
入口（Ocracoke Inlet）。以颜色标注
的是浅滩（浅绿色）、欧奎考克岛的两
端和沙洲（深绿色）。注意：该岛现在
的英文拼写为"Ocacock"。

尽管伍兹·罗杰斯曾取得过很多成就，但他最为人们铭记的形象还是海盗猎手。在他的第一个任期内，他曾发誓与手下的殖民地官员对十名罪大恶极的海盗——包括"黑胡子"在内——穷追猛打，直至将他们全部剿灭，或缉拿归案，他最终也履行了这一诺言。

罗杰斯几乎凭借一己之力肃清了巴哈马群岛的海盗隐匿所，为海盗黄金时代的结束做出了卓越贡献。直到 1973 年巴哈马群岛获得独立之前，他的战斗口号"驱逐海盗、重建贸易"一直是该岛的座右铭。

最著名的海盗

一直以来，"黑胡子"被认为是史上最恶贯满盈的海盗，而这简直太具有讽刺意味了，因为他绝不是最残酷无情的那一个。一旦截获了船只，"黑胡子"总是先抢走所有贵重物品、航海仪器、武器、酒和朗姆酒桶，然后再让船员和旅客毫发无伤地离开。比起血腥的大屠杀，他更愿意将船员流放孤岛，然后再将他们的船付之一炬，以惩罚他们的反抗。人们大都认为"黑胡子"是个令人生畏的恶魔，但并没有证据显示他曾杀害任何一个无意杀他的人，不过只有一个例外。据称蒂奇不能容忍女性登上他的船，如果有哪个女人被当成俘虏带上船，她就会被掐死，然后再被抛尸大海。如果此传言属实，则"黑胡子"并非在海上唯一如此憎恶女性的人，与他同时代的斯蒂德·邦尼特（Stede Bonnet）也只扣押男性以获取赎金，而他的船员也都是男性。

其他海盗会在海上造成更严重的伤害，掠夺更多的货物、船只和有价值的囚犯，但爱德华·蒂奇所代表的类型与他们不同。他经久不衰的魅力源自他的长相。1717 年，一个受害者将他描述成"一个高高瘦瘦的人，蓄着很长的黑胡子"。他把胡子和黑色的缎带系在一起，身着深红色衣服，肩上斜挎子弹袋，里面装着三把曲柄手枪，显得凶神恶煞。在这样穷凶极恶的形象基础上，约翰逊的《海盗通史》还补充到，黑胡子把缓燃火绳编进了从帽子下面垂下的头发中。

有关这位海盗形象的描写就到这里。"黑胡子"是爱德华·蒂奇的绰号，他是一个出生在布里斯托尔的水手，直到 18 世纪初那里一直是英国最繁忙的港口之一。据说他曾在以牙买加为基地的一艘英国私掠船上服役，但在 1714 年西班牙王位继承战争行将结束的和平时期，蒂奇发现自己与许多其他私掠船长一样，都无所事事了。1715 至 1716 年间，他抵达巴哈马群岛的新普罗维登斯岛，这里由于无人管辖，业已成了一个海盗猖獗的海匪隐匿地。他与本杰明·霍尼戈签约，成为他的船员，后者因为与他人交易时恪守公平而一度享有盛名。一次，一位受害者描述了霍尼戈如何追赶

一幅现代雕刻画，爱德华·蒂奇以停靠在欧奎考克岛旁的船只为背景摆好了姿势。

并袭击他的船。就在他们束手就擒并绝望等死之际，这些船员惊讶地发现这位海盗仅仅想要他们的帽子，因为他的手下前一晚在狂欢中喝得酩酊大醉，他们的帽子全都丢了。

蒂奇离开新普罗维登斯岛时是一名甲板水手，但再度归来时已成为一艘俘获的单桅帆船的船长，霍尼戈命令他掌管此船。1717 年，他们在美洲海岸附近抢劫了 6 艘船只，后又深入加勒比海，在这一过程中，蒂奇证明了自己是一位具有超凡魅力的领袖。同年 11 月，霍尼戈和蒂奇在加勒比海东部俘获了 26 炮的"协和"号（Concorde）。从该船的船长口中，他们得知英国国王已经决定对巴哈马群岛采取行动，令人闻之色变的伍兹·罗杰斯即将出任总督，不过对那些痛改前非的海盗，国王将予以特赦。可能从来就对罪犯这一声誉心生不悦的本杰明·霍尼戈决定重返新普罗维登斯岛请求国王的宽恕。但蒂奇不愿这样做，因此两人平分战利品后分道扬镳。蒂奇将"协和"号作为自己的旗舰，并把火炮数量提升到了 40 门，最后将其重命名为"安妮女王复仇"号（Anne's Revenge 是当时很流行的船名）。

霍尼戈对伍兹·罗杰斯的信任得到了回报——他得到了他的宽恕并获得了拿捕海盗的政府特许证。在追捕其他海盗时，他捉拿了斯蒂德·博内（Stede Bonnet）和查尔斯·文，但却似乎避开了那些像"黑胡子"那样被归为其门生的海盗。1719 年某时，霍尼戈的船在一次贸易航程中在墨西哥沿岸失踪，据估计全体船员丧生。

新普罗维登斯岛可能是霍尼戈的目的地，但罗杰斯的到来意味着蒂奇不得不寻找一个新的基地容身。1718 年 1 月，他驶向北卡罗来纳，在巴斯汤（Bath Towne）定居点附近的欧奎考克岛上建立了一个栖息之所，这里为劫掠而来的战利品提供了一个现成的市场。这促进了当地的经济发展，另外他还贿赂了当地的总督，从而使自己免遭起诉。到 3 月，蒂奇在墨西哥湾巡航，并在那里俘获了几艘船，其中就包括"绅士"海盗斯蒂德·博内的单桅帆船"复仇"号。很可能最初蒂奇邀请博内与他一起航行，但当他发现这位受过教育的土地所有者是一个不称职的领导者和无能的水手时，就改变了主意。蒂奇派遣另一人指挥"复仇"号，然后要求博内到他的"安妮女王复仇"号上做客，并把他软禁

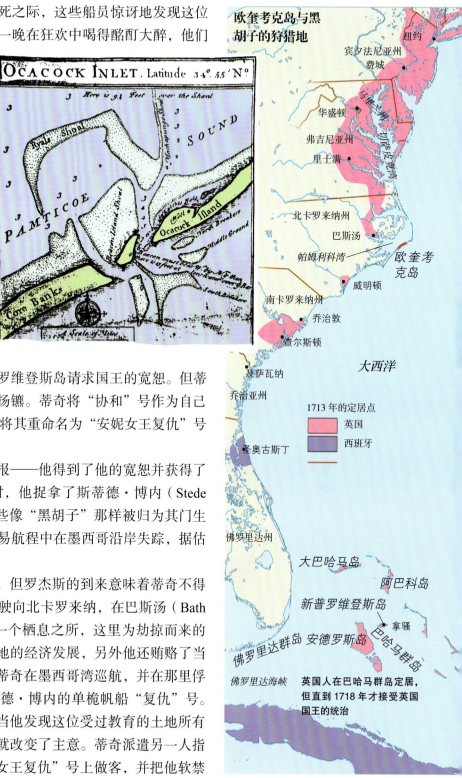

起来，直到 6 个月后该船沉船后博内才重获自由。

　　5 月，在沿大西洋海岸向北返回欧奎考克岛的时候，蒂奇决定封锁南卡罗来纳的查尔斯顿港（Charleston）。在博福特海峡（Beaufort Inlet）的入口处，他截获了 8 艘船，并在这一过程中俘虏了许多当地的显贵人物以索要赎金。在他

要求得到的物品中有一大批药品，因此一时间谣言四起，说蒂奇感染了性病。海盗们返回了欧奎考克岛，但他们却失去了"安妮女王复仇"号，该船在一次沙洲潮汐时触礁损坏。小舰队中一艘稍小的 10 炮单桅帆船"冒险"号（Adventure）在试图救助搁浅的旗舰时失踪。至于此时斯蒂德·博内发生了什么则迷雾重重，始终没有确切的证据。有人称在离开博福特海峡之前，蒂奇取走了博内的单桅帆船"复仇"号（Revenge）上的战利品和粮食，然后登上另一艘较小的船，扬帆离去。可能蒂奇的意图是将他软禁的客人放走，让他自己去碰碰运气，但据说这位重获自由的海盗解救了大约 25 名被"黑胡子"流放在荒芜沙

洲上的船员。有了这些船员，博内再次登上"复仇"号，继续从事非法的勾当。在巴斯汤，蒂奇卖掉了偷来的船和货物，买了一栋房子，甚至还获得了总督查尔斯·伊登（Charles Eden）的宽恕。然而，这绝不是一种体面的行为，也许随着特赦时期的结束，爱德华·蒂奇渴望得到安全感；然而"黑胡子"不会收手，他在南北卡罗来纳州附近截获了更多的船只。

　　1718 年 10 月，另一个恶名远扬的海盗前来拜访蒂奇，他就是查尔斯·文。许多殖民地定居者担心随之而来的、长达一周的狂欢盛宴将预示着一个可怕的苗头，即南北卡罗来纳地区会变成一个新的海盗避难所。人们怨声载道，对肆无忌惮的非法行为和软弱无力的伊登政府怒气满腹。弗吉尼亚的总督亚历山大·斯波茨伍德（Alexander Spotswood）——与伍兹·罗杰斯同是英国人——决心效仿罗杰斯，采取强硬措施。根据 1719 年 2 月 23 日《波士顿通讯》（The Boston News-Letter）的记载，他雇佣了两艘单桅帆船"……配备了 50 名国王陛下的战士和轻兵器，但是没有装配重炮，在罗伯特·梅纳德中尉（Lieutenant

Robert Maynard）驾乘的'珍珠'号（Pearl）指挥下，追击臭名昭著的海盗蒂奇船长……"

　　1718 年 11 月 22 日，梅纳德登上"珍珠"号，清晨一位见习军官在欧奎考克岛附近指挥单桅帆船"漫游者"号（Ranger）。碰巧，巴斯汤的海盗众多，蒂奇才能在混乱中占尽先机。他登上"冒险"号单桅帆船，从一个不知名的海峡逃跑了，而梅纳德的单桅帆船则在追捕过程中搁浅。后来潮水涨起，单桅帆船摆脱困境，继续追捕。蒂奇向追击他的"漫游者"号发射霰弹，船上的几名船员丧生，那位负责指挥的见习军官也不幸中弹。不过，梅纳德的单桅帆船上发射出一枚炮弹，它击断了蒂奇的前帆操控索，海盗们因此迷失了方向，并冲上了一个沙洲。眼见离"冒险"号越来越近，梅纳德命令大多数手下藏起来。这个策略奏效了。蒂奇认为海军人员已被炮弹打死，因此当梅纳德的船与"冒险"号并驾齐驱时，蒂奇跳到那艘船上，其手下也紧随其后。当被愚弄的海盗登上"珍珠"号，梅纳德的船员一跃而起，由此开始了一场残酷的肉搏战。

　　蒂奇和梅纳德交互开火，中尉射出的一颗子弹击伤了海盗。随后他们又拔刀相向，开始肉搏，直到梅纳德的剑折断，这场搏斗才告一段落。

　　在这危急关头，一名海军士兵扑向蒂奇，用刀刺穿了他的脖子和喉咙，不

　　这张木版画向人们展示了 1718 年 9 月当查尔斯·文和他的船员在欧奎考克岛加入"黑胡子"的队伍时那长达一周的海盗大聚会盛况。为了给聚会助兴，海盗们从附近的居住地拉来一些妇女，巴斯汤的新教良民们因此大为愤慨，不过这幅田园诗般的插图所展现的只是 18 世纪清教徒社会中的典型舞蹈。

久蒂奇就断了气。剩下的 13 名海盗看到他们的头领已倒在血泊之中，也纷纷弃械投降。梅纳德将所有的海盗赶到巴斯汤，然后返回了弗吉尼亚的威廉斯堡（Williamsburg），"黑胡子"的头就悬挂在他的单桅帆船的船首斜桅上。海盗们受到了审判，1719 年 3 月他们在威廉斯堡被绞死。另外要提一句的是，梅纳德的单桅帆船"珍珠"号在送到加勒比海由他人指挥后不久，即成了海盗查尔斯·文的战利品。

（158 页图）梅纳德中尉引诱海盗登上海军的单桅帆船之后，"黑胡子"与皇家海军展开最后一战。"黑胡子"中弹受伤，最终被一位苏格兰士兵挥刀了结了性命。

买下属于自己的船的绅士海盗

在墨西哥湾遭遇"黑胡子"之前，斯蒂德·博内享受了一段虽短暂却很成功的海盗生涯，不过他是这一职业中的特例。首先，他放弃了在巴巴多斯布里奇顿（Bridgetown）尽享尊荣的种植园主的生活，却像海盗那样偷或俘虏了一艘船，并自己出钱购买了 10 门火炮安装在船上。更为怪异的是，他不是与未来的船员签署合同，约定每个人所享有的战利品份额，而是给他们发薪水，难怪人们把博内称为"绅士海盗"。按照约翰逊的说法，他是岛上自卫队的少校，"是一位有着良好声誉的绅士……巨额财富的主人，接受过开明教育，这就是他的优势"。如果一切属实，那么这样一位成功的种植园主会突然转做海盗真是让人惊愕。在审判他时，法官将他描述成"令人尊敬的学者"，一些他以前的邻居也疑惑是不是邪恶的热带幽默搅扰了他的心神。还有一些人则声称他与他那悍妇般的妻子分道扬镳了——她使博内从此厌恶女人——这可能就解释了他残忍地对待女性俘虏的原因。

1717 年春，博内乘着他的单桅帆船"复仇"号扬帆起航，70 名船员随行。他向着美洲殖民地海岸驶去，他先在弗吉尼亚海角（Virginia Capes）、后又在纽约长岛附近俘获并劫掠了几艘船只，到 1717 年 8 月他来到了南卡罗来纳周围，并在绕过佛罗里达、进入墨西哥湾之前再次截获两艘小船。

在这里，他遇到了爱德华·蒂奇。虽然此前有人暗示博内曾被蒂奇捉获，但这一事实并不明朗，然而据 1717 年 11 月的一份波士顿报纸报道，事实上他是"黑胡子"船上的囚徒。看起来蒂奇的一名手下似乎控制了"复仇号"，而博内则在"安妮女王复仇"号上陪伴蒂奇。在加勒比海的航程中，博内一定与蒂奇在一起，并在 1718 年 5 月封锁了查尔斯顿。有一种说法称他留在了那里，另一种版本则说他返回了欧奎考克岛，但无论怎样，他和他的船都重获自由，但具体情形不详。

在欧洲，仅仅经历了四年的和平时期后，新一轮冲突再度爆发，这就是四国同盟战争（War of the Quadruple Alliance）。战争重新开启，可原因还是老由头。

根据终结了西班牙王位继承战争的 1714 年协议，西班牙国王——法国人腓力五世（Philip V，1700—1746年）——及其后代永不能继承法国王位，但当他的祖父路易十四（Louis XIV）去世时，腓力五世却违约行事。在首相和野心勃勃的妻子的怂恿下，腓力宣布他的侄子——当时还是个孩子的路易十五（Louis XV）——的继承权无效。自然，英国与荷兰一样，反对其宿敌法国与西班牙的任何联合。正与土耳其陷入苦战的西班牙哈布斯堡家族（the Habsburgs）没有卷入这次冲突。为了进一步给英国人制造麻烦，腓力为詹姆斯二世党人——詹姆斯·弗朗西斯·爱德华·斯图亚特，即老僭王（Old Pretender）——提供支持，以复辟斯图亚特王朝。

对许多美洲海盗来说，这场新的战争简直是天赐良机，至少是将他们的私掠船半合法化的一个机会。博内获得了北卡罗来纳总督的宽恕，然后他带着赋予了他劫掠西班牙船只权力的拿捕特许证向维尔京群岛（Virgin Islands）的圣托马斯岛（St. Thomas）驶去。向南行驶途中，他于1718年6月在欧奎考克岛（Ocracoke）附近短暂停留，他从海盗摇身一变成为了海盗猎捕者，全力追踪"黑胡子"。不过"黑胡子"是他永远的痛。由于没能捉到"黑胡子"，博内放弃了前往圣托马斯岛的使命，转而在美洲殖民地海岸当上了海盗。为了隐藏自己的身份，他将他的单桅帆船更名为"皇家詹姆斯"号（Royal James），并自称詹姆斯船长。

他在弗吉尼亚附近俘获了3艘船只，后又截获了6艘。博内留下其中的两艘，并将其驶入开普菲尔河（Cape Fear River）进行修理，在那里他又抢劫了一艘当地的船只，将其拆开后获得了必要的木材。海盗活动的信息很快就传到了南卡罗来纳的查尔斯顿当局耳中，几个月前查尔斯顿仍在遭受"黑胡子"的封锁和袭击。这个城市的反应十分迅速，当地商船主威廉·瑞特上校（Colonel William Rhett）获得许可，带着他的两艘武装单桅帆船"亨利"号（Henry）和"海仙女"号（Sea Nymph）追击海盗。当人们在城市附近看到查尔斯·文的海盗旗时，他们已经扬起风帆做好了准备。

"亨利"号和"海仙女"号对查尔斯·文紧追不舍，但后者还是逃之夭夭。瑞特上校继续执行原来的任务，1718年9月26日晚顺开普菲尔河而上。

博内逆流撤退，但该河逐渐收窄，最终"皇家詹姆斯"号驶入浅水区，海盗不得不挺直腰板，进行战斗。这对查尔斯顿人来说并不轻松，但在历经五小时漫长的战斗后，海盗缴械投降，他们被套上锁链后送到查尔斯顿，投入监狱。不知采用了什么方法，博内竟然逃跑了，但他很快被俘并接受了审判。无论他是不是"备受尊敬的学者"，他企图逃跑的行为都令他丧失了获得宽恕的机会。此外，查尔斯顿的市民在"黑胡子"手中遭受了屈辱，他们发泄出来的愤懑之情也对博内的命运推波助澜。海事法院的法官尼古拉斯·特洛特爵士（Sir Nicholas Trot）拒绝对他从宽处理。海盗中仅有三名水手被无罪开释。死刑犯中还包括一些几个星期前才刚刚入伙的海盗。由庄园主沦为海盗的斯蒂德·博内被判有罪，1718 年 11 月他和 30 名船员在查尔斯顿附近的怀特波因特（White Point）被绞死。

厄运缠身的海盗

在查尔斯·文将博内逼入绝境之前曾受到瑞特上校的追击，他可能躲过了在愤怒的查尔斯顿人手中接受类似审判的厄运，但命运记住了这个海盗，也赐给了他同样的悲惨结局。关于查尔斯·文的早年生活我们一无所知，只晓得他是英国人。人们第一次提起他时，是 1716 年他在亨利·詹宁斯的手下做船员，参与袭击西班牙难船救助者的营地，当时那些救助者正从前一年珍宝舰队的沉船中打捞沉入海底的珍宝。舰队在一次飓风中沉没于佛罗里达东南部海岸，船上的大量白银沉入海底。哈瓦那的西班牙总督派出一支救援队去打捞这批遗失的财富。西班牙人对罗亚尔港政府施压，迫使詹宁斯离开了牙买加的基地，而要在新普罗维登斯岛的巴哈马海盗避难所寻找容身之地。在西班牙王位继承战争期间，詹宁斯靠着劫掠西班牙和法国商船而在新普罗维登斯岛的海盗群体中享有盛誉。

随着战争的结束，与他的大多数同胞一样，他又重操旧业，继续做海盗。当他获悉佛罗里达附近发生的灾难时，詹宁斯——他有充分的理由憎恨西班牙

一份报纸在叙述处死斯蒂德·博内时还配有阴森恐怖的插图，1718 年 11 月，当他在查尔斯顿被绞死时，其尸体在空中摇晃。他手中还握着一束花，象征着忏悔。

人——决心阻止哈瓦那重新获得这笔沉入水底的财富。

因此，詹宁斯和约 300 人乘上了三艘小船，查尔斯·文也在其中。当救援队刚把白银从较浅的海底打捞上来，海盗们就从天而降，偷袭了这些毫无防备的救援人员。詹宁斯的手下击退了 60 名身强体健的西班牙护卫队员，从而大发一笔横财，其价值总计约为 350 000 枚西班牙古银币。此外，他们还截获了一艘途经的西班牙大帆船，船上载着 60 000 枚银币。此次冒险大获成功后，查尔斯·文于 1718 年初开始了自己的独立航程，不久就恶名远扬。5 月，百慕大总督收到两名船长的报告，称他们的船分别在几小时内遭到名为文的海盗的袭击，还称文对这两艘百慕大单桅帆船上的几名船员进行了不必要的虐打，后被杀害。似乎正是文这种鲁莽而暴躁的行为才使他在自己的船员中也很不受欢迎。

同年 7 月，文截获了一艘法国横帆船。8 月，他要将战利品运回新普罗维登斯岛，而碰巧此时伍兹·罗杰斯总督也正首次驶入该港。文面临着一个选择：是交出他的掠夺品还是逃跑？不过自己的海盗生涯如此成功，难道就这么放弃海盗船长的生活吗？他迅速做出了决定。他命人搬空了法国船只上最后值钱的物件，然后将它付之一炬，并径直驶向罗杰斯的旗舰。就在罗杰斯的船试图躲避火船时，文和他的海盗们掉头奔向公海，并向这艘英国旗舰开火，还嘲弄那些海军船员。在一片弥漫的烟雾中，文逃之夭夭。而与此同时，就像前文提过的那样，他的老上级詹宁斯则受到了国王的宽恕，从此与海盗势不两立。

查尔斯·文和手下那些毫无悔意的海盗们摆脱追击后，逃到了南北卡罗莱纳，他们在那里像"黑胡子"一样，以抢劫进出查尔斯顿的船只为生。文陆续劫持了 4 艘船，他将其中一艘交给了一名叫耶茨（Yeats）的属下。不久，他们又截获了一艘将约 100 名奴隶从西非运到查尔斯顿贩卖的双桅大帆船。此次事件后，耶茨——现在认为自己也已跻身世界上最优秀的海盗行列——与文发生了矛盾，因为文不肯改变耶茨的从属地位。耶茨决心拉杆子单干，几天后的一个夜晚，当其他的海盗船仍停在泊地，他就带着文的众多船员和包括奴隶在内的大量战利品驾船远去。此次反目是文与船员之间结怨的最初迹象。他也曾试图进行追击，但可能由于耶茨躲入了查尔斯顿港，他也就放弃了。耶茨以"获救"的奴隶作为筹码，获得了当地政府的宽恕。

1718 年 8 月末至 9 月初，殖民地总督派出多艘武装舰船追拿查尔斯·文，其中部分船只由威廉·瑞特上校指挥，但都未能抓获这个海盗。此外，文仿佛在嘲弄政府一般，他驶入了帕姆利科湾（Pamlico Sound），在欧奎考克岛与"黑

查尔斯·文是一位称职的水手，但却是不受欢迎的船长，他与船员发生争执，最终被他们淘汰出局；这幅木版画出自约翰逊的《海盗通史》。

胡子"会合，并在那里纵酒狂欢了一周之久，而这间接导致了"黑胡子"的灭亡。

到 10 月，文在纽约周围巡航时，在长岛附近俘虏了两艘小船，不过直到 11 月 23 日才又见到其他可供掠夺的船只。最开始，文下令升起海盗旗，期望这艘单独行驶的船只主动停下投降，但不料该船的船长却将船开到一侧，放下炮门，向他开火。当时海盗们已经将一艘重武装法国战船引入他们的网中。毫无疑问，文很明智地尽快掉头逃跑了，不过许多船员质疑他的行为，认为这完全是懦夫所为。第二天，船上爆发了一场激烈的争吵，舵手"棉布"杰克·"棉布"杰克（Jack Rackham）指责他的船长是个胆小鬼。船员们经过投票选举"棉布"杰克为他们的新船长，这一事实再次证明了文不得人心。类似叛乱的结果通常是处死被废黜的船长，但"棉布"杰克给了文一艘抢来的小船，还让他带走了几个忠心耿耿的手下，其中就包括罗伯特·迪尔（Robert Deal）。

文再次白手起家，他和大概 15 名手下向南行驶，穿过佛罗里达海峡（Florida Straits），绕过古巴西侧的尖端后，他们航行在牙买加和尤卡坦半岛附近。11 月，海盗们截获了一艘单桅帆船和两艘当地的小船，文将单桅帆船交给了迪尔，那两艘小船被遗弃。在洪都拉斯湾，海盗们劫掠了两艘来自牙买加的船只，其中一艘是单桅帆船"珍珠"号。在抢劫了船上的财物之后，他们放走了船及船上的船员。

他们在洪都拉斯的巴拉舒岛（Baracho）上过冬，1719 年 2 月起航，驶向古巴和伊斯帕尼奥拉岛之间的向风海峡（Windward Passage）。不过几天后海上一场飓风来袭，他们的船只之间失去了联系。文的船在一处暗礁失事，只有他和另一名船员幸存下来。

这两人在洪都拉斯湾的一个无人小岛上滞留了几个月，以食用海龟和鱼类为生，后来有一艘船出现在他们的视野中。

那是原私掠船长赫尔福特的单桅帆船，文对此人早有耳闻。赫尔福特凭直觉认为如果他

一名海盗船员召开模拟法庭，审判其中一人的罪行，"法官"就端坐在大树的弯曲处。

救了这两个人，以后文就会"与我的人合谋，猛击我的头，然后带上我的船逃跑，继续做海盗"。因此，赫尔福特抛下他们，扬长而去，几天后才有另一艘船发现了文的信号并搭救了他们。不过文的厄运并未就此终结：救他的人赶上了赫尔福特的船，并邀他一起行事。当两位船长坐在一起吃晚餐时，赫尔福特认出了正在擦洗甲板的文。邀请赫尔福特的船主因船上居然收留了这样一个臭名昭著的海盗而大惊失色，他恳请他的客人帮他解除这个后患。赫尔福特同意了他的请求，并将文押回自己的船上——当然是戴着锁链。赫尔福特将这个海盗移交给了牙买加政府，让他在那里接受审判。文的前伙伴罗伯特·迪尔也在飓风中存活下来，但却不幸地被一艘战船俘获并被带到牙买加，最后在那里被处死。文和另一名船员被判有罪，于 1720 年 3 月 22 日在罗亚尔港的加洛斯波因特（Gallows Point）被处以绞刑。人们将他们的尸体吊在一个名为冈开（Gun Cay）的小岛上，用以警示其他海盗。

残忍的女人和"棉布"杰克·雷克汉姆

"棉布"杰克·雷克汉姆比他的前任船长多活了约 8 个月。他当上海盗船长后干的第一票是掠夺一艘法国船只，1718 年 11 月查尔斯·文正是从这艘船的炮火下逃脱。"棉布"杰克——之所以有这么个绰号是因为他总是喜欢穿着带条纹的棉布马裤——是这一时期具有传奇色彩的人物之一，他声名大噪更多是由于他对船员的选择而非其个人的能力。他最终俘获了这艘船，而人们发现他的船上居然有两名女性船员，他因此而声名远播。这两位女海盗安妮·邦尼和玛丽·里德在接受审判时引起了轰动，这种轰动源自人们发现，她们在几年的时间里竟然像男人一样生活，这使得她们几乎与"黑胡子"齐名。她们所掀起的波澜使资质平庸的船长黯然失色。"棉布"杰克是典型的海盗，他的单桅小帆船以劫掠海岸附近的船只为生。虽然他的出身不详，但到 1718 年，他抵达了新普罗维登斯岛，在查尔斯·文手下工作，并被选为舵手。在赶走了文及其几个忠心的拥护者后，"棉布"杰克船长继续航行，后他的单桅帆船不慎被皇家海军舰船俘获。这一事件震惊了海盗，他们全员上岸，"棉布"杰克也不例外。

1719 年 5 月，"棉布"杰克返回新普罗维登斯岛恳请伍兹·罗杰斯给予他宽恕。然而在那里，他遇到了安妮·邦尼，她生性顽固而任性，是一位来自南卡罗来纳的爱尔兰律师的私生女。

安妮与水手詹姆斯·波尼（James Bonny）结了婚，当他转作海盗时与他私奔，他们最终来到新普罗维登斯岛，在这里她遇上了"棉布"杰克。当时具体

海盗"棉布"杰克因为他的两个女同伙而出名，而其本身则资质平平。

的情形不详，但有证据表明，当"棉布"杰克重回大海时，安妮就是陪在他身边的情人。8月——也就是雷克拉姆上岸后的三个月后，他就厌倦了周遭的状况。他感到在海上做海盗比在新普罗维登斯岛上无所事事强得多，因此，他偷了"威廉"号（William）单桅帆船，重回海上为盗。在接下来的15个月，"棉布"杰克和他的船员在古巴海岸航行，并设法捕获了几艘小船。然而令人震惊的是，安妮并非"威廉"号上唯一的女性。

几乎有关玛丽·里德早年的一切信息都来自查尔斯·约翰逊的《海盗通史》，而这大多都是虚构的。

显然，里德生于英国，她的母亲穷困潦倒"将女儿男扮女装地养大成人"，为的是从一个亲戚那里得到经济上的资助。十几岁时，里德开始以男孩的身份在国内航行，后来成为海军中的水手，然后又加入陆军。不久，她所在的步兵分队前往荷兰执行任务，在那里，这位年轻的士官生爱上了一位与她一同进餐的同伴，并向他袒露了自己的秘密。他们结了婚，但没过多久她的丈夫就去世了。新寡的里德重新装扮成男子，登上一艘前往西印度群岛的荷兰船只，成为船上的水手。当他们靠近美洲时，英国海盗袭击了该船并掠夺了船上的财富。海盗们听到这群荷兰人中有人讲英语，于是就收留了这位年轻的"男子"。里德在船上为他们工作了一段时间后，又随他们驶向新普罗维登斯岛。1719年8月当他们抵达该岛时，"棉布"杰克正准备起航。

手持手枪、背挎斧头、腰悬长剑，女海盗安妮·邦尼激发了18世纪早期的公众的想象力。

里德随"棉布"杰克和另一名女海盗一起上了"威廉"号，但18世纪20年代，"棉布"杰克的好运走到了尽头——他们再次遇到了皇家海军。海军的单桅帆船停泊在牙买加西端附近时遇上了这群海盗，而在抢劫大量财物的欢庆会后，这9个海盗几乎都喝得酩酊大醉，昏睡不醒。

根据证词显示，当时海军舰船下锚停泊并派出一艘舰载艇进行侦查，这个女人唤醒了这些烂醉如泥的强盗，并在逃跑时用"威廉"号撞击海军帆船的锚索。一番缠斗之后，他们被巴尼特船长（Captain Barnet）率领的海军拿获。

他们登上"棉布"杰克的单桅帆船，据称安妮·邦尼和玛丽·里德是当时海盗中唯一具有反抗能力的人，而其余船员皆因醉酒而毫无还手之力。海军船员制伏了这两个女人，"棉布"杰克的海盗们都被带到罗亚尔港接受审判。

他们的被俘引起了轰动，这两名女海盗在一夜之间成了名人。公众们对安妮·邦尼和玛丽·里德敢于摆脱同时代女性所受的种种传统限制而深感震惊。换句话说，这种震惊不仅仅因为她们是在海上劫掠的、趾高气扬的女海盗，更是因为她们摆脱了一切当时强加在女性身上的枷锁。根据法庭记录，"她们俩生性放荡，口中多有咒骂之词，随时乐意做出一些不知廉耻的事情"。经受害者们证实，她们在抢劫时着男装，平时穿女装。

"棉布"杰克试图再次悔过，但他的请求未被理会，最终于1720年11月27日和其余的男性船员一起被绞死。安妮和玛丽同获死刑，但当时由于她们已身怀六甲而被缓期执行。后来，玛丽在1721年死于牙买加的一个监狱，死因可能是高烧，当时她仍怀着身孕，安妮的命运则不得而知。

每当出海劫掠时，安妮·邦尼和玛丽·里德就会换上男装，但据说其他时候她们的行为举止均与女性无异（她们都是"棉布"杰克的情人）。在这幅当时的雕刻画中，她们英气十足，其目的就是渲染故事的轰动效果。

山姆·贝拉米和"维达"号

一场悲剧使山姆·贝拉米成了黄金时代颇为有趣的海盗之一。虽然他的海盗生涯相当平淡无奇，但 20 世纪 80 年代，人们在科德角（Cape Cod）附近发现了他的大帆船——"维达"号（Whydah）——的残骸，当时随船有大量人员丧生，其中也包括他本人。这一发现为历史学家了解 18 世纪早期海盗的船上生活提供了引人入胜的视角。贝拉米出生在德文郡，那里是一个具有深厚航海传统的英国小郡，不过与那一时期的大多数海盗一样，人们对他的早年生活知之甚少。的确，贝拉米的早期海盗活动不详，但有证据显示他曾经参与打捞一艘西班牙沉船，这可能成了催化剂。他与打捞沉船的负责人发生了争执，因此贝拉米和拥戴他的一小撮人决心转做海盗。考虑一下当时的时间——如果那一事件确有发生的话（证据仍来自约翰逊的《海盗通史》）——贝拉米很可能参加了 1716 年亨利·詹宁斯的袭击行动，当时詹宁斯率人在佛罗里达东南海岸附近劫掠了打捞 1715 年西班牙珍宝舰队沉船的救援人员营地。

1716 年，贝拉米抵达新普罗维登斯岛，在那里，他与海盗本杰明·霍尼戈一起行驶，当时霍尼戈的船员中还有"黑胡子"爱德华·蒂奇。

霍尼戈良心尚存，1718 年由于他拒绝攻击英国舰船，他的小型海盗舰队分崩离析，他向伍兹·罗杰斯请求宽恕。贝拉米和"黑胡子"下定决心继续做海盗，贝拉米当上了霍尼戈原来的单桅帆船"玛丽安妮"号（Mary

（右下角图）来自"维达加力"号（Whydah Galley）上的铜铃。人们在科德角附近的海床上找到它，经过辨认，这是山姆·贝拉米那艘著名的船上的物品。

考古学家从"维达"号的残骸中发现了大量手工制品。上图中的剑柄仍保存完好，下图是加农炮使用的炮弹和填塞材料。

Anne）的船长。在那一年剩余的时间里，贝拉米一直在维京群岛附近巡航，与他共同航行的另一艘船由法国海盗奥利维尔·拉·布什（Olivier Ia Bouche）指挥，布什偶尔也给霍尼戈做搭档。这两人的配合相当成功，贝拉米与他的伙伴在1716至1717年的秋冬交替之际劫掠了几艘船。与许多海盗一样，贝拉米需要更大的旗舰，而不仅仅是一艘单桅帆船，因此当他搬上了俘虏的横帆船"苏塔娜"号（Sultana）上，这样，他就将原来的船交给了他的舵手保罗·威廉姆斯（Paul Williams）。

这三艘海盗船继续着它们的航行，1717年初，一场暴风雨使这两个英国海盗与他们的法国同伴失去了联络。本书所述，拉·布什在印度洋上加入了约翰·泰勒（John Taylor）的组织。1717年2月或3月，贝拉米和威廉姆斯劫掠了"维达"号，当时这艘英国贩奴船结束了贸易，正行驶在回国的途中。船上装载着钱财、糖和靛蓝染料，而该船后来则成了贝拉米的新旗舰。

"维达"号是一艘300吨的三桅横帆船，她很快装配了从其他船只上移来的28门火炮，于是该船从由贩奴船变成了一艘极具威力的海盗船，其船桨在美洲河口的背风处也可展现出巨大的优势。贝拉米与"维达"号的原船长成了朋友，据说这位海盗释放了贩奴船上的船长，甚至还将"苏塔娜"号交给他让其驶回家乡。

当查尔斯·约翰逊向一位商船船长诠释海盗的本质时，借贝拉米的嘴说道："这群该死的流氓，还有你，竟然为这群胆小鬼效劳。他们还诽谤我们，这简直是无耻小人的行径，唯一的区别就是，他们披着合法的外衣抢劫穷人，而我们则是在勇气的保护下去劫掠有钱人。"

尽管这番罗宾汉式的自我开脱犹显虚伪，但约翰逊的话使读者产生了一种共同感受，那就是对于大多数无依无靠的海盗船员来说，他们也是受骗者，而不是贼。至少，他们并不比操纵他们的贵族坏到哪儿去。海盗的生活太过单调也太过残酷，也许其中最大的诱惑就是海上生活所带来的层级的平等。后来约翰逊又让贝拉米发声："我是自由的君王，我与在海上拥有一百艘船、与在陆地上拥有 100 000 名士兵的人拥有一样的权力，可以在全世界挑起战争。"

贝拉米和威廉姆斯乘着两艘船沿美洲殖民地的大西洋海岸向北行驶，在弗吉尼亚附近又截获了 4 艘船。他们将其中一艘编入海盗舰队后，继续向北航行。1717 年 4 月他们遭遇了一场风暴，被迫向北行驶，经过纽约，朝着新英格兰 [缅因州（Maine）] 海岸前进。风平浪静后，这两位船长决定向南驶往罗得岛（Rhode Island），因为据谣传只要海盗们能给殖民地带来收益，当地的总督就对他们比较宽容。

然而，海盗们并未达成所愿。他们在马萨诸塞州的水域上劫掠了几艘船后，悲剧降临了。5 月 17 日夜，"维达"号在浓雾中撞上了科德角韦尔弗利特（Wellfleet）南五公里的一个沙洲，随舰队航行的另一艘船在更向南的地方搁浅。大西洋的海浪吞噬了"维达"号，船上的 146 名海盗溺亡，只有两人因一上岸就遭到囚禁而躲过一劫。塞缪尔·贝拉米在海难中失踪。两名幸存者和另外七名失事船只上的海盗一起在马萨诸塞法庭接受了审判。两名无罪释放，另外七人在波士顿被处以绞刑。

1984 年，著名的沉船探险家巴里·克利福德（Barry Clifford）发现了"维达"号的遗迹。沉船上的物品包括钱币、武器，甚至还有船铃，上面标志着塞缪尔·贝拉米最后休息时所在的位置。这些物品现在保存在科德角普罗温斯敦（Provincetown）的一家博物馆。

豪厄尔·戴维斯——西非海岸的噩梦

爱德华·英格兰没有向新普罗维登斯岛的伍兹·罗杰斯祈求宽恕，而是于 1718 年航行在西非海岸，人们还记得他俘获了包括贩奴船"卡多根"号在内的几艘船只。英格兰阻止海盗虐打贩奴船上的船员，其中一名船员就是豪厄尔·戴维斯。据说戴维斯于 1690 年生于威尔士西南部的一个海港——米尔福德港（Milford Haven），后来在英国贩奴船集中的港口——布里斯托尔——的船只

豪厄尔·戴维斯精神抖擞、阴险狡猾，他成功地骗过驻扎在西非的葡萄牙和英国堡垒指挥官，使他们误以为他是合法的私掠船长。

上工作。爱德华·英格兰赦免了他之后，他和其他几名船员入伙成了海盗。根据约翰逊的《海盗通史》的记载，英格兰将"卡多根"号作为奖赏给了戴维斯，然后两人分道扬镳，英格兰前往印度洋，而戴维斯则驶向了巴西。然而，或因为船员们反叛，或因为他们劝说他改变心意而去了巴巴多斯，总之他从未涉足南美洲。登岛之后，戴维斯因涉嫌海盗罪而被投入监狱。三个月后戴维斯获释，他前往了原来的海盗避难所——新普罗维登斯岛。不过，伍兹·罗杰斯的工作很出色，对这位有抱负的海盗来说，那里已经没有吸引力了。

1718 年末，豪厄尔·戴维斯驾乘"公鹿"号（Buck）单桅帆船踏上前往西印度群岛的航程，船上的大部分船员都是从前的海盗。当船停在马提尼克时，他成功说服 35 名船员重操旧业，夺取了这艘船的控制权。然后这些人召开会议要推选一位新船长，而他们的决议支持了戴维斯，而他第一项任务就是选择一个可开展行动的优良基地，最终他选择了古巴东部的一个小海湾。他们从这个基地向东行驶到维京群岛和伊斯帕尼奥拉岛，在那里劫掠了两艘法国船只。第二艘船装配了 24 门火炮，武器装备远胜"公鹿"号，但据说戴维斯略施诡计，制造了假象，令对方以为此前在古巴附近被俘获的船只是一艘全副武装的海盗船，而"公鹿"号只是她的轻型护卫船。当得知真相时，法国船员大惊失色，缴械投降。抢劫了两艘船只后，他将船只交还给了法国船员，然后乘着体形更小、但航速更快的"公鹿"号向东驶去，横渡大西洋。当他在西非海岸附近的佛得角群岛（Cape Verde Islands）停留时，他愚弄了当地的葡萄牙总督，令其相信他是一位合法的私掠船长，因此获准为他的船进行了补充给养。此后，戴维斯驶向群岛海域，并在马约岛（Maio）的港口洗劫了几艘停泊在那里的船只，其中一艘 26 炮的葡萄牙战船成了他的新旗舰，他将其重新命名为"圣詹姆斯"号（Saint James）。随后，戴维斯带着他的两艘船渡过冈比亚河河口，他在那里故伎重施，将自己装扮成一个听从詹姆斯堡——皇家非洲公司的一个贩奴堡垒——指挥的合法私掠船长。这些堡垒坐落在非洲海岸单调而乏味的红树林中，整日闲来无趣，因此一艘过往的船只也可以将人们从日常沉闷的生活中解脱出来。城堡的指挥官对戴维斯颇感兴趣，他为后者及其手下安排了

18 世纪初的西非海岸，其中标示了所有主要的奴隶贸易中心

佛得角群岛

圣安唐岛
圣卢西亚岛
维森特岛
布兰科岛
拉佐岛
圣尼古拉岛
萨尔岛
博阿维斯塔

撒哈拉沙漠

法属圣路易斯
塞内加尔河
廷巴克图

佛得角
法属戈雷

英属詹姆斯堡
冈比亚河

葡属瑞切尔

尼日尔河

大西洋

葡属佛得角群岛
（见小图）

伊荷斯赛科斯岛
圣地亚哥岛
圣安东尼奥
布拉瓦岛
福古岛
普拉亚
马约岛

邦斯岛

谷物海岸

象牙海岸
小塞斯托斯
帕尔马斯角

黄金海岸
阿克西姆
埃尔米纳
阿诺巴布
阿菲亚城堡
阿克拉
塞达
波多诺伏
拉各斯
贝宁

奴隶海岸

尼日尔河
奴隶海岸
阿多斯
拉古尼
卡拉巴尔
萨纳加河

几内亚湾

贝宁湾

葡属费尔南多波岛

葡属普林西比岛

葡属圣多美

葡属安诺本
洛佩斯角
欧古提河

罗安哥
马兰博都属葡萄牙
卡宾达

刚果河

1722 年 2 月 10 日皇家海军了结了巴塞洛缪·罗伯茨的性命，海盗的"黄金时代"落幕。

葡属罗安达

圣玛丽角
葡属本格拉

🟨 主要的金矿地

欢迎晚宴，而海盗们对他们的回报则是暴力夺取了该城堡，并扣押所有人以勒索赎金。在接下来的航行中，戴维斯遇到了由萨姆·贝拉米的老相识——法国海盗奥利维尔·拉·布什（Olivier La Bouche）指挥的船只。他们与另一名海盗共同航行了几个星期后，一次酒醉后的争执使他们各奔前程。

戴维斯再次独自起航，他劫掠了四艘英国和荷兰的贩奴船，每一艘都满载着奴隶、象牙和贸易物品。从那时起，"公鹿"号已不再适于航行，戴维斯用其中一艘贩奴船替代了她，将其改装成一艘 32 炮的海盗船，并命名为"流浪者"号（Rover）。海盗们继续向南行驶，在黄金海岸（加纳）附近一个叫作阿诺巴布（Anomabu）的地方截获了一艘即将前往伦敦的贩奴船"王子"号（Princess），其船员中就包括另一名威尔士人巴塞洛缪·罗伯茨。几内亚海岸附近的热带水域很容易侵蚀船只的木料，此时海盗们用另一艘俘获的荷兰贩奴船替代了已经腐烂的"圣詹姆斯"号（Saint James）。舰队继续驶入几内亚湾，最终停在葡属普林西比岛。在这里，戴维斯再次对当地总督使出了屡试不爽的诡计，他声称"流浪者"号是一艘抗击海盗的私掠船。为了把戏演足，戴维斯甚至还以与海盗交易为理由抓获了一艘进入港口的法国船只。

不知道是因为这个葡萄牙官员是个天然的愤世嫉俗者还是这个假英国私掠船长的故事早已广为人知，这次他的诡计没有得逞。在海盗们计划离开的前一天，葡萄牙民兵接到线报，称海盗们计划绑架总督，于是他们伏击了戴维斯和一众船员，并将其处决。剩下的船员拥戴巴塞洛缪·罗伯茨为船长，后者在逃跑前对普林西比岛进行了疯狂的报复。

1719 年戴维斯曾俘获了一艘船，其船长在谈到这位经历丰富、头脑机智的海盗时称："他一生命运多舛，是一个非常宽厚仁慈的人。"毫无疑问，当人们想到他是巴塞洛缪·罗伯茨的引路人时，几乎都不会反对这种说法，而后者就个人成就或血腥残忍程度来说，无人能出其右。

黄金时代的最后一位大海盗

在大约 30 个月的辉煌时期中，巴塞洛缪·罗伯茨共劫掠了 400 多艘船只，这使他成为有史以来最成功的海盗之一。每当他在公海、美国殖民地海域、加勒比海和西非海岸游弋时，船长们见到他的海盗旗就会大惊失色，跪在樯顶怨天咒地。

1682 年，他出生在威尔士彭布罗克郡（Pembrokeshire）岸边的一个小村子里，原名约翰·罗伯特（John Robert），1695 年出海工作。他何时将名字改为巴塞洛缪，又为何在他的第二个名字后加了一个"s"，我们都不得而知。人们对他从 13 岁起的生活一无所知，直到 1718 年，才有记录称他在巴巴多斯的一艘单桅帆船上当船员。

1719 年，罗伯茨在"王子"号上担任三副，当该船在

约翰逊在《海盗通史》中描述了豪厄尔·戴维斯巧施诡计进攻詹姆斯堡的情形。这个皇家非洲公司的奴隶贩卖中心坐落于冈比亚河的河口处。

阿诺巴布贩卖奴隶时被豪厄尔·戴维斯截获。在躲过普林西比岛的伏击后，当上船长的罗伯茨在第一次行动中就为自己赢得了"黑巴特"（Black Bart）的绰号。一日，在热带的夜幕掩护下，他率众返回普林西比岛，屠杀了岛上的许多男性，又抢走了所有值钱的东西。几天后，他抓获了一个荷兰属几内亚商船，两天后又劫掠了途经的一艘英国船只。然后，海盗们又回到阿诺巴布补充淡水和给养品，并投票表决下一站是要前往印度洋和东印度群岛还是巴西。最后的结果是巴西。

事实证明，他们在大西洋另一边的探险既取得了巨大的成功，而罗伯茨也受到了些许挫折。

在巴西海岸逡巡了两个月左右之后，就在罗伯茨和他的副指挥——"流浪

者"号（Rover）上的沃尔特·肯尼迪马上就要放弃搜寻而前往西印度群岛时，他们在横渡洛斯托多斯桑托斯（Los Todos Santos）（萨尔瓦多）的大海湾时与一支由42艘帆船组成的葡萄牙舰队遭遇，这支舰队由两艘70炮战舰护航，即将起航驶往里斯本。罗伯茨很快夺下了最近的几艘船，在刀剑的威胁下，船长指出了舰队中藏宝最多的那艘船。这艘船装配了40艘火炮，船员超过150人，想攻克她并非易事，但海盗们并不以为意。罗伯茨率手下登上那艘船，发现船舱中满载着40 000枚金币和大量奇珍异宝，其中一些珍宝都是专门为葡萄牙国王设计制作的。现在，海盗们想花点时间来分配战利品，因此罗伯茨将船驶向了魔鬼岛。在从洛斯托多斯桑托斯到巴西这一块凸出的海岸线上，是最臭名昭著的海盗遁迹所之一，这里充斥了社会上的各种人渣，只要水手们拿得出金子，他们随时会为其提供各种服务。

几个星期的休息和享乐过后，大部分水手散尽了钱财，这两艘船驶向苏里南河（Suriname River）河口，他们在那里发现了一艘双桅帆船。罗伯茨驾乘快速单桅帆船追击，沃尔特·肯尼迪乘"流浪者号"守在原处。目标船只逃跑，而罗伯茨发现自己正逆风行驶，因此一个多星期后才返回原地，却发现肯尼迪和"流浪者"号上的船员踪迹不见，一同消

约翰逊的《海盗通史》中还描绘了比他的良师益友更为成功的海盗——衣冠楚楚的巴塞洛缪·罗伯茨。

在将非洲奴隶运过大西洋时，这种足枷式脚镣用来束缚他们。这种脚镣的尺寸和强度各异，适合男人（上图）、女人（中图）和孩子（下图）。如果在整个航程中将他们平放在船舱的甲板上，一艘贩奴船的船舱能够最多塞入250名奴隶。因此，贩奴船是海盗们的上佳战利品，因为他们可以在西印度群岛和美洲殖民地出售船上的奴隶。对于奴隶来说，这种易主并没有什么分别，不过一些人可以趁此机会入伙成为海盗。

失的还有剩余的所有战利品。但罗伯茨对这场灾难不以为意——毕竟他们已经早早挥霍了大部分的钱财。他好像特意要强调一下这次事件，所以将自己的单桅帆船重命名为"财富"号（Fortune），然后又与剩下的船员商定出一套新的海盗条款，以避免类似状况的再度发生——这是现存完整的此类条款中最为详细的一套（见 230 页）。

罗伯茨驾乘着"财富"号一路向北行驶，从小安的列斯群岛（Lesser Antilles）边缘绕过，并在途中劫持了几艘船只。1720 年 2 月，驾驶"海王"号（Sea King）单桅帆船的法国海盗蒙蒂尼·拉·巴利斯（Montigny La Palisse）也加入了这场海盗狂欢。他们在巴巴多斯外围遭遇两艘英国海军舰船。"海王"号的索具严重受损，拉·巴利斯溃败。"财富"号也有损坏，多名船员死伤。罗伯茨违背诺言，打算逃跑，不过他还得避开从马提尼克岛出发一路追捕他的两艘法国海军舰船。从那以后，他发誓要对巴巴多斯和马提尼克岛上的人实施报复，并打出无耻的海盗旗，以宣泄自己的憎恨之情。

在圣多明各悄悄修补了船只之后，罗伯茨继续向北行驶，1720 年初他在新英格兰卖掉了俘获的船只和货物。然后，他驶入了纽芬兰渔场寻找猎物，劫持的船只超过了 170 艘。他用战利品换得一艘法国船只，为她装配了 28 门舰炮，并重命名为"皇家财富"号（Royal Fortune）。他重回美洲海岸，俘虏了更多的船只。之后，当他夏季再次入海时，遭殃的就是加勒比海域了，他连续劫持了 15 艘来自法国、英国和荷兰的船只。那年 9 月，他在整个背风群岛（Leeward Islands）开展了一场长达 6 个月的暴虐行动，对圣基茨岛（St. Kitts）和马提尼克岛展开袭击，抢劫了至少上百艘船只。其中一艘是 52 炮军舰，上面载着马提尼克岛的法国总督。罗伯茨将他吊死在自己指挥舰的桁端，然后虐打和残害了大多数船员。他将这艘船掠夺为自己的新旗舰，然后将其命名为"皇家财富"号——他用同一名字命名了好几艘船。

1721 年 4 月，巴塞洛缪·罗伯茨横渡大西洋来到西非，6 月初抵达塞内加尔河（Senegal River）河口附近。在那里，他遭到两艘法国船只的追击，但由于武器装备落后，它们很快被罗伯茨俘获，他将这两艘船重命名为"兰杰"号（Ranger）和"小兰杰"号（Little Ranger）。此时，罗伯茨向塞拉利昂（Sierra Leone）驶去，途中又俘获了一艘大贩奴船和快速帆船"昂斯洛"号（Onslow），后者正运送士兵前往黄金海岸的海岸角城堡。船上的一些士兵选择了转行做海盗，但事实证明普通水手是无法与水兵的社会地位相比较的，这些新手只能分得战利品中他们正常应得份额的四分之一。罗伯茨将"昂斯洛"号重命名为第四艘"皇家财富"号。

这场抢劫狂欢终于在 1722 年 2 月 10 日落下帷幕，英国皇家海军舰船"燕子"号（Swallow）在现代加蓬的洛佩斯角（Cape Lopez）附近追上了这群海盗。"皇家财富"号和"小兰杰"号由于船身倾斜而搁浅，但查罗纳·奥格尔（Challoner Ogle）率领的"燕子"号上的海海军遇上了詹姆斯·斯克姆（James Skyrme）指挥的"兰杰"号，并马上包围了他。

斯克姆的一条腿被炮弹炸断，10 名海盗丧生。最终斯克姆投降，幸存的船员被俘。在预先行动和主要战斗之间的几天中，罗伯茨打捞起一些其他的船只，又抢劫了一艘船，然后回港休息。大多数海盗都在夜晚的闹饮中烂醉如泥，黎明时分，"燕子"号在海滩附近出现在人们的视野中。最初，看到她的所有人都以为是斯克姆乘着"兰杰"号回来了，因此奥格尔才能先发制人，打败罗伯茨。

一意识到危险来临，罗伯茨马上着手准备战斗，也换上了他标志性的服装。约翰逊这样形容他："罗伯茨衣着华丽，手持宝剑，双枪从肩上垂下。"这位海盗船长命令他的船向奥格尔的船驶去，以期望从他身边驶过，进入公海然后逃之夭夭。然而当两船擦肩而过时，"燕子"号在近距离从舷侧发射霰弹，一些子弹击中了罗伯茨，这位海盗船长旋即身亡。船员们熟知他的遗愿就是葬身大海，以免尸体被人俘获，因此离他最近的船员将他的尸身抛入海中。在经过大概三个小时激烈的登船战后，剩余的海盗弃甲投降。被俘的三艘海盗船上装

载着价值超过 14 000 英镑的砂金。就这样，那个时代规模最大的海盗审判和处决活动在西非的英国奴隶交易中心——海岸角城堡——举行，54 名海盗被处以绞刑，37 人服劳役，其余海盗无罪释放；70 名非洲海盗被卖身为奴。

罗伯茨是史上最成功、也是最富有传奇色彩的海盗。他在那个时代显得与众不同，他身材高大、样貌俊朗，滴酒不沾，总是衣着华丽（见 229 页）。他深谙海盗的威胁恐吓之道，航海技艺高超，在他的舰队船员中享有盛誉。虽然他不是那个时代的最后一位海盗，但他的死标志着海盗"黄金时代"的终结。巴塞洛缪·罗伯茨的海盗生涯短暂而狂暴，其他任何海盗都无出其右；他的座右铭是"欢愉而短暂的一生"。

一提到为当时的报纸绘制插画，艺术家们常常没什么新意，这也就解释了这幅插画中的人物为何与前一章木版画中人物姿势类似的原因。在这幅图中，巴塞洛缪·罗伯茨站在"流浪者"号和"皇家财富"号（前景）前。在西非海岸附近，这两艘船率领着被俘的贩奴船前进。当他们在美洲将这些奴隶出售给庄园主时就能发一笔财。

第九章

暴力与野蛮正义

黄金时代的终结

　　若要了解海上肉搏战的残忍暴虐，当属下面这段对"黑胡子"的最后一战的描述：梅纳德和蒂奇开始拔刀相向，梅纳德向前一刺，刀尖刺中了蒂奇的子弹盒，刀刃卷向了刀柄。蒂奇划伤了梅纳德的手指，但并未使他失去战斗力，于是梅纳德跳回来，把刀掷出去，差点割伤蒂奇的脸；在他们缠斗之际，双方的人马都登上了梅纳德的单桅帆船，梅纳德的一个手下是个苏格兰人，他抽出自己的腰刀砍向蒂奇的脖子。蒂奇喊道："干得好，小崽子。"这个苏格兰人应道："要是还不够，我就干得再漂亮点。"话音未落，他又给蒂奇补上了第二刀，这次砍下了他的头，并把人头搭在自己肩上。

海盗和海盗猎手的武器是相同的——海盗经常从海军那里偷窃武器装备。因此，海军舰船与商船同样是海盗们猎捕的对象，只不过之前通常都要经过激烈的战斗。然而，海盗更希望不用战斗就可以俘获战利品，装备较差的商船常会选择投降而不会冒险做无谓的抵抗，因为反抗的结果很可能是惨遭屠杀。升起海盗旗后，从船头射出的一颗子弹通常就足以令对方投降。对方就范后，海盗会命令被俘的船只放下救生艇，接一名海盗上船去押解船员。

海盗船常常全副武装，在劫掠不那么顺从的船只，或遭遇武装更强的对手时，海盗们会觉得花些时日来加强自己的装备是值得的。对风险进行预估也是海盗船长的一部分工作。查尔斯·文在逃跑之战时付出了代价，而爱德华·英格兰打错了算盘，对俘获的人员心慈手软，从而铸下大错。战斗中，海盗们最为青睐的袭击方式就是与目标船并驾齐驱，然后再尽快登船，这样就可以不必开炮擒获船只。海盗掷出带抓钩的绳子，将两船拉近。一旦海盗蜂拥上船，激烈的肉搏战就拉开了序幕，由于海盗们武器精良，人数也多于对手，所以他们通常会取胜。

船上最受欢迎的武器就是火器，如步枪、大口径霰弹短枪和手枪等。据说"黑胡子"挎着六把手枪，身上还配着一把剑和一口刀。最受欢迎的刀类武器是短弯刀。它造价低廉、样貌难看，但却是一种十分有效的切削利器，是海上刃器的首选。海军军官和海盗船长通常钟爱轻剑，这种武器以剑尖刺向人或物，更加彰显他们的绅士风度。在殊死的肉搏战中，人们常常使用短矛、斧头甚至是套索桩。小船的甲板常会被一种叫作"手榴弹"的手掷炸药摧毁。

海盗船长一般只会在最紧要关头才使用火炮，但在对付军舰或意欲抵抗的武装商船时，他们也会动用杀手锏。有时，甚至小型商船也配有火炮（枪支或加农炮；加农炮指一种大小与火炮类型都很特殊的火炮）。17 和 18 世纪战乱频繁，因此为船只加装武器十分必要，而且大多数的水手都会开枪射炮。四轮转向架使用简单的升降系统和木钉，这样火炮就可以在海上瞄准敌人。不过当时这种升降系统并不可靠，人们常常要等船达到浪峰时才能开火。火炮旁常放置推弹器和炮刷，以备不时之需。

单桅海盗船上使用典型的 4 磅（1816 克）炮，球形弹的射程可达 1000 码（914 米）。球形弹用来摧毁船体，链弹或棒弹可以破坏船帆，从而使敌船无法脱逃，而在近距离作战时，海盗们则会使用霰弹来射杀敌船上的船员。

阻止海盗行为与威慑

虽然黄金时代的海盗们曾在几年的时间里拥有着最好的武器装备、人数众

短剑或匕首是近距离作战时的一种合手武器。炮弹类型包括用于摧毁船体和桅杆的球形弹（1）、破坏船帆索具的双头加农炮弹（2）和链弹（3），霰弹（4）则会给船员造成重大伤亡。

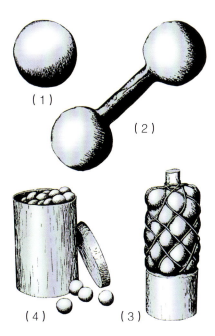

（1）

（2）

（4）　　（3）

这是 18 世纪的海盗梦寐以求的手枪；短桶的比利时燧发手枪。

多，令海上船只闻风丧胆，但其中大多数人也清楚法网恢恢，他们不可能永远逍遥法外。尽管一些像亨利·埃弗里这样恶贯满盈的海盗仍逍遥自得，但大多数人都感受到了海商法的巨大威力。无疑，海盗们在黄金时代的放纵无度曾在公众中引发轰动效应，但那些损失惨重的商人却普遍对此瞋目切齿。当然，由于地方政府、主要的国家政府及其海军都表达了强硬的反海盗立场，商人们的强烈反对态度也就不足为奇了。

事实证明，在黄金时代的早期，美洲大西洋沿岸和加勒比群岛上的殖民地总督都将海盗看作是增加收入来源的渠道，因为他们可以为当地市场带来掠夺的战利品。1714 年频繁战争的结束促进了经济的繁荣，而这也促使殖民地政府转变了想法。随着欧洲和美洲市场的开放，15 年内海上贸易几乎增长了 3 倍，不过也有相当数量的前私掠船长转做海盗。当海盗开始阻碍美洲殖民地的经济发展并挤压了欧洲商人和投资者的利润空间时，情况就要发生转变了。

在大西洋两岸，要求进行反海盗立法和维护海上安全的呼声愈发强烈，这对海盗形成了巨大的压力。像本杰明·弗莱切那样被利益蒙蔽了双眼的商人离开了管辖地区，随后到来的是像巴哈马群岛上的伍兹·罗杰斯和弗吉尼亚的亚历山大·斯波茨伍德（Alexander Spotswood）这样的新式总督。他们都进行了反海盗海军巡逻，抓获海盗后再对其进行严厉的审判。

最开始，承担海军巡逻费用的是殖民地居民，一段时间后，欧洲海军也开始进行经济投入，以帮忙肃清海盗。

18 世纪早期，英国皇家海军是重要的海上强国，它协同法国、西班牙和荷兰海军在西印度群岛巡逻，帮助殖民地清除海盗，后又在铲除美洲大西洋沿岸、西非海岸和印度洋上的海盗贡献了力量。各方通力合作，最终俘获了"黑胡子"、巴塞洛一艘装备精良的皇家海军三桅帆船模型，这种船在 17 世纪末至 18 世纪初的北大西洋上活动，用于抗击海盗。

缪·罗伯茨和斯蒂德·博内等海盗头目。

公海的海军巡逻和海岸地区的戒备日益加强，除此之外，另有一些其他措施也打击了海盗的嚣张气焰。英国借鉴了西班牙的舰队系统，多年来一直在印度洋上为商船护航。不久，荷兰及加勒比海上的大多数国家也纷纷效仿执行。就这样，从事海盗活动变得极其艰难且危险重重，海盗袭击事件因此大幅减少。此外，人们也意识到，如果海盗的生存环境不再诱人，就会反过来影响海匪的招募，也会大大降低海员冒险成为海盗的概率。正是这一原因，才使得对被俘海盗的审判和处理公开而严厉。

17 世纪末，遭到逮捕的海盗船上的海员通常都不会被处死，只有海盗头目才会被施以极刑。不过随着海盗数目激增，18 世纪初，人们对任何希望宽大处理的请求基本都置之不理。在整个黄金时代，处决全体船员的情况愈发普遍。

有一点需要说明，公众对于此类事件的赞成并非完全出于罪犯理应伏法的信念，他们心中还有着不那么高尚的一面，那就是公开执行死刑所带来的轰动效应。每次公开处死一名罪犯通常都会吸引大量民众蜂拥而至，那么试想一下，像 1722 年巴塞洛缪·罗伯茨的船员被执行死刑，一次就处死 54 名海盗是多么激动人心。

除了一些像亨利·埃弗里（Henry Every）那样识时务知进退、和像本杰明·霍尼戈那样获得宽恕、开始了新生活的海盗之外，几乎每个海盗都或死于战斗、或走上了绞刑架。海盗的生活肮脏危险、野蛮残忍，同时也十分短暂，欧洲各国海军都对那些考虑从事海盗活动的海员施加了心理上的震慑，向他们强调，如果胆敢越界为匪，等待他们的定将会是痛苦而可怕的结局。审判和处决海盗的全过程，连同公开虐打海盗尸体等情形都会被完整地记录在案。当时的观察家对执行死刑中有着广泛而病态的兴趣。此外，整个过程也遵循着一套固定的模式，其目的就是通过审判过程获得最大的宣传效应，由此增加震慑的力度。

海员执行死刑的过程

18世纪初被抓获的海盗要接受高调的公开审判，如果被判有罪，他们就几乎肯定会被执行死刑，而死刑的步骤根据给他们定罪国家的不同而有所差异。

在英国，绞刑的过程十分特别，这一方式随后传遍了英国在美洲、西印度群岛、印度和西非的殖民地。法国和西班牙也有着相似的系统，不过在一些诸如死刑的方式和奴隶有期徒刑的使用上与英国的司法模式有所差异。例如，西班牙使用绞刑具执行死刑，而法国在其殖民地广泛使用的死刑方式会使罪犯的头部保持完整。

从1701年起，英国在美洲和加勒比殖民地建立了海事法院（Admiralty Courts），以监督所有对"在高潮线以下"的罪行的审判，树立了海事法庭的权威。1716年初之后，殖民地法院监督执行了一系列大规模的处死海盗行动。除了上文提到的行动之外，还在新世界处死了一些更著名的海盗，其中包括伍兹·罗杰斯在巴哈马群岛的新普罗维登斯岛抓获的8名海盗（1718年12月）、在罗得岛的纽波特捕获的查尔斯·哈里斯（Charles Harris）

伦敦沃平码头区的处决码头（Execution Dock），海盗们被吊在"低潮线之上"，直到断气。在从马歇尔西监狱（Marshalsea prison）走向绞刑架的途中，人群常会向他们投掷泥巴、粪便和腐烂的蔬菜。

及其25名海盗（1723年7月）、圣基茨岛（St. Kitts）上乔治·卢瑟（George Lowther）的船员中的11名海盗（1723年11月）和马萨诸塞州波士顿的威廉·弗莱（William Fly）及其旗下两名海盗（1726年7月）。

无论这种大规模的处死行为有多么恐怖，但这绝不是滥用私刑。在大多数国家，对海盗的审判都是依照《海商法》来执行的。在英格兰，人们将死刑犯从伦敦的监狱——通常是马歇尔希监狱——带到泰晤士河岸边的沃平处决码头。

与同时代在西方世界被捕的海盗相比，那些在远东被拿获的海盗的命运稍好一些。专业刽子手手持一把大刀，猛地朝死刑犯的脖子砍去，将他们的头砍下来。

威廉·基德船长的尸体很久以后才腐烂，它向那些即将成为海盗的人昭示，等待他们的就是这样的命运。

在那里，一个木质的绞刑架矗立在低潮线以上的海滩上。

　　牧师短暂的祷告过后，海盗可以最后说上几句，然后就会被绞死。他的尸体会被吊在那里一天半的时间，"任凭海浪的拍打，而这种行为是海商法所不允许的"，最后被埋进不知名的墓地。一些更著名的海盗的尸身则会在宣传运动中派上用场。继海浪的冲刷后，海盗的尸体还会遭到刀割、涂满焦油、绑在铁链上，然后再放入铁笼中。他们的尸体常被吊在港口入口处的绞刑架上，如伦敦泰晤士河的岸上、加洛斯波因特或牙买加罗亚尔港外的枪礁等。他们的尸体会在铁笼中逐渐腐烂，这个过程大概要持续两年，其时间长短依气候不同而不等。

　　威廉·基德尸身的命运就是如此，"他的尸体在执行绞刑后的几年依然清晰可见。"阳光、雨水和霜露腐蚀着他的尸体，海鸥啄出了他的双眼，但焦油和铁笼仍桎梏着他的遗骨，"对于所有犯有类似罪行的人来说，这都是一种极大的震慑。"海盗们后来说，他们宁愿在战斗中战死也不愿"像基德一样被活活绞死"。

　　到1730年，所有最臭名昭著的海盗及其船员或战斗中丧命，或在公开审判后被处以绞刑。在海军巡逻和严厉的司法惩戒的联合围剿下，海盗的黄金时代终于落下了帷幕。

第十章

成为众矢之地的英国

法国和美国私掠船重击皇家海军

到 18 世纪 20 年代末，由于主要海上大国的联合行动，约翰逊书中最臭名昭著的海盗都落入法网，这段后来被传奇化的黄金时代终于落下帷幕。然而，公海上的安全并未因此而获得保障，因为这一时期或多或少与四国同盟战争结束的时间重合，这场战争终结了西班牙在地中海西部的统治地位，同时也使曾经强盛一时的西班牙海军臣服于四国的脚下。从这个时间点开始，在长达一个世纪的一系列战争中，随着一个接一个的省获得独立，西班牙对于西班牙大陆美洲的控制也在逐渐削弱。西班牙大陆美洲是加勒比海盗的一个主要目标，但海盗死灰复燃的主要原因还是战争。

奥地利王位继承战争（1740—1748 年）的起因不是本书要探讨的话题，这里也不用说其他类似的因素——英国、荷兰共和国和其他国家一起对抗西班牙和法国。这场战争对许多海员来说是个好消息，因为几百艘殖民地的私掠船都可以因此而获得拿捕特许证。加勒比海就是一个狩猎场，西班牙控制力的下降为这些私掠船提供了最佳的时机，当然他们同时也深入大西洋探险。

在 18 世纪，各种各样的物资都通过船只在美洲水域上进行运输。人们将蔗糖、原棉及制成品、美洲香料和大量烟草向东运至欧洲。相反，在整个 18 世纪奴隶贸易仍进行得如火如荼，悲惨的奴隶被从非洲运至美洲。沦为契约奴的工人仍可计数，而通过海运来到殖民地结婚定居的女性数量也在迅速增加。随着越来越多的女性抵达美洲并通过婚姻的形式定居下来，她们对巴黎的最新时尚品和特制茶叶等奢侈品的需求也在增加。朗姆酒由船运进和运出美洲，而殖民者们则从欧洲进口杜松子酒及葡萄酒。其他来自欧洲的物品还包括工业制成品、工具和武器。海运贸易种类各异、数量巨大，这保证了海盗和私掠船长的丰厚利润。

18 世纪的大部分时间里，在与法国和西班牙海军的一系列海战中，英国皇家海军一直保持不败。由于皇家海军舰队离港的速度很快，因此它们可以对敌

人的海岸线实施严密的封锁，从而彻底中断对方的海上贸易。这就是1800年以前英国可以独霸海上世界的法宝。面对着如此伟大的海上成就，英国的敌人们只能通过袭击英国的商船来打击对方气势，而根本无力在舰队战斗中取胜。在与英国的缠斗中，法国立即通过私掠船找到了解决问题的办法。这种方法不仅可以应对问题，同时也披上了国际合法化的外衣，在西印度群岛和加勒比海地区更是如此。因为根据1686年的《白厅条约》(Treaty of Whitehall)，两国不会因为在新大陆上发生的冲突而开战，事实上这样的条款就认可了私掠船的行为，而无论两国是否处于战争状态。无论怎样，法国人定居在加勒比海地区和当地英国海上贸易相对脆弱都使私掠巡航成为了一种十分诱人的选择。

　　在加勒比海上活动的法国私掠船劫掠英国船只，法国和西班牙国王也通过他们各自的殖民地总督颁发了大量的拿捕特许证。在奥地利王位继承战争期间，小安的列斯群岛(the Lesser Antilles)是一个为私掠船提供庇护的极佳基地，而路易斯堡(Louisburg)的堡垒则保护了法属加拿大私掠船，私掠船可以从这个安全的基地出发，去袭击美洲殖民地的船只。

　　七年战争(1756—1763年)期间，法国私掠船的劫掠行为十分猖獗，甚至因此影响了英国的策略，如攻占路易斯堡、马提尼克岛、瓜德罗普岛(Guadeloupe)

正与一艘私掠船作战的英国皇家海军战舰"海伯尼亚"号(Hibernia)；其作者是一位不为人知的英国画家。对于商船来说，美洲的私掠船不仅仅是一种危险，它们也装配着珍贵的海军物资，可以进行护航。

（182页图）在1722年约翰·邦纳船长(Captain John Bonner)的地图中可见，18世纪初，像波士顿这样的殖民地城市迅速蓬勃发展。公民自豪感及独立意识很快激发了人们想要摆脱英国王权统治下令人厌恶的税收的强烈愿望。

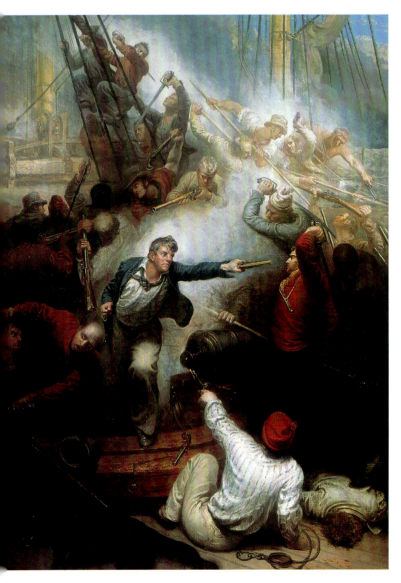

和多米尼加岛（Dominica）等海盗遁迹所等。1778年后，法国在美国独立战争期间支持美国定居者反抗英国，由于英国皇家海军规模缩小、行动无效，法国私掠船也从中获益良多。在殖民地居民叫作美国独立战争、而英王乔治三世（George Ⅲ）称之为革命战争的那段时期，英国的损失预计可达其商船舰队的5%。

印度洋上的法国私掠船

私掠船对英国皇家海军的挑战并不局限于新大陆。在几个世纪内，法国的敦刻尔克港一直是一个私掠船基地，在美国独立战争期间，它更是为60多艘获得法国或美国拿捕特许证的法国私掠船提供服务。从敦刻尔克出发的私掠船就在英国海军部的眼皮底下——在英吉利海峡和爱尔兰海等海域——劫掠了几百艘英国船只。美国独立战争爆发后，法国国内也发生了酝酿已久的暴乱。法国大革命和拿破仑战争相继爆发，法国的港口一度遭到封锁，法国海军也陷入无人管理的状态，而此时英国则趁机重整海军并走上了复兴之路。英国在加勒比海布置了强大的海军，因此法国私掠船只能另寻他处去袭击英国船只，于是它们来到了印度洋这块古老的战场。

最成功的法国私掠船长当属罗伯特·舒尔库夫（Robert Surcouf，1773—1827年），他原是圣马洛市（St. Malo）布列塔尼港（Breton）的一名海员。15岁时，他应征在一艘前往印度的商船上工作，直到1791年他一直往返于莫桑比克（Mozambique）和马达加斯加岛从事奴隶贸易。战争爆发前夕，他以法兰西岛（Ile de France，毛里求斯）为基地，在一艘中型快速帆船上做二副，与两艘英国海军舰船作战。舒尔库夫表现卓越，被晋升为船长，并得到一艘名为"克里奥尔"号（La Creole）的4炮小船。虽然舒尔库夫并未取得拿捕特许证，但他仍驶入了利润丰厚的印度洋贸易航线，在那里，他遇到了由24炮的"特里同"号（Triton）护航的三艘东印度公司商船。

舒尔库夫采用的策略是隐瞒身份，当英国船只鸣炮示警，他已追至东印度商船的船侧。尽管武器装备相差悬殊，但法国人还是获得了胜利，英国船只降旗投降。这些船被带到了毛里求斯，但在那里船上的战利品被没收，因为舒尔

塞缪尔·德拉蒙德（Samuel Drummond）在1807年绘制的油画，图中描绘了威廉·罗杰斯船长劫掠"年轻的理查德"号（Jeune Richard）时的场景，登船战的情形与暴力场面历历在目。

库夫拿不出私掠船许可证。不过，他驶回法国后很快就弄到了一份。

1798 年 8 月，舒尔库夫指挥 18 炮的"克拉丽斯"号（Clarisse）率领 105 名手下重返大海。在前往印度洋的途中，他们在南大西洋截获了四艘船只，1799 年 2 月又在印度尼西亚的苏门答腊岛（Sumatra）附近劫掠了两艘。11 月，他抢劫了一艘装载着预计价值超过一百万法郎货物的印度船只，后又成功避开了 56 炮的皇家海军舰船"西比勒"号（Sybille）的追击。当"克拉丽斯"号返回毛里求斯的途中，又有一艘英国双桅横帆船和一艘美国商船落入他的手中。1800 年，他取得的成功使他再次获得提升，指挥着 18 炮快速帆船"确信"号（Confiante），他又俘获了 9 艘英国船只。这其中就包括了船上配备了 400 名船员和一队火枪手的东印度公司皇家海军舰船"肯特"号（Kent）。尽管对方人员数超过自己的三倍还多，但 10 月 7 日这位法国人还是在孟加拉湾（Bay of Bengal）登上了这艘英国船只并成功将其制伏。

由于这次壮举，舒尔库夫成为了法国军队中的传奇人物，而英国海军部则把他列为海盗，重金悬赏他的头颅。1802 至 1803 年这段短暂的和平时期，他返回法国，这位当时已家私万贯的私掠船长将他的家乡圣马洛和其他一些小港口变成了海盗遁迹所，继续骚扰英国航运。法国国王甚至将他封为男爵。

罗伯特·舒尔库夫并不是唯一一位法国勇士。在法国私掠船的骚扰下，英国航运损失惨重，在拿破仑战争的前六年，其商业损失就已超过 2000 艘。此外，法国私掠船还劫掠了几百艘中立的美国船只，这促使美国在 1798 年不宣而战，掀起了所谓的美法短暂冲突（Quasi War），以驱逐这些法国袭击者。不仅如此，英国也在与法国的战争期间和美国独立战争期间使用了私掠船。到 1809 年，英国与西班牙停战，私掠船船主抱怨称他们过去曾成功对法国航运造成毁灭性打击，而现在却再也劫掠不到战利品了。这种状况在 1812 年英国与美国爆发战争时得以缓解，但此时主要的受益方却是美国人了。

舒尔库夫指挥的"确信"号与安布鲁瓦兹·路易丝·格梅雷（Ambroise·Louis Gameray）指挥的英国皇家海军舰船"肯特"号的战斗。为纪念这位圣马洛的英雄，人们在他的家乡建造了罗伯特·舒尔库夫的雕像。对法国人来说，他就是一种精神鼓舞；而对于他所劫掠或摧毁的商船或英国战船来说，他就是一个需要重金悬赏的海盗。

海上的自由守卫者

1775 年美国殖民地发动起义之后，大陆会议和各个殖民地开始着意打造一支能够对抗英国皇家海军的海上力量。虽然在七年的战争期间，初出茅庐的大

（上图）约翰·保罗·琼斯（John Paul Jones）——大陆海军的第一任海军上尉——是第一位升起美国军舰旗的军官。（下图）即是伟大联盟（Grand Union）的旗帜。这幅油画完成于琼斯去世很久之后，当时人们在将他遗忘了许久之后又将他的事迹旧事重提。

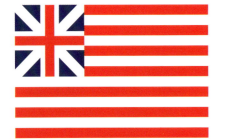

陆海军几乎一无所成，但其中一名海军军官却成了美国第一位真正的英雄，他就是约翰·保罗·琼斯。

1747年，他生于苏格兰西南部海岸，原名约翰·保罗。与许多苏格兰人一样，他不到12岁就开始在海上工作。在接下来的20年时间里，他多次随商船和贩奴船出航，到访过许多港口，其中还包括弗吉尼亚的弗雷德里克斯堡（Fredericksburg），他的哥哥在那里经营了一个种植园。1768年，一场厄运改变了这位年轻的水手的命运，他所在的苏格兰双桅横帆船的船长和大副因患黄热病而不治身亡。当时，约翰·保罗将船安全地带回港口，心存感激的船主请他做了船长。1770年，在第二次前往西印度群岛的航程中，保罗因一件小事鞭打了一名海员，后来此人因伤口感染身故。这次不幸的事件使他背负了残忍暴戾的名声，并在此后相当长的时间内一直困扰着他，他也可能因此失去了一次在多巴哥岛（Tobago）从事利润丰厚生意的机会。后来，他逃回了美国和弗雷德里克斯堡，并在那里更改了自己的身份，在原来的名字后增加了"琼斯"二字。

1775年，约翰·保罗·琼斯去了费城（Philadelphia）——新组建的大陆海军的总部所在地——为抗击英军提供志愿服务。他成了30炮美国军舰"阿尔弗雷德"号（Alfred）上的首位海军上尉，1776年2月驶离德拉瓦河（Delaware River），在巴哈马群岛袭击英国商船。在船即将起航时，琼斯成为在军舰上升起美国旗帜——伟大联盟旗帜——的第一人。在接下来的几个月中，琼斯指挥大量军舰，获取了许多战利品，并解救了被关押在新斯科舍（Nova Scotia）的英国监狱中的美国囚犯。后来，他于1777年7月14日（那一天美国采用了星条旗）获得了美国军舰"兰杰"号（Ranger）。由于功勋卓著，琼斯原本希望得到一艘比"兰杰"号更具威望的舰船，因此1778年初，他心里带着一丝失望，奉命驶往法国的布雷斯特（Brest），去袭扰那里的英国皇家海军。

同年4月，他离开布雷斯特，向北驶入爱尔兰海。在卡里克弗格斯（Carrickfergus）附近，这些美国人发现一艘皇家海军舰艇——20炮的双桅横帆船"德雷克"号（Drake）——正在港停泊，但逆风大作，他们无法与这艘英国战船交战。于是，琼斯在英国北部的怀特黑文港（Whitehaven）登陆，在那里他烧毁了港湾中的船只，并摧毁了一个小堡垒。接着，他又在他的出生地柯尔库布里（Kirkcudbright）附近的苏格兰海岸登陆。他的计划是绑架住在附近的塞尔扣克伯爵（Earl of Selkirk）并扣押他来交换被皇家海军强征入伍的美国水手，但由于这位贵族人物并不在家，该计划流产。根据琼斯的说法，他的船员欲图洗劫这个庄园，不过最终他仅同意他们带走了伯爵家的传家之宝，而并没有焚毁任何东西。后来，他又将塞尔扣克伯爵夫人的贵重物品物归原主，但英国人仍将此次行动定义为完全的海盗行为，而琼斯该为此全权负责。

离开苏格兰后，"兰杰"号返回卡里克弗格斯，由于天气状况良好，他们又袭击了"德雷克"号。短暂的枪战之后，美国人俘获了这艘英国战船，扣押了其船员，然后带着战利品返回布雷斯特。

琼斯获得了一艘新船的指挥权，这艘船由原法属印度商船改装而成，被重命名为"好人理查德"号（Bonhomme Richard）。8月，他再次重回大海，与4艘法国私掠船一起在爱尔兰海岸和北苏格兰海岸附近俘获了3艘英国商船。9月初，他进入北海，但当时与他随行护航的只有一艘法国船只"帕拉斯"号（Pallas）。他试图像前期袭击那样，在爱丁堡（Edinburgh）附近利思（Leith）的福斯湾（Firth of Forth）海岸登陆。这一次，糟糕的天气使他不得已放弃袭击，于是这两艘船沿着苏格兰和英格兰海岸继续向南行驶。

1779年11月23日，这两艘船在法恩堡岬（Flamborough Head）附近遭遇一艘英国船，该船由两艘战舰护航。琼斯朝着50炮的"塞拉皮斯"号（Serapis）驶去，而他的法国护航舰"帕拉斯"号则与一艘20炮的单桅帆船交战。由于琼斯怀疑法国火炮的准确性，他决定进行近距离作战。一次登船的努力无功而返，两船开始了近距离的开炮决斗。"塞拉皮斯"号从舷侧发出的炮弹折断了"好人理查德"号的主桅，这艘私掠船水线以下的船体也被洞穿。该船明显下沉，船上的旗帜也被枪炮打成了布条，"塞拉皮斯"号的皮尔森船长（Captain Pearson）向琼斯发出信号："你的船搁浅了吧？"琼斯回答称："我还没开始战斗呢！"于

（下图）1779年在法恩堡岬，约翰·保罗·琼斯指挥的法国战船"好人理查德"号与英国皇家海军战船"塞拉皮斯"号展开舷炮互射。

是厮杀继续。后来，他命令自己的船撞向"塞拉皮斯"号，从桅顶射出的火枪子弹也摧毁了它的甲板。

一颗手榴弹炸掉了"塞拉皮斯"号的部分弹药库，皮尔森最后俯首认输。此时，两艘船都破损严重；"好人理查德"号最终沉没，"塞拉皮斯"号则费力地驶入了一个友好港口。历史书将琼斯描述为美国革命战争期间最成功的美国海军指挥官。

1780 年初，琼斯回到法国后受到了人们的热情款待，他的事迹甚至被写进了歌谣，其中将他称为一位美国"海盗"。路易十六（Louis XVI）是琼斯热情的支持者，他为琼斯授予军功勋章，并封他为"骑士"。1787 年，大陆会议授予约翰·保罗·琼斯骑士一枚纪念章，以表彰他的"英勇与卓越"。后来，他在俄国海军供职，在黑海上与奥斯曼土耳其人作战，表现杰出。后来，他遭奸人陷害，诬告他强奸了一位未成年少女，这使他名誉扫地，灰头土脸地离开俄国，返回了巴黎。1792 年 7 月 18 日（6 个月后的 1793 年 1 月 21 日，他的崇拜者路易十六也死在了法国革命者手中），这位伟大的美国革命者死于巴黎，辞世时生活潦倒，世人也几乎将其遗忘。法国和俄国赞他为英雄，而英国则称之为海盗，甚至美国国会似乎也将他本应获得的尊重一笔勾销了。一个世纪后，他的遗体被送回美国，约翰·保罗·琼斯才获得了美国的认可。

弗朗西斯·霍尔曼（Francis Holman，1729—1784 年）的油画《私掠船"飞"号》（The Privateer Fly）。从巴尔的摩造船厂驶出了最好的独桅纵帆和单桅帆船。这些船航速快、易于操作，是用作私掠船的理想选择。

美国私掠船造成的大浩劫

1775 年同一时间，大陆会议正在组建大陆海军，并忙着为私掠船长授权。事实证明，这些私掠船长比海军更具价值，是丰沛的财政收入来源。在独立战争期间，这些私掠船共劫掠了 3000 多艘英国船只，并将它们带回了美国的港口。1812 年战争期间（1812—1815 年），他们再次复制了成功，当时特制的长途私掠船在狙击英国船只时非常有效。

1775 年 4 月初，反叛的捕鲸船在波士顿附近的马撒葡萄园岛（Martha's Vineyard）附近劫掠了一艘英国纵帆船。到 1776 年初，武器装备更好的大型私掠船航行在大西洋和加勒比海上，而稍小的船只则主要在纽芬兰岛附近袭击英国和英国与加拿大的联合渔船队。除了贵重的商品之外，被俘获的英国补给船还为乔治·华盛顿的大陆海军提供了非常急需的火枪。

与大陆海军的船员不同，私掠船上的水手们没有工资——他们唯一的收入来源就是捕获赏金。

这种佣金形式确保他们可以服从命令，同时激励水手们在交战时竭尽全力。当然，他们获得的回报也是惊人的。仅塞勒姆（Salem）的私掠船"响尾蛇"号（Rattlesnake）就在一次巡航行动中劫掠了总价值超过一百万美元的战利品。由于有了自己的私掠船舰队，塞勒姆、波士顿和巴尔的摩等港口都逐渐富裕起来，不过法国港口和殖民地也为私掠船提供安全的庇护所，并与他们共享利益。为了应对这些袭击，皇家海军为保护商船逐渐启动了护航系统，但数以千计的英国船只仍然在没有军舰护航的情况下继续在海上航行。大型商船都配备了武器装备，但私掠船装载的武器更加充足，配备的人员也更多，这使他们在作战时更具优势。继 1781 年英军在约克镇（Yorktown）惨败后，英国仍试图继续破坏美国革命，而船只损失就是英军失利的部分原因。

1812 年战争大体上是一次海上战争，这对私掠船来说无异于一次天赐良机。船主们渴望复制他们在美国革命战争期间所取得的成功，因此在短短两个月时间中，就有 150 多艘获得特许的船只奔赴大海。起初，许多船只的武器装备很差，所以他们只能靠登船进行肉搏战取胜，却不能寄希望于以炮火令敌人屈服并将其俘获。然

而，有时他们兵不血刃也能取胜，因为在经历了一段和平时期之后，很多英国商船都不进行武装就下海航行，这使得它们成为了更容易制伏的目标，而庞大的商船舰队也意味着战利品十分丰厚。

很快，美国船主们就开始委托定制专用的船只，设计建造私掠船。一些像"保罗·琼斯"号（Paul Jones）、"萨拉托加"号（Saratoga）、"约克郡"号（Yorktown）和"复仇"号等重型帆船这样的私掠船能够搭载约 150 人，必要时还可装配能与英国快速帆船作战的武器。巴尔的摩是大西洋沿岸主要的私掠船港口，它吸取了美国独立战争期间的教训，最好的造船工人在城市的造船厂中建造了这些新的私掠船。船具商和造船工人的利润成倍增长。

巴尔的摩建造的纵帆船由于航速快、易于操作而久负盛名，如 350 吨的私

独立战争中新兴的美国海军所展现出的弱点在 1812 年战争中得到了改善。托马斯·伯奇（Thomas Birch，1779—1851 年）绘制的油画描绘了 1812 年 8 月 19 日发生的一个事件，它动摇了英国海军作为海上霸主的信心。美国军舰"宪法"号（Constitution）在巴西海岸附近遭遇英国皇家海军舰船"古尔里尔"号（Guerriere），不到半小时，"宪法"号就重创并俘获了这艘 38 炮的英国战船。在疏散了该船船长和幸存船员后，"古尔里尔"号被击沉。这一壮举为"宪法"号赢得了"老铁甲"的绰号。

掠船"美洲"号就装配了 20 门火炮，并配备了 120 名船员。在战争期间，该船劫掠了 40 艘英国船只，为船主回馈了超过 600 000 美元的利润。

　　1812 年战争中最成功的私掠船是波士顿双桅帆船"扬基"号（Yankee），它所俘获的 40 艘船总价超过了 3 000 000 美元。其他为特定目的建造而成的重型私掠船也同样参与了袭击英国商船的行动，如"努沙泰勒王子"号（Prince of Neufchatel）、"猎人"号（Chasseur）和"里昂"号（Lyon）等。

　　1812 年战争中最佳特制船的航速不输后来的飞剪船，也不逊色于横渡大西洋的竞赛帆船，这一切都要归功于其设计者。1814 年拿破仑·波拿巴退位之时，从美国港口出发的私掠船就超过了 500 艘。由于法国衰败，英国海军部便腾出手来集中应对麻烦缠身的美国。（其中人所共知的一段是，拿破仑卷土重来，但他短暂的复辟最终导致了陆地战争；皇家海军几乎没有参战。）事实证明，对法国的封锁十分有效，且这一招在大西洋彼岸同样适用。

　　当年底，美国的海上贸易陷入停顿。在战争期间，被私掠船俘获的英国商船超过 1300 艘，不过英国私掠船也同样劫掠美国船只。双方蒙受的巨额损失使大西洋两岸的船主都要求停战。1814 年底，人们终于迎来了和平的曙光（不过最后一场战斗发生在 1815 年初，当时的信息没有得到及时传达）。

1812 年战争是美国私掠船最后的一次大发展时期，除了美国内战期间南部邦联的侵袭者所进行的袭击之外，由国家支持的海盗行为都已绝迹。几乎所有美国和欧洲的私掠船都恪守指示行事，同时也减少了行动的次数，但在中美洲和南美洲，宣布停战后却是另一番景象。拉丁美洲的私掠船蓬勃发展，它们的袭击对象甚至包括了非西班牙船只，一波新的海上恐怖行动在加勒比海和墨西哥湾地区蔓延开来。

图中是纽约建造的"努沙泰勒王子"号，它是一艘私有私掠船，曾与 40 炮英国皇家海军舰船"恩底弥翁"号（Endymion）交战。虽然"恩底弥翁"号的武器装备远占上风，航速出众，但它却没能制伏这艘美国私掠船，"努沙泰勒王子"号在与敌激烈交战后脱逃。"恩底弥翁"号的船长后来说，他在试图俘获"努沙泰勒王子"号时损失的船员与他在和火力相同的常规战船交战时所损失的船员人数相当。

第十一章　**最后的美洲海盗**
填补战后和平期的真空

19世纪前半叶的美洲

- 从前西班牙的领地
- 从前葡萄牙的领地

1821 年从西班牙和葡萄牙统治下独立的时间

- 从西班牙人手中夺回的美国领土
- 英国领土
- 法国领土
- 荷兰领土

太平洋

孟菲斯　伯明翰　杰克逊维尔　圣奥古斯丁　拿骚　迈阿密

丹佛　彭萨科拉

盐湖城　新奥尔良（见右侧插图）　基韦斯特　哈瓦那

萨克拉门托　圣安东尼奥市　加尔维斯顿　金斯
（罗亚尔港）

圣弗兰西斯科

埃尔帕索

圣巴巴拉　华雷斯市　墨西哥湾　梅里达　莫斯基托海岸
属英国

洛杉矶　蒙特雷

圣地亚哥　坦皮科　马那瓜

马萨特兰　韦拉克鲁斯　危地马拉市　圣何塞

墨西哥城　马那瓜

阿卡普尔科

　　黄金时代过后，无论美洲还是加勒比海上的海盗都未被肃清，但在几乎一个世纪的时间里，海上劫掠仅是偶发的孤立事件。然而，正如上一章所述，拿破仑战争和 1812 年战争使几千名私掠船长有了营生，而当 1815 年最后一战结束之后，大部分人没有了用武之地。许多人跑到古巴和波多黎各这样的遥远港市当上了海盗。他们中很多人是美国人（或名义上是），如吉恩·拉菲特（Jean Laffite），而更多人则来自加勒比海和南美洲讲西班牙语的地区。吉恩·拉菲特是一个趣味横生的人物。他一生中大部分时间都过着逍遥法外的快活日子——他是一位持有特许证的私掠船长——1812 年英美战争的最后一役中曾参与保卫新奥尔良，这使他成了民族英雄式的人物。

　　与很多海盗一样，拉斐特早年的状况不为人知。他大概在 1780 年生于法国南部的巴约讷（Bayonne），该地与西班牙北部接壤。他的父亲是法国人，母亲是西班牙人，也可能是犹太人。

　　不过，也有人认为海地是他的出生地。到 1809 年，他和他的弟弟皮埃尔

大西洋

加勒比海

太平洋

圣胡安

圣多明各

库马纳

加拉加斯

马拉开波

卡塔赫纳

波哥大

拿马城

埃斯梅拉达斯

基多

瓜亚基尔

卡亚俄　利马

库斯科

阿里卡

安托法加斯塔

拉塞雷纳

圣地亚哥

瓦尔帕莱索

巴尔迪维亚

拉巴斯

丘基萨卡

波托西

科尔多瓦

亚松森

格兰德河

蒙得维的亚

布宜诺斯艾利斯

马德普拉塔

蓬塔阿尔塔

帕拉马里博

卡宴

乔治城

马瑙斯

大西洋

（插图区域）

巴吞鲁日

皮卡尤恩

比洛克西

珍珠河

密西西比海峡

密西西比河

阿米特河

马里波湖

庞恰特雷恩湖

博恩湖

尚德卢尔海峡

唐纳森维尔

康文特

梅泰里

新奥尔良

吉恩·拉斐特国家历史公园和自然保护区

萨尔瓦多湖

巴拉塔里亚

波因特阿拉哈奇

布列塔尼海峡

尚德卢尔海峡

大海湾

巴拉塔里亚湾

密西西比三角洲

卡尤湾

特勒博恩湾

迪巴利那湾

西湾

墨　西　哥　湾

（Pierre）生活在新奥尔良，他们在那里经营一个铁匠铺，这其实是为他们进行奴隶走私和处理劫掠物品而进行的掩护。拉斐特兄弟在巴拉塔里亚湾（Barataria Bay）周围的新奥尔良南部沼泽地活动，他们吸引了路易斯安那州海湾附近大量的不良分子。到 1810 年，吉恩成了一群海盗、私掠船长和走私者的重要头目，据说这一群体的数目超过了 3000 人，他们就在自称为巴拉塔里亚王国的地区活动。

　　在接下来的一些年里，这些巴拉塔里亚海盗劫掠墨西哥湾上的船只，主要袭击西班牙船只和贩奴船，而拉斐特则负责监督劫掠物品的销售。贩卖奴隶可

在一幅当代的木版画中，当吉恩·拉斐特率众登上俘获的船只时，甲板上到处都是受伤、垂死和身亡的船员。令人吃惊的是，拉斐特曾在1815年参与抗击英国入侵者，保卫新奥尔良的战斗，被人们视为民族英雄。一所公园甚至以他的名字命名——新奥尔良附近的吉恩·拉斐特国家历史公园和自然保护区（Jean Laffite National Historical Park and Preserve）。

获取暴利。

但自从美国国会于1808年禁止奴隶进口以来，种植园主就在巴拉塔里亚附近参加秘密组织的奴隶拍卖活动，这样他们才能买到新奴隶，海盗们劫掠来的物品也才能卖到附近城市的商人手中。然而，这种行为波及甚广，很难长时间保密，因此当奥尔良领地（Territory of Orleans）在1812年并入联邦，成为路易斯安那州（Louisiana）时，第一任州长威廉·查尔斯·科尔·克莱本（William Charles Cole Claiborne）于11月下令以海盗罪和非法贸易罪逮捕了拉斐特兄弟。在新奥尔良最好的律师的斡旋下，兄弟俩保释出狱脱逃，继续从事非法贸易，这一次他们隐藏得更深，将拍卖地点藏在了海湾之中。拉斐特显然颇具幽默感，1813年，当州长拿出500美元悬赏他的脑袋时，这位海盗的应对之策是到处张贴海报，以十倍的价格悬赏克莱本（Claiborne）的项上人头。

这种僵局一直持续到1814年，当时英美战争已经迁延了两年，战火也烧到了美国濒临墨西哥湾的五个州。这时，美国入侵加拿大的一次行动被击溃，在取得了一系列海战的成功之后，新兴的美国海军被装备精良的英国舰队封锁在母港中。英国人袭击了马里兰州（Maryland）的海岸地区，占领了首都华盛顿，并火烧白宫。

英国人决心复制在新奥尔良取得的胜利，以便摧毁密西西比河上方兴未艾的贸易。同年9月，英国军官提出，如果拉斐特能帮助他们进攻新奥尔良，就会给予他特赦和赏金。然而，拉斐特却把这个消息通知给了路易斯安那州政府——与其说他的所作所为是出于爱国主义情怀，倒不如说英军威胁了他在新奥尔良市场上的利益。

州长克莱本——他远不如拉斐特那样幽默——并没有忘记对他头颅的悬赏之辱，他对拉斐特的回报就是向巴拉塔里亚湾（Barataria Bay）派出了"卡罗莱纳"号（Carolina）和"路易斯安那"号（Louisiana），趁海盗舰队停泊之时将船只俘获。拉斐特和他的手下一直藏匿在海湾之中，直到那两艘船——它们是路易斯安那州和密西西比州的全部海军力量——离开。英军在牙买加集结、准备发动大规模进攻的消息传来，人们为之震动，在新奥尔良奋起抗敌。12月，联邦政府派安德鲁·杰克逊（Andrew Jackson）少将负责该城的防御，他集合了来自肯塔基州（Kentucky）、田纳西州（Tennessee）和密西西比州的民兵，与路易斯安那州的民兵共同作战。为了征募到所有可用之人，杰克逊与拉斐特的巴拉塔里亚人休战，从而获得了他的支持。1815 年 1 月初，英军登陆新奥尔良东部，经过一番血战，他们最终在新奥尔良战役（Battle of New Orleans）（1815 年 1 月 8 日）中遭遇失败。

由于作战英勇，一个月后，拉斐特的海盗们获得了由麦迪逊总统颁发的政府特赦令。许多海盗借此机会金盆洗手，而拉斐特兄弟却仍重操旧业。

他们曾协助过的军队严阵以待，士兵们也按照密西西比三角洲的法律行事，这种情形对海盗和走私者来说十分不利。为了开展行动，兄弟俩偷了一艘船驶向得克萨斯（Texas）。从理论上讲，这一地区仍是西班牙的属地，但事实上这里是美国和墨西哥之间的一块法外之地，是美洲最穷凶极恶的魔鬼乐园，是理想的海盗庇护所。

吉恩·拉斐特的海盗袭击仍在继续，到 1817 年，他占据了加尔维斯顿（Galveston）并把它作为自己的安全港。他从来自西班牙的得克萨斯总督——法国海盗路易斯·米歇尔·奥里（Louis-Michel Aury）——手中夺取了红房子（Maison Rouge），并搬了进去（见 197 页的侧边栏）。经过特别的加固后，红房子的上层变成了一座堡垒，一门加农炮居高临下，瞄准加尔维斯顿湾。大概在 1820 年，据说拉斐特娶了玛德琳·瑞古德（Madeline Regaud），她曾是一位法国殖民者

加尔维斯顿（Galveston）港湾中的海盗帆船在遭到美国军舰"企业"号（Enterprise）的炮击后起火。

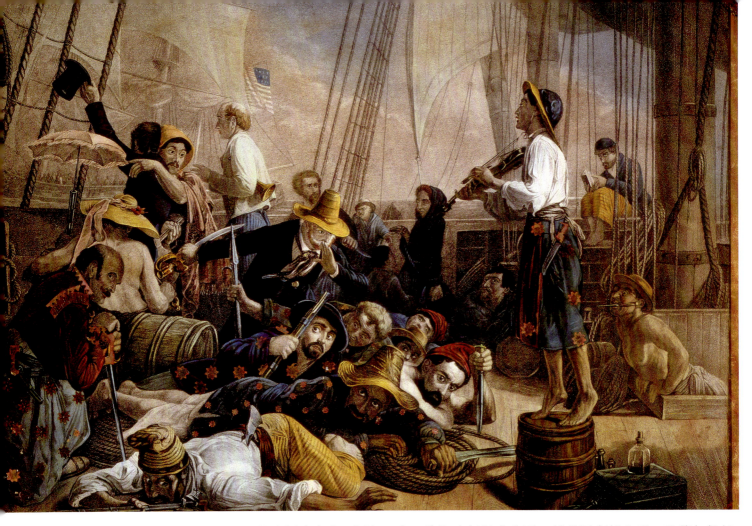

奥古斯都·贝尔德（Augustus Baird）创作的一幅油画描绘了一艘美国商船受到几个男扮女装的海盗诱惑后，驶入海盗船的射程之内，而当时其他的海盗都躲在甲板上。

的遗孀或女儿。同年，在一位海盗船长袭击了一艘美国商船之后，比德尔船长（Captain Biddle）驾驶美国军舰、双桅横帆船"企业"号，率领一支部队炮轰加尔维斯顿，并一举摧毁了它。拉斐特乘坐他的旗舰"骄傲"号（Pride）脱逃，从此不知所终。有人认为他可能客死墨西哥，也有传言称他幸存下来并化名重返美国。

加勒比海上不入流的劫匪和杀人犯

拿破仑战争对从前的西班牙大陆美洲产生了十分深远的影响。西班牙在半岛战争（Peninsular War，1807—1814 年）中元气大伤，这极大地削弱了它对广袤的新世界帝国的控制。这种影响波及甚快，西班牙大陆美洲的人们几乎立即就拿起了武器、争取独立，希望摆脱西班牙人的束缚与统治。到 1808 年底，由于西班牙全力应对拿破仑的军队、为自己的命运而战、无暇他顾，第一轮拉丁美洲解放战争（Latin American Wars of Liberation）爆发。

到 1822 年，墨西哥、秘鲁、智利都已经独立，洪都拉斯、危地马拉

（Guatemala）、圣萨尔瓦多（San Salvador）、尼加拉瓜（Nicaragua）和哥斯达黎加（与墨西哥有过短暂的联盟之后）也已建立了自己的国家。到 1825 年，中美洲的联合省（United Provinces）和西蒙·玻利瓦尔（Simon Bolivar）的叛军解放了厄瓜多尔、哥伦比亚和委内瑞拉。古巴和波多黎各（Puerto Rico）仍处在西班牙的统治之下，但游击队活动也不断给这些岛屿制造麻烦。新兴的拉丁美洲国家雇用了像路易丝·米歇尔·奥里（Louis-Michel Aury）这样的私掠船长，以他们的名义打击西班牙压迫者，1812 年战争结束后这种状况仍在继续。这也就意味着 1815 年之后还有几千艘私掠船在加勒比海上活动，许多人认为限制他们袭击西班牙船只没有什么意义。拿破仑战争结束之后，人们认为在加勒比海之外的海域从事贸易还是很安全的。欧洲工业革命使人们对原材料的需求不断增长，而美洲的新兴工业也急需船上的货物。因此，加勒比海和美洲航线上出现了大量以往从未见过的船只。

就劫掠船只而言，拉丁美洲的许多新海盗都是些不入流的劫匪。美国双桅横帆船"华盛顿"号（Washington）的兰德船长（Captain Lander）曾报告说，在 1822 年的一起袭击事件中，海盗们偷走了 16 美元、一些食物、锅碗瓢盆、衣服和一个指南针。就偷窃而论，这不算什么大事，但这些海盗常常杀掉受害者，以免日后被人指认。在海盗的黄金时代，巴塞洛缪·罗伯茨劫掠巨额财物，但会赦免船员，而 19 世纪 20 年代的水手却时常仅因为身上的衬衫就赔掉一条性命。

此时美国的经济还很脆弱，对欧洲贸易极其依赖，而其新兴的海上贸易也特别容易受到海盗的袭击。在 1815 至 1820 年间，几百艘船只遭到攻击和劫掠，海上保险费率也因此飙升。血腥事件与蓄意谋杀司空见惯。从 1820 年起，美国海军把主要精力用于肃清加勒比海上的海盗。他们采取了积极的海军巡逻，并对著名海盗藏匿地进行突袭。渐渐地，局势稳定下来。像杰恩·拉斐特这样的海盗被赶走，而一些声名狼藉的恶棍仍然逍遥法外，但到 19 世纪 20 年代末，大规模的海盗威胁已不复存在。而这一切成功都要归功于一个人，他就是美国海军的海盗猎手戴维·波特（David Porter）。

被控为海盗的海盗猎手

由于美国船只遭受的损失不断加剧，船主和美国公众都要求尽快采取行动。1821 年，门罗总统（President Monroe）下令组建反海盗舰队，海军准将戴维·波特任指挥官。19 世纪初，美国中海军的海盗猎手在不明朗的政治局势中常会面临险境，这一点在波特的职业生涯得到了凸显。他曾一度是公众心中的民族英雄，是一位有着将级军官军衔的、备受尊重的海军军官，然而接下来他却被定

路易斯·米歇尔·奥里

路易丝·米歇尔·奥里大概于 1788 年生于巴黎，当时正是法国大革命（French Revolution）的前期，他曾在革命者的海军（Revolutionary Navy）中当"弹药猴"（译者释：即往军舰上搬运弹药的男孩），14 岁后他开始在私掠船上做侍者。到 1810 年，他攒够了足够的钱，买下一艘属于自己的船，然后就踏上了前往美洲的航程，在那里支持西班牙殖民地人民为独立而战。1813 年，奥里在北卡罗来纳航行时，劫掠了一些持委内瑞拉拿捕特许证的西班牙船只。第二年，他受命成为新格拉纳达的海军准将，但因任职的工资问题，他与拉丁美洲伟大的革命领导人西蒙·玻利瓦尔发生了分歧。1816 年，新成立的墨西哥共和国（Republic of Mexico）任命奥里为得克萨斯总督，他在加尔维斯顿岛（Galveston Island）建立了自己的总部和一个私掠船基地。然而正当他外出执行任务之时，杰恩·拉斐特夺取了加尔维斯顿的控制权。奥里试图在加尔维斯顿西南部的马塔戈达湾（Matagorda Bay）建立一个新基地，但没有成功，因此他于 1817 年离开了得克萨斯，加入了其他私掠船组织，以委内瑞拉的名义袭击西属佛罗里达（Spanish Florida）。1821 年 8 月，路易丝·米歇尔·奥里在加勒比海西部的老普罗维登斯岛（Old Providence Island）从马背上摔下后不治身亡，三年前他曾在此地建立了一个海盗定居点，这里依靠着从西班牙船只上抢来的货物而兴盛起来。

海军准将戴维·波特通过两年的努力清除了西印度群岛上的海盗，这一壮举与大约 1700 年前庞培在地中海上的行为类似。不幸的是，在接下来到波多黎各执行任务时，西班牙人将他定义为海盗，他自己组建的海军委员会动用军法处置了他。

1823 年，波特的快艇队消灭了海盗船"卡塔利娜"号，这标志着美国反海盗行动的一个重要阶段。"卡塔利娜"号的船长——恶名昭彰的古巴海盗迪亚博里托（Diabolito）——及其船员逃到陆上成了盗匪。后来，焦头烂额的西班牙政府痛苦地抱怨称，这么多海盗被赶到岸上都是美国人的罪过。

义为海盗。不过可以确定，在执行肃清这个新兴国家水域上的海盗这一任务上，他的确是不二人选。

戴维·波特 1780 年 2 月 1 日生于马萨诸塞州的波士顿。1798 年在法美短暂冲突期间（Quasi-War），他在美国海军的"星座"号（Constellation）上成为一名见习船员。一年后，他在 2 月 9 日参与了对抗 40 炮法国舰船"反叛"号（L'Insurgente），波特在俘获该船时表现抢眼。之后，他成了巴尔的摩纵帆船"实验"号（Experiment）和"竞技场"号（Amphitheater）上的中尉。在巴巴里战争（Barbary Wars，1801—1807 年）中，波特再次成为美国海军舰船"企业"号（Enterprise）、"纽约"号（NewYork）和"费城"号（Philadelphia）上的中尉。1803 年 10 月 31 日，在进攻的黎波里海湾时，"费城"号搁浅，海盗船将其俘虏。在巴巴里的一个监狱中度过了一年多时间后，他被遣返回国，后被擢升为"企业"号的指挥官。

1812 年战争中，波特指挥"艾塞克斯"号（Essex）。1812 年 8 月，他由于在战斗俘获了英国皇家海军战舰"警惕"号（Alert）而走进了公众的视野。次年，他驾乘"艾塞克斯"号绕过合恩角去袭击英国捕鲸船，但却在智利的瓦尔帕莱索（Valparaiso）附近遭遇了轻帆船"福柏"号（Phoebe）和"天使"号（Cherub）。

波特向英军投降，但他很快获得假释返回美国，在这种情况下他无法再拿起武器与英国对抗了。现在他成了一位海军英雄，从 1815 年起一直在华盛顿担任海军委员会委员，后来他再次应召抗击海盗——这次是在国内的水域上。继门罗总统之后，1822 年 12 月 20 日，海军部长史密斯·汤普森（Smith Thompson）委派戴维·波特船长"在西印度群岛的军事基地指挥美国战舰……镇压海盗"。波特被晋升为海军准将，并获得 500 000 美元的资金在佛罗里达南端的基韦斯特（Key West）附近装备一支反海盗舰队。

时年 42 岁的波特指挥着一支由 16 艘舰船组成的舰队，这是这个新兴国家在和平时期组建的最大规模舰队。这支美国海军力量就是人们熟知的蚊子舰队（Mosquito Fleet）。该舰队均采用吃水较浅的小型船只：海军双桅横帆船、经过快速改装的巴尔的摩纵帆船、早期的明轮艇，甚至是安装了隐藏火炮的诱饵商船。蚊子舰队选择基韦斯特作为基地是因为它位于海盗经常出没的西印度群岛水域的中心位置。这个岛也就是后来的汤普森的岛（Thompson's Island），很快这个新兴的小镇就成了美国最繁忙的海军基地。

"蚊子舰队"对水手来说还有着额外的意义，因为在夏季的那几个月中，这种昆虫会给他们带来黄热病和疟疾，岛上的海军医院总是挤满了高烧的患者。然而，这似乎还不是全部，波特的命令中还包含着一系列令人望而生畏的任务：镇压海盗和奴隶贸易；保护商业和美国市民；在有需要时运输美国钱币。到

1823年初，他做好了准备，他的船荡平了加勒比海、巴哈马群岛、墨西哥湾，打击了墨西哥、古巴、波多黎各和佛罗里达群岛沿岸的海盗基地。

古巴是一个极难攻克的目标，因为西班牙人十分憎恨美国，有时似乎还纵容其海员的海盗行为。事实证明，想将诚实的海员与海盗区分开来十分困难，因为后者常常将自己伪装成渔民和当地的商人。波特在政治上如履薄冰，但随着他不断取得胜利，西班牙商人也鼓励古巴政府支持他的行为。

蚊子舰队最伟大的一次成功就是在1823年4月在"卡塔利娜"号（Catalina）上击败了臭名昭著的古巴海盗迪亚博里托。在古巴北海岸，美国海军的出现使海盗们大惊失色，他们弃船登陆，隐匿藏身。之后，西班牙政府向波特抱怨道，许多从前的海盗发现在古巴做个陆上盗匪更加安全。波特的舰队终结了其他海盗的生财之路，比如查尔斯·吉布斯（Charles Gibbs），他原本生活在罗得岛上，曾是一位值得信赖的海员，但由于挥霍无度，不得不当上了海盗，杀人越货，以弥补他的亏空。由于几百名海盗被俘，安全的海上贸易得以恢复，到1825年，在美国和加勒比海上，海盗已不复存在。

不过很不幸，当波特闯入西属波多黎各最西端的法哈多镇（Fajardo）、去营救被囚禁在那里的一个舰队军官时，他再次与西班牙人发生了冲突。由于这一越权行为，西班牙人指控他犯有海盗罪。于是，波特被召回华盛顿接受军法处置。他提出辞呈，1826年加入墨西哥海军并成为总司令，共任职三年。返回美国后，他继续为祖国从事外交活动，在出任美国驻土耳其公使时，1843年3月

3日波特辞世。

戴维·波特所做出的巨大努力为美国商业社会带来了和平与繁荣；但在他辞职后，一种自鸣得意的情绪逐渐滋生，海上安全问题又有抬头之势。众多残忍的海盗抓住他离开蚊子舰队的这一时机展开活动，他们的疯狂劫掠是大西洋海域上最后的海盗之舞。在所有的海盗中，最臭名昭著的两个就是贝尼托·德·索托（Benito de Soto）和"唐"·佩德罗·吉尔伯特（"Don" Pedro Gilbert）。

"黑色幽默"号的掌舵人

贝尼托·德·索托是一名葡萄牙海员，但却在西班牙加里西亚（Galician Spain）拉科鲁尼亚（La Coruna）附近的一个沿海村庄长大。无论怎样，他的青年时期是在讲葡萄牙语的巴西或西属阿根廷度过的，1827年他乘坐双桅帆船"保卫佩德罗"号（Defense de Pedro）从布宜诺斯艾利斯出发，前往非洲。德·索托显然不是个踌躇不决的人，因为当满载奴隶的贩奴船从安哥拉（Angola）海岸出发时，他和一名同伴就接管了这艘船。然而船员们的态度并不一致，有18名水手不肯参加叛乱。于是，德·索托将他们赶上了一条敞舱船，任凭他们在海上漂泊，自生自灭。据说这艘船在试图着陆时发生倾覆，上面的船员全部溺亡。当然，德·索托的恶行远不止这些。当叛变者进行庆祝之时，他因与船上的大副发生口角而开枪打死了他，就这样，他解决掉了与他争夺该船控制权的一个竞争对手。事实证明，大副的死和铲除大副的手法使船员们心有戚戚，就这样，德·索托如愿被选为船长。他当上船长后的第一项行动就是将这艘船重命名为"黑色幽默"号（Black joke），这个名字的确恰如其分。

"黑色幽默"号很快驶到加勒比海，他们在西班牙人的市场上将船上的奴隶售出。接下来，海盗们向南行驶，在穿越小安的列斯群岛（Lesser Antilles）的航线之前去劫掠加勒比海上的船只。他们遇上的每艘船都被俘虏和劫掠，船员们惨遭屠杀，船只被随意沉入大海。一连串的失踪船只标志着海盗们的胜利。从安的列斯群岛（Antilles）向南，一直到南美洲的大西洋沿岸，他们能够找到的猎物寥寥无几，而真正的狩猎场位于大西洋中部。

帆船一路行至南大西洋，借着信风几乎到达了巴西海岸，然后又向着东南方前往南非海岸和好望角。德·索托乘坐着"黑色幽默"号行驶在这条繁忙的贸易

下面这幅当代的木版画向人们展示了贝尼托·德·索托（Benito de Soto）的双桅帆船"黑色幽默"号（Black Joke）从"晨星"号（Morning Star）身旁驶离的情景。从这幅插图看来，"晨星"号沉没在了大海中，但事实并非如此。

航线上，他遇上了从印度和远东返程的船只，船上满载着香料、鸦片和茶叶。随着更多的船只不知所终，人们更加确定有海盗在南大西洋上活动。返程的东印度商船接到命令，要在圣赫勒拿岛（St. Helena）等候海军护送他们驶入更加安全的水域——但并非每位船长都对这条警示加以留心。

1832 年 2 月 21 日，德·索托遭遇从锡兰（Ceylon）返回英国的"晨星"号（Morning Star）。体形更小、航速更快的海盗船在与"晨星"号并行时对后者进行了近距离射击。船上大量旅客和船员伤亡。德·索托命令"晨星"号停船，然后要求其船长登上"黑色幽默"号的甲板。船长很久之后才自己划船到来，德·索托对这种拖拉迟缓的行为极为反感。当这位英国船长终于爬上"黑色幽默"号时，这位海盗抽出弯刀一下将他砍死在地。据称他大喊道："这，就是不听从贝尼托·德·索托命令的下场。"

然后，海盗船员渡到"晨星"号那边，登船而上。一场暴力抢劫过后，一些男乘客被屠杀，女乘客遭到强奸。幸存的乘客与船员被锁在"晨星"号的船舱中，然后海盗们将船上的物品洗劫一空，最后将船凿沉。海盗们带着战利品回到"黑色幽默"号，之后扬长而去，那些受困的俘虏却即将葬身鱼腹。不过，并不是每一个计划都能如期实现。"晨星"号上的船员设法自救，奋力操纵水泵，最终该船并没有沉没。第二天，一艘途经的船只将他们救起，因此第一次有生还者指证了德·索托的罪行。他们中许多受伤的士兵和军官带着妻子从印度返回了家乡。他们的遭遇、连同那些遭到强奸的妇女，使德·索托成了公海上最声名狼藉的海盗。

这些海盗们驶向西班牙西北部去兜售他们劫掠来的物品，然后又前往地中海，不过他们的船却在加的斯（Cadiz）附近海岸失事。德·索托和他的部分手下继续前进，步行赶赴直布罗陀（Gibraltar）去寻找新船；其他人则藏匿在西班牙，但最终被拿获。德·索托的遭遇也好不到哪儿——"晨星"号上受伤的士兵被带到直布罗陀，其中一人对他进行了指认。直布罗陀的总督乔治·唐爵士（Sir George Don）判他有罪，德·索托及其剩余的船员被运到加的斯执行绞刑。行刑前的最后一刻，这个残忍的海盗仍目空一切、肆无忌惮，他将绳索套在自己的脖子上，然后跳向空中，最后说了一句"再见了，大家！"

最后的美洲海盗

贝尼托·德·索托和"唐"·佩德罗·吉尔伯特都曾制订周详的计划，但他们的失败也有着明显的相似之处。在德·索托的案件中，他的受害人没有葬身大

他最后向大家喊出的一句"再见了，大家！（Adios Todos!）"很可能是西班牙语，但葡萄牙历史学家更倾向于认为贝尼托·德·索托事实上说的是葡萄牙语"Adeus Todos"，这一争论使这个海盗的真实国籍更加扑朔迷离。无论如何，在前去观看他死刑的观众中，没有人会认错他的容貌——他的头被砍下并插在一根长钉上。对于其他蠢蠢欲动、欲图从事海盗活动的海员来说，这就是骇人的警示。

杰克逊维尔

圣约翰河

圣奥古斯丁

佛罗里达州

月牙湖

乔治湖

威斯拉库奇河

阿波普卡湖

卡纳维拉尔角

华盛顿湖

坦帕

奇色米湖

米德堡

坦帕湾

圣露西入海口

伊斯托科帕伽湖

奇色米河

圣露西港

皮斯河

蓬塔戈尔达

奥基乔湖

朱庇特堡

夏洛特港

劳德代尔堡

奥卡劳库奇沼泽

大赛普里斯沼泽

迈阿密

大沼泽地

墨西哥湾

比斯坎湾

庞斯德莱昂湾

佛罗里达湾

佛罗里达群岛

基韦斯特

佛罗里达海峡

海；在吉尔伯特的案件中，大火没能烧毁他犯罪的鲜活证据。当那些受害人幸免于难、活生生站出来指证他们时，这两名罪大恶极的海盗都得到了应有的惩罚。

佩德罗·吉尔伯特声称自己是西班牙贵族的后裔，然而这一点无从考证——他可能于 1800 年左右生于拉丁美洲某处的一个雇农家庭。后来他成为海员，并在一艘为新格拉纳达服务的私掠船上工作，在该省为独立而战时劫掠西班牙船只。到 1830 年，他指挥着他的纵帆船"潘达"号（Panda），靠着不那么光彩的走私和贩奴为生。根据他手下 11 名船员的供词，他在名字中使用了具有贵族气质的"唐"为头衔，以此来彰显自己的尊贵身份，但终审时，这位"潘达"号船长的名字仅是平凡的佩德罗·吉尔伯特。为了进行走私，吉尔伯特在佛罗里达东海岸的沿海潟湖处——可能靠近圣露西入海口（St. Lucie Inlet）——建立了一个安全基地。

很快，途经的美国船只就无力抵抗。除了走私之外，"潘达"号的船员还利用古老的失事主题大做文章：他们在岸边燃起篝火吸引过往船只的注意，一旦有船前来"营救"他们，他们就对船只发起袭击。这就是在公海上劫持船只的第一步。

1832 年 9 月 20 日，当吉尔伯特在佛罗里达海峡航行时，他认出了美国双桅帆船"墨西哥人"号（Mexican），该船当时正从马萨诸塞州的塞勒姆前往里约热内卢（Rio de Janeiro）。当"潘达"号靠近时，吉尔伯特升起了哥伦比亚（中立国）国旗，但"墨西哥人"号的船长艾萨克·布特曼（Isaac Butman）不愿冒险，因此掉头而去。"墨西哥人"号在船体中部装配了两门小型火炮，但在安装弹药时，船员才发现炮弹对于这种火炮来说太大了，根本就装不上——在执行严格的火炮标准之前，可能这种错误并不少见。它唯一的机会就是逃跑，但"潘达"号的航速更快。就在"墨西哥人"号被赶上之前，布特曼船长将他携带的 20 000 美元藏了起来，那是用来支付船员工资和在巴西购买货物的钱。然后他向海盗举旗投降。海盗们登上"墨西哥人"号，但一番搜寻过后几乎一无所获。吉尔伯特虐打了布特曼和几个船员，逼他们说出了钱财的藏匿地点。之后，海盗们准备带着战利品返回自己的船，接下来就是该怎么处理这些被囚禁的船员。审判报告中指出，当时吉尔伯特告诉他们，"死人不会泄露秘密，你们知道该怎么做。"然而，海盗们并没有直接杀掉"墨西哥人"号上的船员，而是将他们锁在艏楼中，然后降下船帆，砍断索具，最后将船只付之一炬。

吉尔伯特和他的船员回到"潘达"号上，然后扬长而去，而"墨西哥人"

号上的船员只能在熊熊烈火中等待死亡的降临。然而不知何故，一个船员从舱口挤进来救下了他的同胞。布特曼船长率众灭火，终于火势得到了控制。当然，他是个精明人，直到"潘达"号消失在地平线他才命人将火全部扑灭，海盗们始终可以看到船上升起的浓烟。海盗们刚一离开，"墨西哥人"号的船员就扑灭了残火，救出船帆、海图和航海设备。布特曼向北航行，最后抵达了纽约。吉尔伯特成了通缉犯。

　　吉尔伯特在佛罗里达附近逗留了几个月，后于 1833 年 3 月来到西非海岸。当时，贩奴在英国的领地上已不再合法，但这种非法贸易仍在继续为西印度群岛的种植园提供劳力，因此吉尔伯特希望能够截获一艘贩奴船。然而，他却不幸地遇上了英国皇家海军舰船"麻鹬"号（Curlew）。这艘皇家海军战舰在几内亚海域（Guinea Waters）巡逻时与"潘达"号遭遇，并准备交战。当英国海军登上"潘达"号时，吉尔伯特的船员数量远不及英国水手，根本无力抵抗。吉尔伯特及其船员因非法从事奴隶贸易而被逮捕，并被运回英国。英国人用了几个月的时间才确定了他们的真实身份；当一切真相大白，吉尔伯特和他的 11 名手下被引渡到美国，以海盗罪接受审判。在波士顿的一个法庭上，他们遭到当时被抛弃在"墨西哥人"号上等死的船员指认。结局不难想象。两名海盗——一名"黑人厨子"和一个"印度人"——无罪开释，6 人因谋杀和海盗罪被处以监禁，佩德罗·吉尔伯特和他的 3 名高级军官被判处死刑。1835 年，他们被施以绞刑，最后的海盗在美国得到了应有的惩罚。

（下图）海盗划着小船从"潘达"号登上"墨西哥人"号的情景。

第十二章 东方的海盗

从庞大的权力基地到各自为政的部落主义

在西方，一个国家常常通过发放拿捕特许证的方式来赦免海盗并鼓励他们对抗另一主权国家，这种做法既平常又便利——有需要时利用他们，不需要时则予以废止特许证。然而在远东，人们对这种海盗与政治的结合则十分谨慎，特别是在中国南海，这样的做法常会滋生强大的海盗王国，足以影响帝王政权的兴衰。东印度群岛海域上的海盗有着更加强烈的部落特质，他们之间的文化不同，会造成彼此间的冲突，但无论西方还是东方的过往商船都是他们劫掠的目标。最终，西方强国镇压了远东的海盗。最初到来的是葡萄牙的重武装商船，然后是英国和荷兰的战舰，最后，蒸汽船和现代化的武器装备摧毁了海盗们古老的帆船舰队。

根据中国编年史的记录，自从隋朝建立之前的公元 589 年，海盗在南海上的活动就十分猖獗。公元 220 年汉朝灭亡后，政治上出现了一段真空期，中国分裂成多个小国，彼此战乱不断。在将近 400 年的时间里，当地统治者和小军阀们控制着中国长长的海岸线，他们在任何能进行交易的地点做生意，并掠夺邻国的船只。

中国重要的河流——长江、黄河和珠江——在一些地区就像小型海洋一样宽阔，这就为劫掠船只提供了巨大的机会。后来中国恢复了中央集权，但在隋朝兴起和 1368 年明朝建立之间的几百年时间中，权力再度分散，皇权总是无法掌控庞大帝国的沿海地区。

13 世纪，出现了一群被称为"倭寇"的骇人海盗，在汉语中的意思就是"日本匪徒"。在后来的三个世纪中，他们一直威胁着中国和朝鲜的贸易。13—16 世纪，日本政局动荡不安，中央政府无力整治"倭寇"，且很多情况下日本当地统治者还会从海盗那里捞到不少油水，因此他们更不情愿打击海盗。迫于中国的压力，日本镰仓幕府在 1227 年采取了一些措施打压海盗，甚至还当着来使的面处决了一些船员。但随着 1333 年后，镰仓幕府的倒台，海盗活动卷土重来，且波及范围更广。"倭寇"驾着可以装载 300 人的大船，袭击了中国和朝鲜的沿海村镇。甚至连远离海岸的村庄也心惊胆战，因为这些海盗的舢板能够深入内地，特别是可以在长江上行驶。尽管 13 世纪和 14 世纪中国的海上贸易十分兴旺，中国商人也可与印度洋深处地区建立联系，但 15 世纪明朝统治者从海盗手中重新夺回中国海域的控制权，不过这种控制时常要依靠支付银两给当地

（左图）这幅 19 世纪 "东印度群岛" 的地图向人们展示了印尼群岛和一直延伸到海南岛的中南半岛，其海岸复杂多样，这里是有组织的海盗团伙的理想隐匿地。

的统治者去镇压海盗才能完成；这种以贼制贼的政策一直持续到 20 世纪。

到了 16 世纪，"倭寇"海盗团伙的组成发生了变化，其人员中有不少中国人，但他们仍在日本沿海岛屿活动。1433 年，明朝在进行了一系列非凡的海上活动后（见 25 页）突然关闭了沿海各港口，无论中国还是外国船只都不得进入。明朝这一盛行的政策对海盗们大有助益。1421 年明朝皇帝将都城自应天（治今江苏南京）迁往远离繁荣商业区的顺天，改北京为京师。为弥补海上贸易的损失，中国着力拓展京杭大运河以发展国内航运，从而避开了南海和黄海上的匪患。

另外，明朝不重视发展海军，海洋和海岸地区尽数落入 "倭寇" 之手。他们甚至可远赴暹罗湾（Gulf of Siam）进行劫掠，从越南到满洲里的海岸地区也悉数为 "倭寇" 所掌控。

16 世纪，欧洲的海上探险家曾到达远东，从而开辟了与中国、日本、菲律宾和欧洲的贸易航线。他们曾报道过在中国海域和更往南的印尼群岛上有海盗出没。有证据表明，16 世纪 50 年代葡萄牙人在澳门骗取了居住权，据说 16 世纪，来自 "倭寇" 的威胁逐渐减弱，取而代之的则是中国南海沿岸兴起的一些中国海盗团队。

最大的海盗联盟

到 18 世纪初，清朝已成功在整个帝国建立起国家政权，有能力暂时中止中国水域上猖獗的海盗活动。然而，这种做法只能将海盗赶到其他地区——如安南（越南古称），在那里国家的政治剧变为海上劫掠者们创造了生存的环境。大量海盗舰队与当地统治者联合起来，去进攻他们的对手，袭扰他们的船只，这种状况在印尼群岛的政治与部落斗争中也时有发生。中国南海上相对和平的状态一直持续到 18 世纪末，当时海盗迅速死灰复燃的部分原因就是安南发生了西山起义（1771—1802 年）。这次起义由来自今天归仁府（Qui Nhon）西山邑的三个兄弟发起，他们推翻了暴君，为国家统一奠定了基础。西山起义的军队击退了暹罗军队和中国军队，西山兄弟则愿意接受任何袭击中国军队的海盗入伙。

到此时，大清帝国已四海清平，国泰民安，事实证明清政府已没有必要再次出兵前往海盗横行的南海去镇压那些来自安南海匪避难所的新兴海盗集团了。在此期间，郑一的海盗团伙应运而生，此人是迄今为止人们所知的、最大的海盗联盟头目。西山为海盗们提供了安全的庇护所，而郑一则将海盗组成了一个强大的组织，去抵御包括中国军队在内的所有外来者的进攻。

郑一可能于 1756 年生于安南，是一位中国裔西山海盗的儿子。他的父亲和手下的海盗们参与了越南内战，但郑一却另有打算。1801 年，他娶了也就是历史上所称的郑一嫂，此女决心非凡、精力充沛，是其夫的得力助手。在他们成婚之时，郑一掌握着一支规模不大的海盗舰队。他离开安南前往广东省那岛屿遍布的海岸线，并很快掌控了一支海盗舰队，该舰队控制着中国海岸线、特别是澳门和广州附近的珠江口各个岛屿。四年中，由于精于管理，他将多支舰队组成了一个庞大的海军联盟。

该联盟分为 6 支舰队，每支舰队都以特定的颜色进行标识：黑旗帮、白旗帮、红旗帮、蓝旗帮、黄旗帮和绿旗帮。为避免纠纷和彼此内战，郑一给每一帮派安排了自己的活动区域与基地。郑一掌控着以广州为基地的红旗帮，同时赋予其他 5 个帮派的首领自主权，让他们可以按照自己认为合适的方式去管理舰队，而他本人则以宽松的方式控制着整个海盗大联盟。

该联盟起初由 200 艘海盗帆船组成，其实力稳步增强。1804 年，郑一封锁了澳门，表面看来其原因是葡萄牙总督拒绝缴纳保护费。几个星期后，一支葡萄牙救援队伍赶走了海盗，然而郑一却向他们展示了他作为海上霸主的实力。对该地区垂涎三尺的不仅仅是葡萄牙人——荷兰、英国、法国和美国的贸易代表团都在广州设有码头。在所有的欧洲列强中，海军力量最为强大的是英国，该国承担了在澳门附近海岸巡逻的任务，但皇家海军的力量并不足以解除海盗的威胁。

到 1807 年，郑一直接掌控了 600 多艘海盗船，其手下的船员近 30 000 名，该组织还召集了超过 150 000 名士兵，这使它成为了历史上规模最大的海盗联盟。

无论在政治上还是军事上，海盗联盟都有效地控制了中国南海，因此附近的所有船主都要缴纳保护费。不过欧洲的贸易船只通常可以例外，因为郑一知道虽然他能够击退任何前来剿杀他的中国军队，但英国皇家海军可不是好对付的。然而，欧洲贸易代表团对此仍抱怨不断，在 19 世纪的前十年间，中国皇帝也曾试图将这个海盗团伙连根拔起。但中国政府的海战铩羽而归，随后的招安也以失败告终。中国政府失败的主要原因是郑一的舰队组织很有策略；只要一种颜色的舰队基地遭到海军袭击，其他颜色的舰队就会应召而来，将敌人击退。

1807 年末，这位海盗头目在攀上权力巅峰时去世，据说他是在一场暴风雨中从船上跌入了大海。他的妻子郑一嫂接管了他

（左图）模型是在中国沿海与许多入海口和河口地区随处可见的一种普通商船。这种帆船是中国海盗们的主要劫掠目标，而欧洲船只由于武装齐备，通常不会成为海盗们的猎物。

1806 年，英国水手约翰·特纳（John Turner）在遭遇了郑一团伙中的海盗后侥幸活了下来。后来，在他获救并返回广州的英国保护区时，他做俘虏时的故事引起了轰动。

的红旗帮，而郑一的男性情人张保则成了这位前海盗妻子的新床伴。郑一嫂逐渐成长为一位可怕的海盗头目，她的红旗帮控制了前往澳门的航路和欧洲人在广州的飞地。

与她的丈夫不同，郑一嫂并不忌惮袭击欧洲船只的后果。不到三年，她就被联盟选为头领。她制度严明，执法严格，其中一条——想一下她的性别，我们就不会感到吃惊了——就是强奸女俘虏的海盗会被即刻斩首。中国军队也曾几次远征去镇压这个海盗联盟，但都被她打得弃甲曳兵。虽然皇帝在军事上遭遇溃败，但却通过政治手段取得了成功，他招抚了这些海盗，并对他们实施了特赦。就这样，"分而治之"的政策产生了效果——由于有了利润更为丰厚的市场，许多海盗头目看到了招安的益处。自此，这个组织纪律松散、忠心不再，各色帮派之间开始了自相残杀，这进一步降低了海盗联盟的影响力。

到 1810 年，海盗联盟已十分混乱。郑一嫂只能妥协、接受招抚，但她的头领地位一直维持到 19 世纪 40 年代。这位出身于广州的女人在 60 多岁时去世。张保率整个红旗帮投降，他本人在清朝海军中任职，转而改行抓捕海盗。在接下来的 10 年时间里，这位前海盗荡涤了中国南海的海域，彻底摧毁了其从前情人一手创立的、庞大的海盗帝国。

中国大海盗的末日

在郑一嫂走私的商品中几乎肯定包括鸦片，由于鸦片毒害人民的身心健康，早在 19 个世纪就遭到了中国政府明令禁止。但尽管如此，中国的鸦片市场仍在不断扩大，广州也成了非法交易的中心。葡萄牙人首先将瓷器、茶叶、丝绸和其他亚洲的奢侈品引入欧洲，到 18 世纪中期，这些物品在欧洲十分紧俏，尤其是茶叶在英国更是供不应求。然而，清政府要求以货币支付和拒绝商品贸易的做法引起了严重的收支不平衡。英国人手中拥有大量在印度种植的鸦片，他们急需将其售出，因此东印度公司就大力鼓励中国人吸食鸦片。这就意味着那些渴望从鸦片中大发横财的中国商人甘愿冒险违法，并用货币去购买鸦片，这样就弥补了英国在购买中国茶叶时的资金净流出。

非法的鸦片贸易最终引发了中英两国的战争。中国在第一次鸦片战争（1839—1842 年）中遭遇惨败，中国皇帝被迫与欧洲人签订了丧权辱国的条约。在战争期间，英国人于 1841 年第一次占领了香港，后在 1842 年的《南京条约》中将香港割让给英国。此外，中国还将包括广州在内的另外五个港口开放为通商口岸，由此鸦片贸易有增无减。

战争在沿南海海岸摧毁了中国的海军，英国皇家海军却只是将注意力放在保护欧洲的利益上。结果，许多中国人委身成匪，新一轮海盗泛滥，威胁着这一地区的安全。

与郑一类似，十五仔也是活跃在广东省和福建省沿岸的一个海盗。战争结束后，他声名鹊起，成为一群海盗的头目，其基地位于白田，距英属香港通商口岸以西 282 公里。到 19 世纪 40 年代末，十五仔的海盗舰队已经拥有船只 70 多艘，他还向从香港到安南海防（Haiphong）进行贸易的中国商人收取保护费。此外，他的手下还在通商口岸附近劫掠英国和美国船只，他们曾截获一艘美国和三艘英国运载鸦片的飞剪船。

在香港附近，商人们不仅会在通往珠江的航道上遭到中国海盗的勒索，还要忍受一些外国列强炮舰船员的非法掠夺，因为后者声称自己是代表广州港口当局收取赋税。因此，当时的商船航行时不得不进行重型武装，人们常常只能依靠是否装载了货物才能将商船与海盗船区分开来。

十五仔对通商口岸的一切了如指掌。海盗成员中常有大量被开除的欧洲海员，他们入伙时常会带来最新的情报。

海盗舰队头领把基地设在香港，在那里，当地的杂货商不仅为他们提供保护战利品的武器弹药，还会向他们传递至关重要的信息。大量信息通过商业和

这把剑是皇家海军从海盗基地缴获的许多物品之一，其下面的装饰是一绺人的头发。

这幅当代的报纸插图向人们展示了郑一嫂在执行海盗制度时的雷厉风行。

政府部门的间谍汇总到一起，如船上贵重货物的发货信息、税收金条的去向或负责保护它们的皇家海军炮舰的活动等，海盗都有获悉的渠道。

　　总督乔治·博纳姆爵士（Sir George Bonham）和驻扎在香港的皇家海军远东分舰队指挥官与东印度公司的官员达成共识，要采取措施肃清海盗。1849年9月，一支由司令官（后来的海军上将）约翰·查尔斯·达尔林普尔·海（John Charles Dalrymple Hay）率领的蒸汽战舰队开赴位于白田的海盗基地，却发现海盗们已从香港间谍那里得到了预警，早就逃之夭夭了。不过此次袭击也并非一无所获，因为英国人在海湾俘获了一百多艘帆船，还扣押了海盗们打算用来勒索赎金的战利品。不过意想不到的是，英国人根据国际搜寻救援法将这些帆船卖给了他们原来的主人。对于这些船主们来说，这样的结局与这些船留在海盗手里没什么两样。另一个位于香港东部大亚湾（Bias Bay）的海盗基地也被摧毁，但许多海盗都逃到了内陆地区。

　　为追击十五仔及其海盗舰队，皇家海军一直深入了越南的东京湾（Gulf of

Tonkin）。到 10 月，他们在红河三角洲地区发现了新的海盗隐匿所，该地就位于安南海防港北部的航道及岛屿之间。达尔林普尔·海司令封锁了河口以防止海盗脱逃，然后开始行动。他的部队由两艘蒸汽战舰、东印度公司的明轮船"地狱火河"号（Phlegethon）和一支中国皇家帆船舰队组成。当英国和中国战舰抵达目的地时，海盗们毫无防备，只好束手就擒。穿越河口的沙洲后，战舰开始炮轰海盗船，由于河水流速很快，船只根本不能回转，因此无法有效还击。1800 多名海盗丧命，58 艘海盗船沉没或被俘。十五仔和一小撮海盗驾着 6 艘小船向上游逃窜。不久，他就依靠中国皇帝的特赦令加入了中国海军，这也是中国打击海盗的典型方法。

1849 年以后，英国在中国南海设立了常驻海军，即以香港为基地的"中国舰队"。虽然在 19 世纪余下的时间里该地仍时有海盗出没，但皇家海军战舰的技术早已傲视群雄，海盗不再构成严重的威胁。

东印度群岛中的海盗群岛

在中国南海的南端，海浪拍打着半岛马来西亚、婆罗洲和印尼群岛的海岸，分散的国家造就了无数蜿蜒复杂的海岸线，这里是大量以部落为基础的小海盗的藏身之地。来自香料群岛的船只在爪哇海上特别容易遭到劫掠，而任何行驶于中国和欧洲之间的舰船都必须通过狭窄的马六甲海峡。东南亚群岛是理想的海盗藏匿所，一伙又一伙的当地部落海盗劫持欧洲列强殖民者和其他当地人的船只。在 18 世纪至 19 世纪，除了由欧洲人控制的飞地以外，大多数地区都分裂成由各个部落统治的小型区域。荷兰人的到来彻底地破坏了两个最大的权力集团——爪哇人和马来亚人——的统治，群岛在政治上分崩离析的状态一直持续到 19 世纪末。

婆罗洲的海地押克人（Sea Dyaks）是东印度公司最为恐惧的海盗，因为他们对赎金不感兴趣，敌人的首级才是他们的战利品。

这些集团之间不断更换联盟，彼此的战争几乎从未停息，因此没有哪股势力能够统一群岛及其海上航道。许多小王国和部落组织都将海上劫掠作为一种支持经济的手段，而这常常会成为他们正式的部落政策的一部分。不断增加的欧洲人——尤其是荷兰贸易站的设立——改变了这一地区的动荡局面。但由于欧洲殖民者对当地联盟缺乏尊重，他们先是支持当地的统治者，尔后又抛弃了他们。这种做法的结果就是，到了 19 世纪，欧洲人失去了当地人的信任，他们的船只被定义为海盗船。

菲律宾的依兰那恩人（Ilanun）是东印度群岛中最骇人的海盗，此后在婆罗洲东北部的苏禄海（Sulu Sea）上又出现了巴拉尼尼海盗（Balanini Pirates）。然而有证据表明，这些人并不总是从事海盗活动。

一些早期观察家——包括后来曾跟随伍兹·罗杰斯一起航行的西印度海盗

利物浦上皮特街（Upper Pitt Street）的印刷商 J·萨斯沃德（J. Southward）刊出了一位英国年轻水手的悲惨故事，他在马六甲海峡上航行时不幸落入马来海盗的手中。

威廉·丹皮尔（William Dampier）在内——称依兰那恩人和平温顺，因此他们一定是在 18 世纪才开始从事海盗活动。他们不仅滋扰菲律宾海域，也远赴中国南海搜寻猎物。依兰那恩人常常劫掠奴隶，然后再将他们卖到苏门答腊岛和爪哇岛上。此外，他们还袭击马尼拉附近的西班牙船只，偶尔还偷袭过往的荷兰和英国的东印度商船。与许多东印度群岛上的海盗类似，他们使用由奴隶划桨的浅吃水独木舟。巴拉尼尼海盗以霍洛岛（island of Jolo）为基地，他们也劫掠奴隶并袭击往返于菲律宾的西班牙船只。他们钟爱"克洛克洛船"（corocoro），即一种带有舷外支架的快速帆船，这种船以船帆或船桨提供动力。克洛克洛船的排水量可达 100 吨，最多能够搭载 60 名海盗，不过这种船大多体形较小。

其他海盗团伙还包括西里伯斯岛上的布吉人（Bugis），他们根据经济条件的变化，时而从事贸易活动，时而充当海盗。人们将其描述为"最唯利是图、嗜血成性和惨无人道的人"。对西方人来说，苏门答腊岛上的亚齐人（Achin）和廖内海盗（Riau pirates）专门袭扰马六甲海峡和巽他海峡（Sunda strait）上的船只。婆罗洲的迪雅克海盗（Dyak pirates）使用"邦孔船"（bangkong）。到 19 世纪 30 年代，迪雅克海盗已成为该地区最恐怖的海盗。

可以预见，由于欧洲贸易在东印度群岛的急剧增加和船主、商人和保险公司的不断施压，西方国家需要在这里建立一个永久的海军基地来保护航运并驱赶海盗。1819 年，斯坦福·莱佛士（Stamford Raffles）在新加坡设立了一个英国殖民地，从而控制了马六甲海峡水域。1836 年，一支由英国皇家海军和东印度公司组成的联合舰队以该港口为基地，负责肃清海峡上的海盗。在这次行动取得成功之后，英国

又出兵征伐迪雅克海盗和马来海盗，并一举摧毁了他们的基地。到19世纪60年代，西班牙和英国的海军行动已经清剿了依兰那恩海盗和巴拉尼尼海盗。到此时，虽然海盗行为仍偶有发生，但船只在印度尼西亚半岛航行已经基本安全了。20世纪末，菲律宾和印度尼西亚海盗的后裔又重操旧业，但那时他们都配备了突击步枪，不再使用长矛了。

在被英国皇家海军击溃后，越南村民在屠杀十五仔海盗舰队中的幸存者。

第十三章

家园，甜蜜的家园

从 15 世纪到现代的海盗隐匿地

长久以来，用来储藏和销售战利品的贸易中心都是海盗活动的副产品。从 15 世纪至 19 世纪，西班牙美洲殖民地及其周围岛屿和港口的名称已经成为高风险和肆无忌惮的违法行为的同义词。不过在大多数情况下，这些殖民地在成为令人神往的海盗家园之前都由政府进行管理。下面仅列举几个最臭名昭著的例子。

龟岛（Ile de la Tortue）位于伊斯帕尼奥拉岛（现代的海地）的西北海岸，它得名于法国人，由于其形状从远处看来很像一个乌龟壳，后来常常出没于此的英国海盗也将其称为托尔图加岛（Tortuga）。起初，一些为躲避西班牙军队的法国海盗（主要是胡格诺派教徒）隐蔽在此，到 1620 年，该岛已经成为一个小型定居点，岛上的居民以劫掠过往的西班牙船只为生。17 世纪 30 年代，西班牙人征伐该岛，但却没能赶走那些早期的海盗，1642 年，以圣基茨岛（St. Kitts）和马提尼克岛为基地的法属西印度群岛政府指派让·勒·瓦索（Jean le Vasseur）出任总督。

他修建起一座堡垒来保卫港湾，并成功击退一次西班牙人的进攻，这一事件激励更多的海盗前往托尔图加岛寻求庇护。勒·瓦索认为海盗远比那些心不在焉的法国海军更能保卫该岛的安全，因此他断绝了与马提尼克岛的联系，从而使托尔图加岛成为一个收容新海盗的独立隐匿地。他的许多后继者们也沿用了这种自主政策。1656年，英国人伊莱亚斯·瓦特（Elias Watts）在任总督时取得了特许证，在此之后，托尔图加岛蜚声国际。他招募了英国和法国水手做海盗和移民，并开启了一段长达20年的海盗时代。瓦特仅仅在任三年就被另一位法国人驱逐出岛，然而从那时起，所有欧洲主要海上强国的海员却蜂拥而至。在16世纪60年代，法国人的殖民地遍布伊斯帕尼奥拉岛的北部和西部。在大约12年的时间里，这些殖民者希望前往托尔图加岛寻求保护并享受特权，但17世纪70年代早期，小戈阿沃（Petit-Goave）由于能为走私品销售提供更好的市场而取代托尔图加岛成为了主要的海盗贸易中心。直到18世纪初，仍有少数海盗以托尔图加岛作为活动基地。

1494年，在克里斯多弗·哥伦布第二次探险的航程中，西班牙船员最先见到托尔图加岛并将其命名为"龟岛"，因为其从海上隆起的形状很像乌龟背上的壳。这个名字恰如其分，因为在海龟产卵的季节，该岛的海滩上就会有大量的巨型海龟聚集。它们也是海盗们美味的盘中餐。

新世界的罪恶之地

1655年，当维纳布尔斯将军（General Venables）率领着奥利弗·克伦威尔的英国士兵从西班牙人手中夺取了牙买加时（见99页），他们在其南岸的东端发现了一个易守难攻的天然海湾。狭窄而突出的山鼻子环绕着一个深水湾，人们很快以此为依托建成了罗亚尔港。由于西班牙人正在伺机复仇，英国人也就默许英国海盗在托尔图加岛外围活动，并通过提供安全庇护地的方式吸引了许多海盗前来效力。从袭击西班牙殖民地的角度来讲，罗亚尔港在地理位置上比托尔图加岛更具优势，因此不久就有几十艘海盗船将此港口作为基地。即使在1660年英国宣布与西班牙停战之后，牙买加总督仍鼓励海盗们采取积极防御的措施——袭击西班牙人的船只，这也是一项可以吸引更多幸运水手的政策，而他们也几乎没有任何后顾之忧。

到17世纪60年代中期，海盗活动使罗亚尔港成了一座拥有6000人口的新兴之城，这里繁荣兴旺，但同时也是一片法外之地，它给种植园主和投资人带来了巨额利润。岛上的精英人物藏身舒适的庄园之中，拿着喷着香水的手帕掩口而笑，而其他芸芸众海盗们则尽情享受着腐朽堕落的生活。

1692 年的地震摧毁了海盗们的隐匿之所，后来罗亚尔港经历重建。在佩顿·理查德（Pato Richard，1717—1791 年）的油画中，远处海岸上的金斯敦依稀可见。下面罗亚尔港的平面图向我们展示了地震前该城的布局，色彩较暗的区域是在 18 世纪被淹没的老城区。

一位到访的牧师曾这样说道："这个城镇是新世界的罪恶之地……这里的居民都是海盗、凶手、妓女和全世界最无耻下流的人。"摩根（Morgan）洗劫巴拿马城致使摩狄福德（Modyford）被捕，成了新总督的摩根誓要剿灭海盗的声明促使许多海盗更加疯狂行事。一夜之间，英国船只再不能毫发无损，对英国航运袭击的上升之势令人咋舌，这使牙买加的土地所有者们不得不采取措施保护自己的商业利益。1681 年通过的反海盗法开启了协同逮捕、定罪和处决机制，这起到了有效驱逐海盗的作用，他们不得不在巴哈马群岛和美国南北卡罗莱纳州寻找其他的庇护地。到 17 世纪 80 年代中期，罗亚尔港已经成为一个商贸港口而不再是海盗集散地，其人口也与波士顿相差无几。不过那位来访的牧师仍能为他的反对意见找到根据。这座城镇有着比美国任何一个港口都更多市场与仓库，此外，它还夸耀自己拥有更多的酒吧、妓院和财富等。

就像所多玛（《圣经》中的罪恶之地）一样，罗亚尔港还遭受着上帝正义怒火的惩罚。1692 年 6 月，一场大地震袭来，大部分仓库所在的北部地区滑入大海。不久，一场大海啸又席卷了整个城镇，除了最坚固的房屋外，所有建筑全部坍塌，2000 多人在灾难中丧生。后来人们重建了罗亚尔港，但新中心金斯敦被建在了城镇东侧的海岸上。

詹姆士堡　国王仓库　总督府　卡莱尔堡　法院
泰晤士街　　　　　　　　　　　　　泰晤士街
渔民街　大街　　　　　　大街　　　马歇尔希监狱
　　　新街　　　　　　通往大陆
　　　　　　　老教堂，墓地　拘留所　监狱
　　　蒂雅街　塔街　新船厂　　　鲁珀特堡
　　　药丸场　怀特路
罗亚尔港港口
　　　练乐场
　　　　　　梅根堡
仓库
巧克力孔　　圣保罗教堂
沃克堡

查尔斯堡　　北

216

利博塔利亚——虚幻的马达加斯加岛上的海盗乌托邦

无论利博塔利亚这个海盗乌托邦是真实存在，还是只是查尔斯·约翰逊船长虚构的一个社会实验品，马达加斯加岛对海盗史的贡献都是毋庸置疑的。富得流油的印度、中东和欧洲贸易航线都由此经过，这个庞大的岛屿成了海盗们天然的理想基地。来往于远东的主要贸易航线也被挤入了马达加斯加岛和东非海岸之间这条相对狭窄的海峡——约 402 公里宽。该岛最宽处超过 482 公里，长度超过 1609 公里，拥有无数水湾和锚地。在黄金时代（1690—1730 年），当地的土著居民分散在广袤的岛内地区且其人口稀少，海盗们不以为惧，且岛上的野生动物和水果充足，可供每个人填饱肚子。

随着 17 世纪 80 年代加勒比盆地上海盗时代的终结，原来的海匪们潜入了印度洋伺机作案，并以马达加斯加北部作为基地劫掠印度船只。在红海上，情况也大抵如此，阿拉伯至印度的航运为海盗们提供了大量的战利品。到 17 世纪 90 年代，大批海盗抵达马达加斯加岛，他们在兰特湾（Ranter Bay）[现在的安通吉尔湾（Baie'd Antongil）]、圣奥古斯汀湾（St. Augustine's Bay）和圣玛丽岛（St. Mary's Island）设立了锚地，它们都位于马达加斯加岛的东海岸。特别是圣玛丽岛，是个易守难攻之处。据报道，到 1700 年，这个小岛已成为 17 艘船只和 1500 名海盗的栖息之地。东侧的留尼旺岛（Reunion）、毛里求斯（Mauritius）上的锚地和西北部科摩罗岛上的约翰娜岛（Johanna Island）的地位也同样重要。

世纪之交，英国、法国和荷兰海军多次在印度洋上清剿海盗，据报道到 1711 年，马达加斯加岛上仅剩下 60 或 70 名海盗。他们中许多人流向他处，特别是印度，在那里与安哥拉海盗狼狈为奸；其他人则留在岛上定居务农。也许正是这种状况才导致了海盗乌托邦这个概念的出现。在《最臭名昭著的海盗劫掠与谋杀通史》（*A General History of the Robberies and Murders of the Most Notorious Pyrates*）（1724 年）这本书中，查尔斯·约翰逊讲述了法国海盗船长米松（Misson）的故事，他在马达加斯加岛上建立了一个他称之为利博塔利亚（Libertatia）的海盗共和国。约翰逊描述的这个殖民地是一种早期的平等社会，在这个共和国中，海盗与其他居民都支持人民权力，他们制定并遵守自己的法律，同时尊奉自由。

被俘的奴隶得到解放，每个人都享受着自由，受伤和年迈的海盗可以获得照顾，大家都能够在和平和安全中颐养天年。

一份 18 世纪初的文件提出，英国议会应该对所有马达加斯加岛上的"海盗"实施特赦，这是解决印度洋上问题的一个方法。

木版画《海盗与马达加斯加女人》向人们呈现了一种和平而惬意的生活。虽然约翰逊船长所描述的利博塔利亚只是一种乌托邦式的幻想，但许多海盗接受了特赦，娶了当地人为妻，在马达加斯加岛定居下来，诚实为生。然而他们的生活远比这幅田园诗般的插图艰苦得多。

　　不幸的是，无论是米松船长还是利博塔利亚都并不存在。历史学家克里斯托弗·希尔（Christopher Hill）称，约翰逊的这个章节实际上是一篇政治文章，其目的是为了顺应 17 世纪中期的英国革命大潮，从而试图掩盖其海盗史，同时也表现了 18 世纪初海员所面对的艰苦条件。

我们对被抛弃在孤岛上的爱德华·英格兰（见 143 页）并没有多少关切之情，据称 1711 年圣玛丽岛上的海盗生活状况令人担忧，"甚至对土著人来说，他们中的大多数人都一无所有、顽劣卑鄙"。

海盗都去哪儿了

英国政府加强了对牙买加的控制并对海盗关闭了罗亚尔港之后，一撮海上贼匪前往了古巴北部，在巴哈马群岛寻找新的家园。17 世纪 80 年代，他们在新普罗维登斯岛定居下来。最初的定居点不幸早夭，1684 年就被一支西班牙探险队摧毁，但 1698 年，更多的英国海盗从托尔图加岛搬到那里。一些海盗时而来到拿骚（Nassau）这个小定居点进行交易，但这样的交易量不足以维持其生存，因此 1704 年它险些被废止。短短几年竟会发生这么大的变化。1716 年，当亨利·詹宁斯驶入拿骚时，他发现了一处完美的海盗隐匿地，小船在那里的深水湾中行驶游刃有余，而对于战舰来说则太过狭窄，那里既有充足的食物与水源，又有高山可以远眺瞭望。然而，发现这个妙处的并非仅他一人；很快，其他得知这块锚地的众多海盗也循迹而来，在 18 世纪 20 年代那几年席不暇暖的时光中，这里成为了美洲海盗的活动中心。

这里具有海盗大本营的天然优势，但几乎没有人来此定居。早在很久以前，这里的原住民就已绝迹，仅仅 155 平方千米的面积也无法开办种植园，因此大多数土地所有者只能依靠东边更大的伊柳塞拉岛（Eleuthera）为生。直到 1718 年，人们才从这些种植园主中选出了巴哈马群岛的民众首领，而由于他们对海盗心存恐惧，所以都不约而同地任命了其中的一位船长来做这个职位。结果，新普罗维登斯岛——紧邻主要的贸易航线，拥有优良的港湾，没有限制海盗发展的中央政权——几乎引来这一地区的所有海盗。到 1717 年，以该岛为基地的海盗就有 500 多名，他们为 20 艘船效力，船型主要是单桅帆船和双桅帆船。在拿骚临时搭建的小酒馆都十分简陋，但酒馆主人对真正的海盗都了如指掌。贸易商、商人与海盗共同协作，将拿骚发展成了一个交易走私物品、奴隶和酒类的自由市场。这里没有舒适的住宿条件；拿骚镇绝无仅有的几个小木屋周围尽是些用船上的船帆和圆材搭建的帐篷。然而，从

新普罗维登斯岛

伍兹·罗杰斯的儿子拿出一张拿骚镇扩张计划的图纸，正在等待父亲的首肯，其身后背景就是该港镇的海湾。威廉·贺加斯的油画表现了汉诺威王室统治早期一个英国家庭的传统优雅风姿，这为所有殖民者们树立了良好的典范。

杂货商到屈指可数的那几个妓女，每个人都陷入了赚钱的狂热之中。

造船工人们领取工资，他们修理船只或在船体上打孔以便安装火炮，将其变成海盗船，而铁匠们则修理大炮和刀剑。甚至那些不直接从事海盗行业的人也在与海盗的交易中赚得盆满钵满。后来，伍兹·罗杰斯来到这里，他是英国国王任命的首位总督，新普罗维登斯岛这个海盗隐匿地的好日子到头了。随着海盗的离去，这个岛屿又陷入了一片死寂。如今，拿骚依靠其海盗史繁盛起来，遍布新普罗维登斯岛的博物馆、酒吧和餐馆均在默默诉说着该岛过去的岁月。

墨西哥湾上的海盗巢穴

19 世纪，在最后一波席卷加勒比盆地的海盗浪潮中，美国海湾沿岸的巴拉塔里亚（Barataria）和加尔维斯顿（Galveston），连同古巴北部海岸都成为了海盗活动的理想基地。这一时期的海盗需要为他们的战利品找到一个可靠的市场，最好是一个富庶的城市，要是这个地区还要依靠奴隶经济过活那就最好不过了，因为奴隶一直是他们的寻常掠夺品。

然而，将奴隶输送到美洲的许多国家都是非法行为，所以尽管这些国家急需奴隶，但海盗隐匿地仍必须远离政府管理的区域，这种状况常常与当时市场的需求脱节。

许多地区为最后的美洲海盗提供了特殊的需求。其中最著名的就是巴拉塔里亚（Barataria），即让·拉菲特（Jean Laffite）的基地——新奥尔良的南部海湾。这个海湾位于密西西比三角洲以西，由小溪、运河和死水组成的水系网络与河流相连，该海湾具有完美的秘密连通性。海盗们以格兰德岛（Grand Terre）为基地，当地的卡真人（Cajun）协助他们，帮他们穿过海湾和鳄鱼丛生的浅湖。通过同样的水路，他们还可以抵达新奥尔良的市场去变卖战利品。海盗们掠夺来的奴隶也能通过新奥尔良附近的秘密地点卖给当地的种植园主，而当海盗们有危险时，还会有人通知拉菲特。随着越来越多的美国士兵出现在三角洲地区，巴拉塔里亚已不再是个安全之所，拉菲特就跑到了得克萨斯（Texas）的加尔维斯顿（Galveston），几年之后，那里就成了一个全新而安全的海盗隐匿地。与新奥尔良不同，得克萨斯属于边境地区，它不受西班牙或墨西哥政权的控制，美国人和得克萨斯人还时常发动叛乱（1836 年，得克萨斯摆脱西班牙的控制获得独立，并于 1845 年成为美国的一个州）。就在这四股势力为争夺霸权而进行激烈斗争时，海盗在遥远的得克萨斯海岸兴风作浪起来。

墨西哥湾上有几个海盗藏匿地，其中包括马塔戈达湾和色宾河口（Sabine Estuary），不过到1817 年，小城加尔维斯顿成了该地区最重要的海盗基地。如果加尔维斯顿岛遭袭，海盗们可以从加尔维斯顿湾逃跑；此外，这个城镇本身也是繁荣的国际化市场，海盗、拓荒者和墨西哥商人都在这里进行交易。不过，这样的发展也引起了美国海军的注意。加尔维斯顿的海盗们袭击了美国船只，这成了美国海军摧毁这座小城镇的理由。1820 年，加尔维斯顿被海军占领并付之一炬。从这时起，海盗活动的重心转移到了古巴的北部海岸，在这里，他们能够轻松地从在

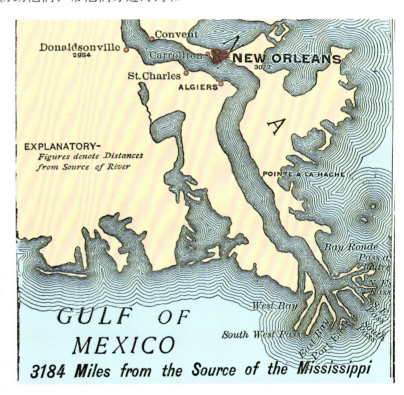

海盗让·拉菲特那个时代的新奥尔良地区和密西西比三角洲地图。图中的河流宽度有些夸张。

18世纪末的新奥尔良，船只停靠在密西西比河沿岸的码头旁。

佛罗里达海峡上经过的船只中大发横财。西班牙与美国的关系充其量算得上勉强维持共处，因此西班牙殖民地的官员不仅对海盗行为坐视不理，甚至还大肆鼓励海盗劫掠，将其作为额外的收入来源。

这些地区腐败盛行，像查尔斯·吉布斯（Charles Gibbs）这样的海盗发现，只要向当地政府上缴一份战利品就能够获得政治上的保护。美国执政官报道称，马坦萨斯港（Matanzas）和凯巴连港（Caibarien）的西班牙市长与海盗同流合污，西部比那尔德里奥省（Pinar del Rio）的总督亦是如此。

美国通过外交手段对古巴的海盗威胁予以回击，最终西班牙政府不得不惩治了那些纵容海盗的腐败官员，而美国海军也开始在海岸巡逻。到1823年12月，门罗总统（President Monroe）带着些许满意提到了这次"与古巴政府充满活力的合作"。然而对于古巴人来说，他们并不像美国人那样高兴与飘飘然——失去了赖以生存的水域，许多海盗便成了陆上的土匪。由于古巴的种植园不断遭到袭击，这次该头疼的不是西班牙海军，而是轮到陆军了。查尔斯·吉布斯陷入了绝境，为了甩掉这个烫手的山芋，古巴将这个海盗团伙移交给了美国政府。1831年，查尔斯·吉布斯在纽约接受审判并被处以绞刑，他是最后一批将

加勒比海作为基地的海盗之一。

海盗，到处都是海盗

在现代社会，几乎世界上的每一处都可能成为海盗隐匿地，无论何处出现大规模的政治动荡，海盗就会趁机猖狂行事。在 20 世纪的大部分时间里，似乎除了一些最偏僻的角落以外，海盗已经销声匿迹，即使有，通常也是一些使用旧式帆船的小规模海贼，其规模仅够得上学校男生的谈资而已。到 19 世纪末，世界上的商船和军舰都采用了蒸汽机，而不再使用帆船。

锅炉最初燃烧木头，后来使用煤和燃油，在这样的快速发展中，海盗似乎已经被时代的进步远远地甩在了身后。现代船只体形庞大、航速非凡，有人认为它们不会再遭到海盗的袭击，而且将任何船只打造成一艘海盗船的成本也太过高昂。到 20 世纪 80 年代，这样的观点一直十分风靡。直到有一天，一切都变了，新一波海盗潮席卷了世界海洋——印尼群岛周围、中国周遭、加勒比海、非洲海岸、巴西的港口与河流都出现了海盗，甚至连地中海上也有了个别的海盗身影。

从 21 世纪的观点看来，这波卷土重来的海盗浪潮最令人不安的一点就是他们既劫持旅客、也扣押货物。我们已经越来越习惯拎包出航的舒适——乘船度假不应面对遭遇海盗袭击的现实——整个旅程很有"中世纪"的感觉。另外，惩罚海盗也不像伍兹·罗杰斯那个时代那么容易。联合国将"海盗"定义为"在前往公海的海盗船上的船员或旅客出于'个人私利'而实施的暴力或扣押等非法行为，或掠夺行为"。不过这样的解释使人们无法进行合理的反抗。受害者不但必须证明袭击是出于"个人私利"，而且袭击必须要发生在"公海"上。到目前为止，当大多数现代的海盗袭击发生在距离陆地不远处或发生在领海上时，想解决起来都比较棘手。确实，许多"海盗"声称他们是地区独立运动的一分子，因此属于自由斗士。不过无论如何，你应该先抓住他们。许多人是当地的渔民，不过他们拿起的不是渔网，而是自动武器。

有权威人士声称，自从 21 世纪初以来，海盗事件不断攀升，如今的世界海域与过去一样危险。现代海盗行为已不再是一小部分异端分子、赤贫者或受压制阶层的专利，而是一种全球性黑社会产业，其中既包括银行家，也有工业大鳄。据估计，全球每年消失的商船已达到惊人的 45 000 艘。它们并非都沉入了大海，而是大部分都遭到了海盗的劫持，在案件频发的马六甲海峡（Strait of Malacca）尤为如此。在那里，海匪们驾乘着高速快船，登上目标船。被劫持的船只会很快就隐藏在马六甲众多的水湾之中，在浓密的丛林掩护下，海盗们会彻底油漆船只并将其解体检修。

不久，这艘海盗船就会重返大海，以伪造的新文件重新注册，并配备上新船员，为海盗们获取巨额利润。

这种手法可能是所谓的方便旗国（F. O. C.）所为，他们为船只提供注册服务——应国际法的要求——只要缴纳酬金即可完成，而方便旗国不会提出任何疑问。然后，船只就可以悬挂该国国旗——即所谓的"方便旗"——在海上行驶。当然，该船可能永远也不会到访其注册港。如今，方便旗国的数量已多达几十个，它们对船只注册的细节守口如瓶，这使得各国政府难以追查到船只的真正（也可能是非法的）主人。因此，马六甲海峡上被海盗劫持的货船就这样凭空消失了，它们在方便旗国以新文件登记注册，再也没有人能够追踪到它的下落。

现在，人们正在试图打击这种新兴的海盗活动，但却往往心有余而力不足，因为哪怕是最低程度的控制，所需的花费也要高达数十亿美元。在巨大的压力之下，方便旗国也保证不再为偷来的船只进行登记注册。此外，在意识到联合国对海盗定义的漏洞后，《海洋法公约》（*Law of the Sea Convention*）一项近期达成的条款，为人们登上悬挂可疑旗帜的船只提供了依据。

　　然而，只要那些当权人物不愿在自己的海域内镇压海盗，这种状况就会一直持续下去，海盗们也将在世界的不稳定地区继续猖狂活动。对于海盗活动的受难者来说，无论他们是旅行者、当地渔民、过往的游艇驾驶者还是大型商船上的船员，海盗都绝不是浪漫主义的象征。

2005 年 11 月，游轮"海上精神"号（Seabourn Spirit）在东非海岸遭遇索马里海盗的袭击，成功脱逃后停靠在塞舌尔群岛（Seychelles）。报道显示，至少有两艘小船靠近该船，海盗们使用自动武器和火箭筒向游轮开火。"海上精神"号的船员击退了袭击者，而惊恐万分的游客只能眼睁睁目睹着全过程。

第十四章　传说、服装与条约

海盗——流行文化的代表与社会改革者

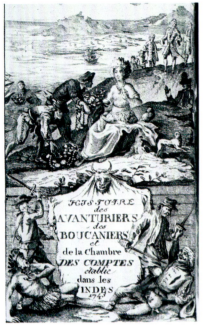

传说缔造者——艾斯克默林所著《海盗史》的法国版卷首插图。

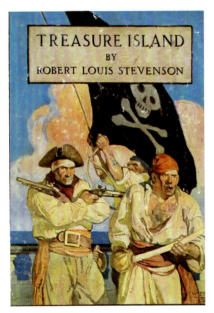

《金银岛》中包含了大众市场上有关海盗传说的全部要素。

　　一份在作者家乡码头小酒馆外进行的民意调查显示，大多数人都认为黑胡子是容易辨认的海盗。这一点并不令人感到意外；当然在大多数西方人的心目中，海盗的普遍形象都源自所谓海盗的"黄金时代"，即1690—1730年那段时期。如果让一个人随便说一个海盗的名字，他的答案很有可能就出自这一时期。从人类首次登上独木舟起，海盗就随之出现了，那么人们为什么偏偏对18世纪早期的海盗如此感兴趣呢？

　　我们已经见识了17世纪的读者对亚历山大·艾斯克默林（Alexander Exquemelin）所著的《美国海盗史》（History of the Bucaniers of America）中有关暴行、苦难、英雄主义和怯懦等描述的痴迷，该书的出版使亨利·摩根爵士（Sir Henry Morgan）等人成了家喻户晓的人物。虽然为了促销，艾斯克默林的故事都经过了夸张的润饰，但他却最早为公众提供了有关海盗的描述。艾斯克默林的书的英文版出版仅仅40年后，查尔斯·约翰逊船长的《海盗通史》就为出版商献上了又一份成功之作——黄金时代并没有终结。其同时代有关很多海盗生活的记述可能都有很多不实之处，但正是这一点使读者感到，他们似乎了解了书中所描述的海盗。该书是史上最受欢迎的海盗读物之一，其魅力经久不衰，至今仍在印刷出版。

　　当约翰逊根据亨利·埃弗里的经历改编而成的戏剧《成功的海盗》（The Successful Pyrate）在伦敦的特鲁里街剧院（Drury Lane Theatre）上演时，他进一步推动了海盗这个品牌的成长。甚至在罪犯和受害者仍然在世时，海盗就已经披上了浪漫主义的外衣。这种趋势至今仍在继续。自黄金时代以来的三个世纪中，许多重要事件都标志着海盗在流行文化中的神圣地位。海盗赋予了19世纪早期的浪漫主义作家和作曲家以灵感，其中最著名的事例就是拜伦勋爵（Lord Byron）的诗歌《海盗》（The Corsair，1814年）、沃尔特·司各特（Walter Scott）的小说《海盗》（The Pirate，1821年）和朱塞佩·威尔第（Giuseppe Verdi）的歌剧《海盗》（1848年）。这些考究的娱乐方式吸引了上流社会的关注；苏格兰作家罗伯特·路易斯·史蒂文森（Robert Louis Stevenson）（1850—1894年）使海盗超越了其他浪漫主义作家的题材，并使其跻身于流行文化市场。他所著的《金银岛》（Treasure Island）（1883年）对公众有关海盗的认知产生了深远的影响。他的著作以多种语言数次刊印，四次被搬上了大银幕，多次被改编为电视节目。

　　史蒂文森向人们介绍了海盗传说中不可或缺的所有要素：藏宝图、埋在地下的战利品、鹦鹉、木腿、眼罩和"十五个人扒着死人箱"。不过，其中大多数元素在海盗的现实生活中并不存在。

　　1904年，另一名苏格兰人J.M.巴里（J. M. Barrie，1860—1937年）以自己的戏剧《彼得·潘与温蒂》（*Peter Pan and Wendy*）进一步推动了这一题材的发展，由于舞台剧取得了巨大的成功，后来他又将其写成了一本书。从那时起，综合了童话和儿童探险故事的《彼得·潘》使大众为之倾倒。其中邪恶而又低能的海盗成了后来许多有关海盗描述的范本——甚至约翰尼·德普饰演的杰克·斯帕罗船长也带有霍克船长的影子。《彼得·潘》还让我们看到了印有骷髅的海盗帽和上面的叉骨标志，这进一步拉大了现实与传说的差距。巴里的小幽默（迪士尼的电影使这种幽默完全成熟起来）并没有破坏《彼得·潘》的探险感觉，但对于很多20世纪前半叶的作家来说，行动就是代名词。理想主义探险小说的作者常常回到艾斯克默林和约翰逊的作品中寻找灵感，但全新海盗的形象得到了提升：他们都成了与邪恶海盗作战的智慧英雄，并按照自己的游戏规则消灭了那些卑鄙的恶棍。

在1907年的《彼得·潘图画书》（*the Peter Pan Picture Book*）中，插图画家爱丽丝·B.伍德沃得（Alice B. Woodward）将霍克船长描绘为邪恶而无能的歹徒，而《海鹰》中的埃罗尔·弗林则是拥有超能力的正义海盗的化身。

　　这种新形象是银幕上的完美主角，早期的好莱坞迅速拍摄了此类题材的电影。《金银岛》于1920年上映，四年后《铁血船长》（*Captain Blood*）出品，1926年《黑海盗》（*The Black Pirate*）问世，这几部都是无声电影。前两部作品在社会上引发了强烈的反响，《黑海盗》由道格拉斯·范朋克主演，它开创了一个影片的新类型——"亡命之徒"，他们在海上作战、靠剑术决斗、将匕首插入船帆、滑到甲板上去解救金发美人，他们就是惩恶扬善的海盗绅士。这些海盗英雄并非好莱坞的原创，而常常是由拉斐尔·萨巴蒂尼（Rafael Sabatini，1875—1950年）的小说人物改编而成。萨巴蒂尼是书写男孩探险故事的大师，真实的历史记述从来不会成为他创作好故事的障碍。他的作品对下一代诸如埃罗尔·弗林和泰隆·鲍华（Tyrone Power）等海盗形象产生了深远的影响。弗林和鲍华——与其他海盗一起——成为了《铁血船长》（*Captain Blood*，1935年）、《海鹰》（*The Sea Hawk*，1940年）和《黑天鹅》（*The Black Swan*，1942年）等经典影片中的明星。

　　随着有声电影的出现，大量的海盗题材影片泥沙俱下，好海盗、坏海盗的主题逐渐让人心生倦意。一旦历史上的某位海盗出现在电影中，他邪恶的品性就必定会得到彰显，从而用他恶魔般的形象来衬托英雄的伟大。当然也有例外，尤其是《纵横七海》（*Seven Seas to Calais*，1963年）中的弗朗西斯·德雷克爵士和《海盗》（*The Buccaneer*，1950年）中的简·拉斐特，其形象都非常讨喜。

到 20 世纪 50 年代,诸如牛仔和海盗题材的电影由于过度曝光和越来越无新意的情节逐渐失宠,后转型为喜剧,不久又成为了一种自我模仿,《红海盗》(The Crimson Pirate,1952 年)就是其中的佼佼者。除了在电视上还偶有出现,经典的海盗题材在电影院似乎已经销声匿迹,不过尽管《割喉岛》(Cutthroat Island,1997 年)仍延续着同样的浪漫主义手法,但它却使海盗影片为之一振,其不同之处就是该片的主角是一位女性,由吉娜·戴维斯(Geena Davis)扮演。最近的《加勒比海盗》更使这一题材达到了前所未有的高度。

在过去的 15 年间,历史学家曾严肃地提出海盗这一主题,而像大卫·柯丁利、罗伯特·里奇和简·罗戈津斯基等海盗问题历史学家也在试图将有关海盗的事实与小说区分开来,他们的做法与流行文化的主流相悖。事实证明,自 18 世纪早期以来,有关海盗的浪漫主义观点和约翰逊笔下"黑胡子"那样残忍的恶魔形象早已在人们心中根深蒂固。

宽脚短裤与形形色色的船员——海盗的服饰

好莱坞海盗的典型外貌肯定是多姿多彩的。点缀着头骨和叉骨的双角帽和装饰富丽的长尾式船长大衣是海盗头目的标准服制。其手下常围头巾,着纯白衬衫和宽腿裤,耳环和文身则强化了恐怖效果。事实上,海盗的穿着主要出于当时的时尚与实用性的考虑。在海盗的黄金时代,曾有过大量海盗船员冒充私掠船船员或合法贩奴船或商船船员的事例,这说明当时海盗的装扮与 18 世纪早期的海员一般无二。他们既没有穿着特别的制服,也没有穿"宽脚短裤"。

水手大多都穿着宽脚短裤,但它并不是一种制服。18 世纪早期,不同的海军等级还没有以特别的制服进行区分,不过海军舰长常常为自己的驳船船员或海岸勤务队选择特别的服装。早在 1628 年,英国海军就为强征入伍的海员制定了服装的标准,且这一标准直到 18 世纪也几乎没有什么改变。在海上,海员要穿着帆布夹克或一种被称为粗绒大衣的短款羊毛大衣,它们通常是深蓝色或灰色的,并用焦油和蜡进行了防水处理,其内穿着亚麻或棉质衬衫。衬衫的颜色通常为白色——或更现实一点说是灰白色——不过

在海上为生的形形色色的船员,他们能搞到什么就穿什么。虽然一些船长禁止在海上饮酒,但在陆地上船员并不受此类约束,许多海盗因死于酗酒而躲过了绞刑。

现代插图中更加常见的是蓝白相间的条纹衬衫。

除非天气十分恶劣，水手们一般都只穿衬衫，或敞胸露怀。亚麻围巾和头巾有助于吸汗。虽然他们也穿着羊毛马裤，但帆布短裤——"水手的短裙"——才是海员的标准服饰。他们常在上岸时才会穿鞋，在海上水手们一般都光着脚。头部是另一个问题，头巾的形式是水手服装的一个重要组成部分，在热带尤为如此。

热带地区的头饰包括头巾、三角帽或宽边软帽、有帽檐的圆猎帽等。18世纪的海员还没有过多地关注"配饰"，因此多色的针织品和不搭配的物件使得海盗团伙看起来像是一群乌合之众。

与其他水手不同，海盗们可伺机将偷来的衣服聚敛到一起，如果他们劫掠时碰到有钱的旅客，更可能获得上等的衣物。有记述显示，曾有海盗穿着时髦的衣物——丝绸衬衫、锦缎夹克和镶满羽毛的帽子——进行劫掠，但这种服装很可能远远不及海盗服装实用。有时，海盗船长还有个合理的借口将自己打扮得体面一些。虽然他们也出身于船员，在理论上应该和他们穿戴无异，但船长们也时常要将自己装扮成私掠船船长或商船船长。这就意味着他们要穿马裤、马甲和长款的蓝色外套（有人描绘爱德华·英格兰身穿"一件短大衣，但没有穿鞋和袜子"）。在海盗的黄金时代，衣着最光鲜亮丽的海盗当属巴塞洛缪·罗伯茨。据说他死时穿着"深红色花缎马甲和马裤，帽子上插着红色的羽毛，脖子上挂着一条金项链，上面坠着一颗钻石。"罗伯茨可能看起来更像是好莱坞电影中的侠客，而绝不是一个海盗头子。"黑胡子"死时穿着一件朴素的水手大衣，甚至就连出身名门的斯蒂德·博内特在被俘时也只穿了一件"普通的绅士大衣"。在海上，实用性远比高贵优雅更加重要。

如果违反了法规中的任何条目，海盗们就要各种惩罚。最常见的一种惩罚就是"流汗"，即绕着主桅奔跑，直到精疲力竭、体力不支为止。

盗贼的"道义"——海盗条约

关于海盗的穿着，其实除了实用性之外并没有什么特定的准则，但他们的行为常会受到很多约束。对于这些不守法纪的海盗来说，要遵守一套行为守则似乎听起来难以置信，但这却早已成为一种惯例。不过采取这种做法的动机除了为受伤的同伙提供一些补偿之外，只是为了防止在分配战利品时发生纠纷，而并不带有任何的社会动机。当时，像亨利·摩根在袭击巴拿马之前所起草的"海盗条约"就闻名遐迩。

摩根和他的2000名手下说——"衣衫褴褛、饥肠辘辘、身无分文；他们的行李就是背上的衣服和手中的枪"——他向在行动中负伤的人员开出了补偿条件。失去一只手或一只脚的人可以得到 600 枚西班牙银币或 6 名奴隶；失去双腿的人可获得 1500 枚银币或 15 名奴隶；失去双手的可得 1800 枚银币。一只眼睛价值 200 枚银币，双目失明则可获得 2000 枚。任何人都不得独占掠夺的财物；所有战利品都必须统一上交，战后进行分配。伤者的赔偿金优先支付，其次是对条约规定的各种情况和英勇行为进行奖赏。

扣除这些钱之后，摩根享有剩余战利品中的百分之一，其余的大家平均分配。巴拿马一役是一场大规模的陆地袭击，毫无疑问，事前需要制定严格的规定。尤其重要的是选举船长，如果船员们不同意他的行动安排，船长就会遭到罢免，这种状况就曾发生在查尔斯·文和爱德华·英格兰身上。查尔斯的船上禁止了一切在传统上与海盗有关的消遣活动，如赌博、玩弄女性、打斗和饮酒等；虽然许多海盗条约都对战利品的分配进行了规定，但下面巴塞洛缪·罗伯茨的事例却广为流传。罗伯茨留下副指挥官沃尔特·肯尼迪（Walter Kennedy）指挥"流浪者"号（Rover），但待他返回时，后者早已自命为船长并带领手下瓜分了战利品。

这一规定十分有趣，因为它强调了对战利品进行更为公平的分配。

---

1. 对日常的一切事务每个人都有平等的表决权。任何人在任何时候都对新鲜食物或烈酒享有平等的所有权，若非因匮乏而需为共同利益施行节约，任何人均可随意使用。
2. 每个人要按名单依次上缴战利品。如果欺骗组织，哪怕私藏 1 美元、珠宝或钱财，就要被遗弃荒岛。如果掠夺同伙的财物，会被割鼻削耳，然后流放荒岛。
3. 任何人不得以骰子或打牌进行赌钱。
4. 晚 8 点熄灭灯火与火烛，如若任何船员欲在此后饮酒，须前往露天甲板，且不得照明。
5. 每个人都要时常擦洗自己的弯刀与火枪，保持清洁，随时准备战斗。
6. 不许携带儿童及妇女上船，诱奸妇女和私带妇女上船者死。
7. 临阵脱逃者将被处死或流放荒岛。
8. 船上严禁私斗，但纠纷可以在岸上通过刀枪方式解决：两人背对背站好，在舵手发出口令后，立刻转身开火。如果有人不遵守命令，舵手会夺下他的武器。如果双方均未射中目标，他们就会拿起弯刀，先使对方见血者就是胜利者。
9. 在每个人拿到 1000 英镑之前，任何人不得声言退伙。任何在战斗中跛脚或失去手臂的人将从"公共积蓄"中获得 800 枚西班牙银币。
10. 分配战利品时，船长和舵手得双份，炮手长、水手长得 $1\frac{1}{2}$ 份，其他有职人员得一又 $1\frac{1}{4}$ 份，普通水手每人 1 份。
11. 乐手在安息日（Sabbath Day）仅可以在晚间上船，其他日子只有在有需要时才能上船。

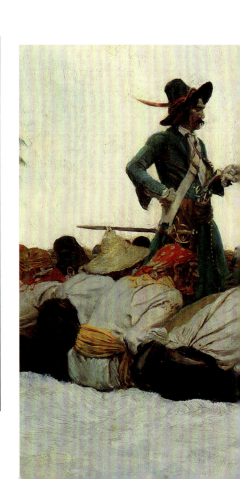

　　正如所料，经选举产生的指挥官可以获得与其职责相匹配的、更高的份额，小海盗们只能得到其中的一小部分，而超过半数的战利品则要归指挥官们所有。私掠船采取了这两种分配方式的折中之道，但其投资人的抽成比例很大，压榨了战利品中的大部分利润。威廉·基德最终屈服于船员的要求转作海盗的部分原因就在于此，因为根据私掠船的协议，无论是他本人还是水手，能够获得的经济回报都少得可怜。在摩根和罗伯茨制定的法规中，一个引人注目的方面就是为受伤的船员提供经济补偿。受伤的水手曾一度只能惨遭遗弃，被迫上岸靠乞讨为生，饥餐渴饮，自生自灭。从这个角度来看，海盗条约在当时至少是一种革命性的社会契约。

　　海盗们对条约中条款的执行力度仍有待考察。"盗贼的信用"是个难以理解的概念，人们也对此持怀疑态度，不过可以肯定的是，海盗和私掠船长都会受到拿捕特许证背后更严格的法律约束。也许好莱坞的电影曾展现过类似的真相，当《加勒比海盗："黑珍珠"号的诅咒》（*Pirates of the Caribbean: The Curse of the Black Pearl*）中凯拉·奈特利饰演的伊丽莎白发现，当她按照海盗条约主张自己的权利时，却被杰弗里·拉什饰演的巴博萨船长告知那些条款"只不过是一些参考意见，而非真正的条约"。

霍华德·派尔绘制的《瓜分珍宝》（*How the treasure was divide*）。根据海盗条约，船员们会按照事前约定好的比例来分配抢来的战利品。

艺术大师霍华德·派尔绘制的以海盗为主题的经典"黄金时代"浪漫主义作品——《王子》(*The Prince*)。